Edition Pajam

Druck und Verarbeitung:
Customized Business Services GmbH
im Auftrag der KNV Zeitfracht GmbH
Ferdinand-Jühlke-Straße 7
99095 Erfurt

Printed in Germany
Erste Auflage 2020

Edition Pajam
ISBN 978-3-940762-76-4

Musik und Macht

Sozialphilosophie im musikalischen Werk Luigi Nonos

Katharina Hoffmann

Inhaltsverzeichnis

Vorwort

Meine Faszination für Luigi Nono nahm ihren Ausgang in einem Hauptseminar an der Universität zu Köln. Mich fesselte eine dem musikästhetischen Denken des Komponisten eigentümliche Widersprüchlichkeit; eine Widersprüchlichkeit, die ich zunächst bemerkte zwischen seinem gesellschaftlichen, parteipolitischen Engagement einerseits, in das sein musikalisches Schaffen weitgehend eingespannt zu sein schien, und einer höchst sensiblen, ausdifferenzierten und vielschichtigen Musiksprache andererseits, die sich nicht mit der Eindeutigkeit gesellschaftspolitischer Aussagen zusammen bringen ließ. Diese Faszination ist über die Jahre meiner wissenschaftlichen Auseinandersetzung mit Nonos Musik erhalten geblieben, wenn nicht sogar gewachsen.

Das vorliegende Buch basiert auf meiner Dissertation, die ich zu Beginn des Jahres 2017 an der Hochschule für Musik Franz Liszt in Weimar einreichte. Mein herzlichster Dank gilt meinem wissenschaftlichen Betreuer, Herrn Prof. Albrecht von Massow. Er bestärkte mich, einen Bogen zu schlagen zwischen Musik, Philosophie und sozialem Denken.

Mein Dank gilt zudem Dr. Claudia Vincis und Giovanna Boscarino aus dem Archivio Luigi Nono in Venedig, die meine mehrmaligen Studienaufenthalte dort ermöglichten und freundlich begleiteten.

Zuletzt steht der persönliche Dank. Er geht an Jan Ilsemann, Arash Alborz, Nima Khoshravesh, meine Mutter, an die übrige Familie und meine Freunde.

Einleitung

Macht kann als gehaltliche Schnittstelle fungieren, über die einzelne Ergebnisse musikstruktureller Analyse mit sozialphilosophischen Aussagen in Verbindung gebracht werden. Ziel dieses Buches ist es, aus der Musikstruktur ausgewählter Nonoscher Werke auf entsprechende sozialphilosophische Bedeutungsfacetten von Macht zu schließen. Es sollen Gehalte der Musik zur Geltung gebracht werden, die unabhängig von Nonos eigenen außermusikalisch formulierten parteipolitischen Meinungen sowie von Textinhalten, die Nono in Musikwerken verwendet, ästhetische Wirkung entfalten.

Die Auswahl der zu analysierenden Werke Nonos richtet sich zum einen danach, eine möglichst große Bandbreite an Bedeutungsfacetten ästhetischer und sozialphilosophischer Macht abbilden zu können. Zum anderen beschränken sich die Analysen – bis auf wenige Ausnahmen – auf Werke der späten Schaffensphase Nonos ab 1979 / 80, ist doch hier eine zunehmende Ausdifferenzierung und Verfeinerung seiner musikalischen Mittel und der Musiksprache zu beobachten. Die Analyse folgender drei Werke Nonos greift exemplarisch ein kompositorisches Charakteristikum der späten Musiksprache Nonos heraus und arbeitet an ihm je einen anderen

Aspekt ästhetischer Macht heraus. Langsamkeit des musikalischen Geschehens manifestiert sich zwar in den meisten der Nonoschen Spätwerke, doch prägt sie sich in *A Carlo Scarpa, architetto, ai suoi infiniti possibili. Per orchestra a microintervalli* (1984) auf einer Vielzahl musikalischer Ebenen aus, zumal im Werktitel schon die Frage nach einer musikalischen Annäherung an architektonische Statik impliziert ist. Welche spezifische Form ästhetischer Macht zeigt sich in den musikalischen Langsamkeiten, wie sie Nono in *A Carlo Scarpa* komponiert? Der Grund für die Wahl des Streichquartettes Nonos *Fragmente – Stille, an Diotima* von 1979 / 80 liegt in seiner fragmentarischen formalen Struktur sowie in der bruchstückhaften Komposition musikalischer Linearität. Beide kompositorischen Merkmale des Streichquartettes legen für die Musikanalyse die Frage nahe nach dem spezifischen ästhetischen Machtaspekt, der sich aus der Zeitstruktur des Werkes ableiten lässt: nach der durch die Komposition geschaffenen Beziehungsart zwischen musikalisch Vergangenem, Gegenwärtigem und Zukünftigem. Exemplarisch für die ausdifferenzierten und vielschichtigen Vokalkompositionen Nonos greift die Arbeit das Werk *Das atmende Klarsein* (1981) für kleinen Chor, Bassflöte, Tonband und Live-Elektronik heraus. Die Analyse widmet sich der Frage nach der ästhetischen Macht, die sich je in der Bezüglichkeit zwischen zwei musikalischen Phänomenen manifestiert; intervallischen Bezüglichkeiten im Simultanen, in der vertikalen Werkstruktur sowie beispielsweise klangfarblichen Bezüglichkeiten in der großformalen Anlage, also der horizontalen Struktur.

Aus dem früheren musikalischen Schaffen Nonos bindet die Arbeit darüber hinaus die Analyse zweier Werke mit ein, die je einen Aspekt ästhetischer Macht nahelegen, auf den innerhalb des thematischen Rahmens nicht verzichtet werden kann. Das Werk *Como una ola de fuerza y luz* aus den Jahren 1971-72 für Sopran, Klavier, Orchester und Tonband weist eine

Vielzahl unterschiedlicher mathematischer Ordnungsweisen musikalischen Materials auf und eignet sich daher wie kein anderes Werk Nonos dazu, die Geltungsmacht von Rationalität und mathematischer Struktur im Musikwerk zu untersuchen. *Ricorda cosa ti hanno fatto in Auschwitz (1965) für Stimmen und Tonband* impliziert im Titel einen an Macht inhaltlich angrenzenden Begriff, den der Gewalt. Die Werkanalyse untersucht, ob Nono mit musikalischen Mitteln das darstellen kann, was der Begriff Gewalt beinhaltet.

Mit dieser Werkauswahl geht eine Begrenzung der Bedeutungsfacetten ästhetischer Macht einher, welche musikanalytisch herausgearbeitet werden. Allein nach diesen Bedeutungsfacetten ästhetischer Macht, die durch die Musikstruktur und die musikalischen Gehalte der Nonoschen Kompositionen vorgegeben sind, richtet sich die Auswahl derjenigen Sozialphilosophen und politischen Denker, deren Verständnis von Macht mit dem musikanalytisch Herausgearbeiteten in Verbindung gebracht wird. Die Musikstruktur Nonoscher Werke zu deuten hinsichtlich sozialphilosophischer Machtbegriffe, ist kein musikhistorisches Unterfangen, sondern ein systematisches. Dementsprechend richtet sich die Auswahl der Sozialphilosophen nicht nach historisch-epochaler Zugehörigkeit, sondern allein nach der Frage, ob die Musikstruktur mit einem sozialphilosophischen Machtkonzept in ein Verhältnis gebracht werden kann; sei es ein analoges, ein opponierendes Verhältnis, eine formal-strukturelle Bezugnahme oder eine inhaltlich-gehaltliche Annäherung. Die Arbeit kann nicht die Fülle aller infrage kommenden sozialphilosophischen Machtkonzeptionen berücksichtigen, sondern greift die folgenden heraus, um exemplarisch das wissenschaftliche Verfahren aufzuzeigen, im Deutungsvorgang aus einer konkreten musikalischen Struktur eine gehaltliche Nähe zu bestimmten sozialphilosophischen Aussagen über Macht aufzudecken.

Obwohl die sozialphilosophische Deutung der Musikstruktur den Anspruch erhebt, sich nicht von Nonos außermusikalischen Positionen leiten zu lassen, kann sie nicht ignorieren, dass sich in der Musikstruktur der ausgewählten Werke Nonos sublim und abstrahiert grundlegende Ideen seines eigenen sozialphilosophischen Denkens widerspiegeln; gemäß seiner eigenen Auffassung:

> „Worauf stützt sich und woran misst sich die Bedeutung eines Musikers? Sicherlich nicht ausschließlich auf technisch-sprachliche Argumente. -Sicher auch auf sie, aber vor allem im Hinblick auf eine neue strukturelle soziale Beziehung."[1]

Aufgrund dessen liegt der zeitliche Schwerpunkt der zur Deutung hinzu gezogenen sozialphilosophischen Machtkonzeptionen auf dem frühen bis mittleren 20. Jahrhundert. Doch fast ebenso schwer in der Arbeit wiegt der Anteil des aristotelischen Denkens der griechischen Antike, lässt sich doch eine Nähe des methodischen Vorgehens der Arbeit zur aristotelischen Poetik-Lehre nicht leugnen; wurzeln zudem viele moderne sozialphilosophische Ideen über Macht in der politischen Philosophie der griechischen Antike. Darüber hinaus bezieht die Arbeit punktuell einzelne sozialphilosophische Aussagen der Neuzeit und der Postmoderne mit ein. Dass letztere als Deutung hinzugezogen werden, liegt in ihrer inhaltlichen Nähe zu der aus der Musikanalyse gewonnenen gehaltlichen Tendenz begründet, ohne dies an dieser Stelle weiter zu vertiefen.

Die spezielle ästhetische Macht musikalischer Langsamkeit in Nonos Werken, welche die Arbeit analytisch herausarbeitet, scheint ihr volles Gewicht erst als Gegenpol zu den wachsenden Geschwindigkeiten

---

[1] Luigi Nono, *Antworten auf fünf Fragen, in: Luigi Nono, Studien. Texte zu seiner Musik*, hrsg. von Jürg Stenzl, Zürich 1975, S. 196.

verschiedener Lebensbereiche der Moderne zu erhalten. Der französische Philosoph und Medienkritiker Paul Virilio (geb. 1932), Geschwindigkeitstheoretiker und Begründer der Dromologie, analysiert die Auswirkungen wachsender Geschwindigkeiten auf die Wahrnehmung moderner Subjekte. Ergänzt wird diese Sichtweise durch die Analysen des Soziologen und Politikwissenschaftlers Hartmut Rosa, der das Phänomen der Beschleunigung in wirtschaftlichen und sozialen Prozessen untersucht und eine durch sie verursachte Einschränkung in der Autonomie moderner Subjekte feststellt. Auf die Konzepte beider Theoretiker zur Macht der Geschwindigkeit scheinen die Formen musikalischer Langsamkeiten in Nonos *A Carlo Scarpa* als Unterwanderung hinzudeuten.

Um auf sozialphilosophische Bedeutungsaspekte von Macht zu schließen, die sich von der musikalischen Zeitstruktur des Streichquartettes Nonos, den Bezüglichkeiten zwischen musikalisch Vergangenem, Gegenwärtigem und Zukünftigem ableiten lassen, greift die Arbeit auf das geschichtsphilosophische Denken Walter Benjamins (1892-1940) sowie auf Ernst Blochs (1885-1977) Utopiekonzept zurück. Abgesehen davon, dass Nono seinerseits Benjamin intensiv rezipierte und einzelne seiner philosophischen Ideen in das Libretto des *Prometeo, tragedia dell'ascolto* (1984/85) einfließen ließ, besteht eine strukturelle Ähnlichkeit zwischen der fragmentartigen Formgebung im Streichquartett und den diskontinuierlichen Momenten in Benjamins Geschichtsbegriff und begründet somit diese Auswahl. Blochs Utopiekonzept eignet sich zur Deutung der Zeitstruktur im Streichquartett, sofern es weitgehend frei ist von marxistischen und konkret politischen Zielsetzungen und vielmehr die erkenntnistheoretischen Voraussetzungen für das utopische Bewusstsein in den Blick nimmt, welches mit dem auf das musikalisch Zukünftige gerichtete rezipierende Bewusstsein verglichen werden soll.

Die musikanalytische Frage nach der Geltungsmacht von Rationalität und Mathematik im Werk *Como una ola* wird in Zusammenhang gebracht mit Theodor W. Adornos (1903-1969) ästhetischen Überlegungen zum Stellenwert des rational-strukturellen, technischen Anteils an einem Kunstwerk gegenüber einem irrationalen. Der theoretische Ansatz Adornos eignet sich zur Deutung gerade dieses Machtaspektes, da er dem rationalen Element im Kunstwerk die Funktion zuschreibt, beim Rezipienten einen Reflexions- und Erkenntnisvorgang bezüglich sozialer Realitäten in Gang zu setzen. Hiermit beschreibt Adorno darüber hinaus einen wichtigen Aspekt des methodischen Vorgehens nicht nur des Kapitels zur Rationalität, sondern der Arbeit insgesamt.

Je nachdem, wie die Beziehung zweier musikalischer Phänomene zueinander geartet ist, kommt eine andere Form der ästhetischen Macht zum Tragen – sei es die Beziehung zwischen zwei voneinander unterschiedenen musikalischen Phänomenen, zwei ähnlichen, gleichen oder aber die Beziehung eines musikalischen Phänomens zu sich selbst. Diese Formen ästhetischer Macht in *Das atmende Klarsein* werden in ein analoges Verhältnis gebracht zu einzelnen sozialphilosophischen Aussagen des Politikwissenschaftlers und Philosophen Charles Taylor (geb. 1931). Obwohl es keinerlei Hinweise darauf gibt, dass Nono Taylor rezipiert hat und Taylor sich auch nicht mit Kunst oder Musik theoretisch auseinander gesetzt hat, stützt sich die Arbeit auf ein formales Analogieverhältnis zwischen musikalischen Beziehungsstrukturen in *Das atmende Klarsein* und Taylors Reflexionen über die Identität eines Einzelnen und Formen von Gemeinschaftlichkeit in modernen Gesellschaften. In Taylors kommunitaristischem Denken über Gesellschaft erhält die Spannung zwischen individueller Selbstverwirklichung und der Verantwortung gegenüber anderen bzw. der Gemeinschaft vielfältige Schattierungen und eignet sich daher als analoges Betrachtungsfeld gegenüber musikalischen Beziehungsstrukturen.

Dass die Arbeit der Frage nachgeht, inwieweit die Musik von *Ricorda cosa ti hanno fatto in Auschwitz* an die inhaltlichen Konnotationen von Gewalt heranreicht, legt nahe, die begrifflichen Unterscheidungen zwischen Macht, Gewalt und nackter Gewalt in den Untersuchungen der politischen Theoretikerin Hannah Arendt (1906-1975) hinzuzuziehen. Sofern ihre Untersuchungen sich nicht in die Grenzen parteipolitischer Kategorien einordnen lassen und ihre Begriffsbestimmungen bis zu den philosophischen Wurzeln in der Antike zurück reichen, sind sie geeignet dafür, erstens Nonos eigenen Definitionen und Meinungen kritisch zu revidieren und zweitens sie einzig mit der Musikstruktur und den musikalischen Gehalten in Verbindung zu bringen.

Das poetische und politische Denken Aristoteles' fließt – anders als die Aussagen der oben genannten Sozialphilosophen – nicht nur punktuell als theoretischer Deutungsrahmen für einen musikstrukturellen Machtaspekt in die verschiedenen Kapitel ein, sondern begründet auch immer wieder von verschiedenen Seiten das methodische Vorgehen der Arbeit insgesamt. Weshalb sich das aristotelische Denken in so umfassender Art für das Vorhaben der Arbeit fruchtbar machen lässt, scheint vor allem daran zu liegen, dass – um es in eigenen Worten zu formulieren – die drei Bereiche Kunst, Gesellschaft und Mensch (dessen Erkenntnis, Wahrnehmung) in Aristoteles' Denken ein unmittelbares Wechselverhältnis eingehen und nicht getrennt voneinander betrachtet werden. Das, was der Rezipient an Wahrnehmung, Erkenntnis und Miterleben an Kunst erfährt, betrifft und beeinflusst unmittelbar sein gesellschaftliches Verhalten und Handeln; in Kunst kann der Rezipient im Durchleben von Torheiten wachsen, um besser erzogen, gelehrter und weiser in gesellschaftlicher

Realität sich zu verhalten; miterlebte Kunsterfahrung schafft nach Aristoteles ebenso umfassende Kenntnis und Wissen über menschliche Charaktere und die Einrichtung von Welt. Es ist diese unmittelbare Verbindung zwischen Musik, musikalischer Erkenntnis- und Wahrnehmungshaltung des Rezipienten und einem möglichen sozialen Verhalten oder Handeln, das die vorliegende Arbeit anhand von konkreter Musikbetrachtung, anhand eines Beispiels der Moderne zu begründen versucht: welche soziale oder gesellschaftliche Bedeutung hat ein bestimmter Blick auf eine Musik, die Erkenntnis einer Musikstruktur, das Miterleben musikalischer Ereignisse?

Wie bereits dargelegt, stützt sich die Auswahl der sozialphilosophischen Machtaspekte rein auf musikalische Argumente. Nonos eigenen Postulate über soziale Gehalte der Musik werden – nicht zum Zweck einer inhaltlichen Rechtfertigung – aber dennoch punktuell mit einbezogen, und zwar aus folgenden Gründen: erstens weil deutlich wird, dass in Nonos Schriften neben außermusikalischer linker Polemik einzelne Aussagen zu finden sind, die seiner ausdifferenzierten musikstrukturellen Sprache weniger zu widersprechen als zu entsprechen scheinen; und zweitens um Aussagen zur Geltung zu bringen, in denen Nono der Musik eine sublimere, feinere soziale Relevanz und Aussagekraft zuspricht als die inhaltlich eindeutigen politischen Gehalte der Texte vieler seiner Werke nahe legen.

Die Arbeit besteht aus fünf Kapiteln, von denen jedes je ein Werk Nonos auf einen Machtaspekt hin analysiert, um diesen dann sozialphilosophisch zu deuten. Meistens spalten sich Analyseteil und Deutung in zwei aufeinander folgende Unterkapitel auf. Am Anfang eines jeden Kapitels steht eine Erläuterung desjenigen Machtaspektes, der der Analyse und Deutung des Kapitels zugrunde liegt. Die Reihenfolge der in den einzelnen Kapiteln betrachteten Werke lautet:

1. *Como una ola de fuerza e luz*; Analyse von Rationalität und Mathematik; Erkenntnis von musikalischer Mathematik als Schnittstelle zwischen musikalischer und sozialer Erkenntnis

2. *Das atmende Klarsein*; Analyse der Beziehungsstrukturen; analoge Betrachtung musikalischer und gesellschaftlicher Beziehungshaftigkeiten

3. *A Carlo Scarpa*; Analyse der Formen musikalischer Langsamkeit; Deutung ästhetischer Langsamkeiten als Unterwanderung sozio-kultureller Beschleunigungen der Moderne;

4. *Stille – An Diotima*; Analyse der musikalischen Zeitstruktur; analoge Erörterung des Benjaminschen Geschichtsverständnisses und des Blochschen Utopiekonzeptes

5. *Ricorda cosa ti hanno fatto in Auschwitz*; Kann die Musik das darstellen, was Arendt unter dem Begriff der nackten Gewalt theoretisch fasst?

An Abbildungen und Notenbeispielen enthält die Arbeit vier Kategorien. 1. Scans aus Nonos Skizzen selber. Mein herzlicher Dank gilt Frau Nuria Schönberg-Nono und dem Archivio Luigi Nono für die Genehmigung zur Druckveröffentlichung (siehe S. 29, 33) 2. Abbildungen, die der Sekundärliteratur entnommen sind (siehe S. 35, 62, 250, 251, 255) 3. Selbst angefertigte Notenbeispiele (siehe S. 77, 89, 122, 203) 4. Notenbeispiele, die freundlicherweise von Jonas Leopold gesetzt wurden (siehe S. 139, 150, 166). Ihm sei an dieser Stelle gedankt.

I. Musikalische Rationalität und Mathematik

Nonos *Como una ola de fuerza y luz*

Dieses Kapitel nimmt die musikalischen Beziehungsstrukturen des Werkes *Como una ola de fuerza y luz* (1971-72) für Sopran, Klavier, Orchester und Tonband von Luigi Nono in den Blick.[1] Die Musikanalyse untersucht Rationalität und mathematische Struktur innerästhetisch: zum einen in Luigi Nonos kompositorischen Vorarbeiten, in den Akten mathematischen Ordnens des musikalischen Rohmaterials; zum anderen in der Wirkung von mathematischer Ordnung im fertigen musikalischen Werk auf den Hörer. Geht einer systematischen, komplexen Beziehungsstruktur beispielsweise im Bereich der Tonhöhen notwendig eine rational ordnende, mathematisierende Tätigkeit des Komponisten voraus? Oder sind ausgefeilte musikalische Beziehungssysteme im fertigen Werk denkbar, die einem Akt spontanen, unüberlegten musikalischen Schaffens entspringen? Fragen dieser Art münden in der Untersuchung, wie unterschiedlich sich je rationale mathematische Ordnung in Musik niederschlagen kann und wahrnehmbar ist.

[1] Paulo de Assis, *Luigi Nonos Wende. Zwischen 'Como una ola de fuerza y luz' und '...sofferte onde serene...'*, Hofheim 2006, S. 31-105. Nonos Skizzenblätter mit den mathematischen Vorarbeiten zu *Como una ola* wurden im Archivio Luigi Nono in Venedig eingesehen und ausgewertet. Die Musikanalyse arbeitet mit der Aufnahme: *Luigi Nono. Como una ola di fuerza e luz – Epitaffio Nr. 1 – Epitaffio Nr. 3*, Rundfunk-Symphonie-Orchester Leipzig, erschienen 1994.

Dass eine Musik in ihrem Verhältnis zur außermusikalischen Welt immer – egal ob bewusst mathematisch strukturiert oder nicht – einen rationalisierenden Vorgang darstellt, formuliert Rainer Bayreuther, dessen ausgewählte Schriften in die Überlegungen dieses Kapitels mit einbezogen werden:

> „[Es] eröffnet sich die Möglichkeit, die konkrete Musik Ton für Ton mit den allgemeinsten Einrichtungen von Welt und mit geschichtlichen Bedingungen in Beziehung zu setzen, eben dann, wenn man sich der rationalisierenden Vorgänge bei musikalischen Tätigkeiten bewusst wird".[2]

Bayreuther spricht hier eine erkenntnistheoretische Komponente von musikalischer Rationalität oder Mathematik an, die die musikstrukturelle Ebene in Beziehung zur außermusikalischen Wirklichkeit setzt und im Rahmen dieses Kapitels vertieft wird.

Die Macht von musikalischer Rationalität und Mathematik ausgerechnet an dem Werk *Como una ola de fuerza y luz* zu untersuchen, hat mehrere Gründe. Die Skizzenblätter Nonos weisen nicht nur eine Vielzahl unterschiedlicher mathematischer Ordnungsweisen auf, arithmetische Reihen, Spiegelungen, Prinzipien von Kombinatorik bis hin zu geometrischen, figürlichen Ordnungsweisen von Klangräumen. Die stark ausdifferenzierten mathematischen Systeme stehen zudem in einem extrem scharfen Spannungsverhältnis zu einer irrationalen Kraft, die sich auf verschiedenen Ebenen des Werkes zeigt. Verschiedene Formen musikalischer Expressivität sowie musikalisch transportierter Gefühlsüberschwang in *Como una ola* sind musikalisches Zeugnis dafür, dass Nono das Werk in leidenschaftlichem Andenken an den verstorbenen Luciano Cruz, Anführer des M.I.R, Bewegung der revolutionären Linken in Santiago de Chile, komponierte.

---

[2] Rainer Bayreuther, *Untersuchungen zur Rationalität der Musik in Mittelalter und früher Neuzeit*, Band 1, Freiburg im Breisgau 2009, S. 11.

Dass beidem, dem kompositorischen Ordnen und Systematisieren einerseits sowie dem ursprünglichen Charakter musikalischen Rohmaterials andererseits Macht als Eigenschaft zukommen kann, formuliert Theodor W. Adorno folgendermaßen:

> „Ein System der Naturbeherrschung in Musik resultiert. Es entspricht einer Sehnsucht aus der bürgerlichen Urzeit: was immer klingt, ordnend zu ‚erfassen', und das magische Wesen der Musik in menschliche Vernunft aufzulösen. [...] Die bewußte Verfügung übers Naturmaterial ist beides: die Emanzipation des Menschen vom musikalischen Naturzwang und die Unterwerfung der Natur unter menschliche Zwecke".[3]

In Adornos Darstellung ist es ein Dilemma: indem das künstlerische Subjekt sich durch den Gebrauch seiner Ratio gegenüber der magischen, irrationalen Kraft der Kunst zu ermächtigen und eigenständig zu behaupten versucht, üben zugleich die Gesetze der Ratio einengende und zwingende Wirkung auf das Kunstmaterial aus. Die musikalisch-mathematische Analyse dieses Kapitels will die hier anklingende Dichotomie im Machtbegriff, dass der magischen Macht von Musik einzig durch Macht der Vernunft zu begegnen sei, aufbrechen. Dieses Kapitel will vorschnellen Kategorisierungen und vereinfachenden Zuschreibungen von Machtcharakter – sei es in Bezug auf einen rationalen, mathematischen kompositorischen Umgang mit dem musikalischen Rohmaterial oder auf einen irrationalen – entgegenarbeiten. Ist das systematisierende Einwirken des Komponisten auf unbearbeitete Klänge einzig auf der Seite der ordnenden Ratio oder sogar der Vernunft zu verorten, während musikalischem Rohmaterial Konnotationen wie Naturwüchsigkeit, Kreatürlichkeit, Organik oder Magie zukommen? Oder inwieweit kann von einer dem musikalischen Rohmaterial innewohnenden

[3] Theodor W. Adorno, *Philosophie der neuen Musik*, Frankfurt am Main 1976, S. 65f.

Struktur und Rationalität gesprochen werden und dem einwirkenden kompositorischen Bewusstsein ein subjektiv-willkürlicher Charakter zugeschrieben werden?

Die zweite hier relevante Bedeutungsfacette des Begriffes Macht ist eine erkenntnistheoretische und greift auf antike Vorstellungen zurück. Eine auf die Arithmetik und eine andere auf die Geometrie abzielende Machtvorstellung seien hier angedeutet und dienen später als Bedeutungshintergrund der Analyse. Die eine Vorstellung ist eine pythagoreische: dass die Kraft und Macht der Musik gerade darin begründet liegt, objektive mathematische Gesetzmäßigkeiten der Natur und des Kosmos widerzuspiegeln; und dass die erkenntnistheoretische Relevanz von Musik in ihrer mathematischen Struktur besteht insofern, als dass über die an einer Musik vollzogenen Verstandestätigkeit, Größen zu identifizieren und in ein Verhältnis zueinander zu setzen, Erkenntnisse über die Welt gewonnen werden. Um diesem Aspekt von Macht Rechnung zu tragen, nämlich dass mathematische Struktur im musikalischen Werk sagend, aussagekräftig und erkenntnisrelevant ist hinsichtlich einer außermusikalischen Wirklichkeit, soll die Hörbarkeit der mathematischen Strukturen im fertigen Werk überprüft werden. Die Frage nach der Macht von rationaler und mathematischer Struktur im musikalischen Werk ist zugleich die Frage nach der denkerischen Erkennbarkeit und sinnlichen Wahrnehmbarkeit dieser ordnenden Gesetzmäßigkeiten: also die Frage nach der spezifischen Verstandestätigkeit und Wahrnehmungsart, die durch die mathematische Ordnung von Musik herausgefordert wird.

Die auf die Geometrie abzielende Machtvorstellung ist innerhalb der platonischen Ideenlehre angesiedelt. Es geht um die erkenntnistheoretische Funktion der Figur, des Figürlichen oder Figurativen in der Welt der sinnlichen Erscheinungen und deren Bezug zur Ideenwelt. Was ist das Spezifische einer musikalischen Figur, Form oder Gestalt für die Wahrnehmungs- und Erkenntnistätigkeit eines rezipierenden Subjektes?

Auch die Frage nach der Wahrnehmbarkeit von musikalischer Geometrie – ähnlich wie die Frage nach der Hörbarkeit arithmetischer Reihen in der Musik – legt das methodische Vorgehen nahe, einzelne Aussagen des Kapitels auf eine Analyse zu stützen, die die Untersuchung von Nonos Arbeitsblättern mit der Analyse De Assis' sowie mit eigener Höranalyse verbindet. Welchen Sinn hat eine mathematische Vorordnung musikalischen Materials – sei sie arithmetisch oder geometrisch –, wenn sie nicht hörbar ist? Erschließt sich andererseits eine mathematische Gesetzmäßigkeit gänzlich in ihrer musikalischen Hörbarkeit, wozu braucht es dann überhaupt der musikalischen Ausdrucksform, wäre die mathematische Gesetzmäßigkeit in Zahlen und Rechnungen doch klarer einsichtig? Welches Mehr bietet also die Musik und die Hörbarkeit? Zwar beruft sich die Höranalyse zunächst auf die Ergebnisse subjektiven Wahrnehmens und Erkennens, doch folgt das Kapitel dem Grundsatz, dass wahrgenommene musikalische Strukturen objektiver Natur und damit als wissenschaftlicher Gegenstand geeignet sind. Auch diesen Grundsatz formuliert Bayreuther als notwendige Voraussetzung für jegliche Art wissenschaftlicher Untersuchungen von materialisierten mathematischen Strukturen:

> „Aber es wird klargestellt, daß die materiale Qualität prinzipiell formalisierbar ist, und zwar deshalb, weil die sinnliche Wahrnehmung eines Intervalls auch verschiedener Personen an derselben Natur teil hat. Erkenntnistheoretisch kann also getrost die Intersubjektivität jeder subjektiven Wahrnehmung unterstellt werden – und damit ihre wissenschaftliche Beschreibbarkeit."[4]

---

[4] Rainer Bayreuther, *Johannes Keplers musiktheoretisches Denken*, in: *Musiktheorie*, 19. Jahrgang 2004, Heft 1

I. A. Antikes Verständnis von Metrum und Rhythmus. Entsprechende musikalische Erkenntnistätigkeit

Die rhythmische Untersuchung dieses Kapitels greift sich einen Werkausschnitt heraus, das *Preludio*, die ersten zweieinhalb Minuten des Werkes. Es enthält live spielendes Orchester und aus Gesangstimmen gewonnenes Tonbandmaterial. Dieses Kapitel analysiert daran exemplarisch eine der vielschrittigen Arten, wie Nono Dauern mathematisch vorstrukturiert, aber dies jedoch lediglich die Orchester-Partien betreffend. Denn letztere weisen in diesem Werkausschnitt ein weitaus komplexeres System der rhythmischen Vorstrukturierung auf als das Tonbandmaterial.

I. A. 1. Abstraktes Zeitmaß vs. konkret erklingender Rhythmus

Die Analyse dieses Unterkapitels befragt das *Preludio in Como una ola*, die ersten zweieinhalb Minuten des Werkes, nach Nonos erstem Schritt der mathematischen Strukturierung der Rhythmik und der Tondauern;[5] nach denjenigen mathematisierten Rhythmen, die den Klangraum eines Tritonus-Clusters, das sich im Verlauf des *Preludio* immer mehr verdichtet und in seinen Tonhöhen abwärts bewegt, nach innen strukturieren. Hierbei ist zunächst die Unterscheidung zwischen zwei Grundwerten zu beleuchten. Die begriffliche Bezeichnung dieser zwei Grundwerte lehnt sich an die Unterscheidung zwischen Metrum und Rhythmus im griechisch-antiken Denken an. Demnach sei in Folge der gleichmäßig durchgehende

---

[5] Vergleiche die Analyse dieses Kapitels mit Paulo de Assis, *Luigi Nonos Wende. Zwischen, Como una ola de fuerza y luz' und ,...sofferte onde serene...'*, Band 1, S. 52ff.

Grundwert Metrum bzw. metrischer Grundwert und die ausdifferenzierten, komplexen Werte rhythmische Grundwerte genannt.

Aus dem Skizzenblatt ALN 38.10.01/04 geht hervor,[6] dass der zentrale gleichbleibende metrische Grundwert, auf den sich die vielschrittigen weiteren rhythmischen Ausgestaltungen für das *Preludio* beziehen, eine Viertelnote ist. Sie ist der größte Wert, den die drei Spalten A, B und C in ihrem ersten Ausgangsschritt gemeinsam haben.

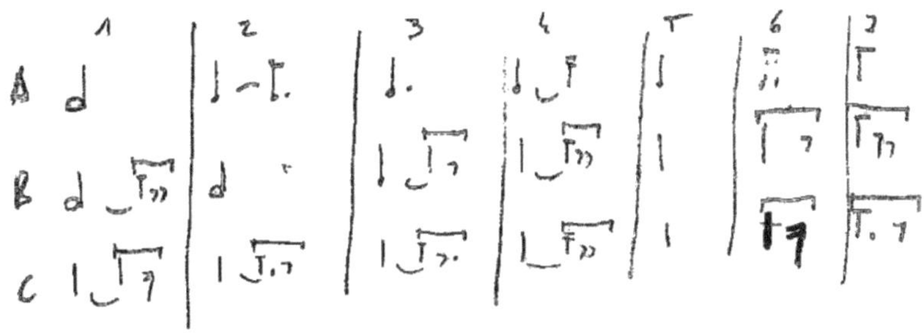

Der Grundwert einer Viertelnote ist als größter gemeinsamer Teiler Bezugswert jeder einzelnen konkreten Größe, jedem einzelnen Dauernwert innerhalb der drei Spalten A, B und C. Dieser ebenmäßige Grundwert erklingt als solcher aber nie und ist somit kein konstitutives Element für die tatsächlich erklingende musikalische Gestalt des Werkes. Der abstrakte Grundwert ist das zeitliche Maß, das der Hörer verinnerlichen muss, um die komplexe Dauernorganisation des tatsächlich erklingenden musikalischen Geschehens auditiv zu verstehen. Der metrische Grundwert ist ein objektives zeitliches Maß, zu dem alle konkret erklingenden Rhythmen und Dauern in ein Verhältnis gesetzt werden müssen, um identifiziert zu sein. Die Zugrundelegung dieses objektiven Grundwertes ist somit kein

[6] Mit herzlichem Dank für die Erlaubnis der Veröffentlichung an Frau Nuria Schönberg-Nono und das Archivio Luigi Nono in Venedig.

kompositorischer Akt; denn das objektive Zeitmaß ist gegeben als ein absoluter Wert und nicht durch den Komponisten eigens hervorgebracht.

Der nächste kompositorische Schritt Nonos hingegen, der die Dauern und die Rhythmik des *Preludios* strukturiert, ist eine dreifache innere Strukturierung oder Unterteilung des metrischen Grundwertes, von der alle weiteren komplexen und ausdifferenzierten Zahlenordnungen der Dauern für das *Preludio* ihren Ausgang nehmen: erstens die in Nonos Skizzen immer in der Spalte A zu findenden Sechzehntel, die den Viertelgrundwert in vier Teile teilt; zweitens die Achteltriole, welche den Grundwert drittelt und auf oben genanntem Skizzenblatt die mit B gekennzeichnete Zeile bildet; und drittens die Sechzehntelquintole, die die Viertelnote in fünf gleiche Teile teilt und von Nono in der Spalte C aufgezeichnet worden ist. Auf diese Weise entstehen drei rhythmische Keimzellen als Ausgangspunkt für die Weiterarbeit.

Von Nonos kompositorischer Unterscheidung eines metrischen und eines rhythmischen Grundwertes auf eine bestimmte Erkenntnisart zu schließen, eröffnet den Blick auf das antike musiktheoretische Denken. Der Rückgriff auf das antike musiktheoretische Denken an dieser Stelle begründet sich nicht nur allein in der sachlich-inhaltlichen Verwandtschaft der Fragestellung. Nono selber setzte sich aktiv mit mittelalterlichen und antiken Vorstellungen über erkenntnistheoretische Dimensionen von Musik auseinander, was sich beispielsweise in seiner Beschreibung von Vincenzo Bellinis Umgang mit der Singstimme äußert:

> „Es handelt sich um eine Stimme, die sich ununterbrochen darstellt, aber auf unterschiedliche Weise, unterschiedlichen Geheimnissen der Musica practica, der Musica mundana, der Musica coelestis folgend […].“[7]

---

[7] Luigi Nono, *Incontri. Luigi Nono im Gespräch mit Enzo Restagno*, hrsg. von Matteo Nanni, Hofheim 2004, S. 28. Vgl. auch Matteo Nannis Kommentar dazu, in: ebd., S. 129ff.

Die Unterscheidung zwischen einem abstrakten Grundwert und den konkret erklingenden Tondauern greift zurück auf die antike Metrik. Dieser Unterscheidung entspricht die differenzierende Begrifflichkeit: Tempus für die Struktur des abstrakten Metrums und Rhythmus für die Dauerngestalt des konkreten Tonmaterials.

> „Der Unterschied wird für die griechische Rhythmik von Aristoxenos mit der Unterscheidung zwischen Rhythmus als abstraktem Schema und dem durch den Rhythmus Rhythmisierten [...] fixiert."[8]

Welche Art der Erkenntnis wird durch einen wie oben beschriebenen Umgang Nonos mit Metrum und Rhythmus herausgefordert? Dass es eine Erkenntnisart gibt, die auf musikalischen rhythmischen Proportionen beruht und relevant ist für außermusikalische Erkenntnisobjekte, wurzelt in der antiken Vorstellung von einer Harmonie, einer Übereinstimmung von musikalischen und kosmischen Zahlenverhältnissen. Diese musikalischen Zahlenverhältnisse können sich in der intervallischen Melodik oder aber in der Rhythmik darstellen. Es ist eine spezifische Verstandestätigkeit, Zahlengrößen zu identifizieren durch ihr in Bezugsetzen zueinander: nicht nur das allgemeine Metrum zu erkennen, sondern auch erst durch das ins Verhältnis-Bringen dieses allgemeinen Metrums mit den konkret dargestellten besonderen vielfältigen Rhythmen diese letzteren einmaligen rhythmischen Gestalten zu erkennen. Es ist diese Verstandestätigkeit, Größen zu identifizieren durch Verhältnissetzung, die den Schluss von Musikerkenntnis auf Welterkenntnis zulässt. Dieser Rückschluss gründet auf der antiken Vorstellung, dass der Erkennende, bzw. dessen Seele oder Verstand einerseits und das Erkannte andererseits eine Einheit bilden, welche in der

---

[8] Rainer Bayreuther, *Untersuchungen zur Rationalität*, S. 45.

mathematischen Ordnung besteht. So entsteht über den Akt des Erkennens ein Analogieverhältnis zwischen Musik und Universum.

> „In dem ursprünglichen Begriffe der Musiké waren das All und die Seele [...] zu einer Einheit verbunden, in einer nicht mystischen, sondern mathematischen Harmonie [...]."[9]

Dementsprechend ist dieses Unterkapitel der Versuch, eine mathematische Struktur im Sinne eines arithmetischen Verständnisses auf ihren erkenntnistheoretischen Wert hin zu befragen: dass erst über die Struktur ein bestimmter Sinn, ein Gehalt oder gar Inhalt erkannt werden kann; dass die Bedeutung eines einzelnen für sich stehenden ästhetischen Ereignisses abhängt von den Bezügen und Verhältnismäßigkeiten desselben zu umliegenden Ereignissen und der sich so ergebenen Struktur.

I. A. 2. Arithmetische vs. geometrische Zahlenreihe

An dieser Stelle seien die zwei anschließenden Kompositionsschritte Nonos in Anlehnung an de Assis beschrieben und eigens ausgewertet; die Kompositionsschritte, die die drei rhythmischen Grundwerte weiter mathematisch systematisieren. Der erste dieser Ordnungsschritte weist ein arithmetisches, der zweite weist ein arithmetisches und geometrisches Vorgehen auf. Eine kompositorische Entscheidung Nonos besteht darin, alle drei oben genannten Teilungen des metrischen Grundwertes zu einer je siebenteiligen Dauernreihe zu erweitern und auszubauen. Diese so entstehenden drei Reihen enthalten Dauern, die konkret im Werk erklingen. Sie sind in ihren

[9] Johannes Lohmann, *Musiké und Logos. Aufsätze zur griechischen Philosophie und Musiktheorie*, Stuttgart 1970, S. 1.

anfänglichen Setzungen zu Beginn zwar willkürlich, in sich folgen sie aber der strengen Systematik einer arithmetischen Zahlen- oder Wertefolge. Als arithmetisch zu bezeichnen sind diese drei siebenteiligen Wertereihen, da Nono die einzelnen sieben Dauern einer Reihe gewinnt durch siebenstufige Addition der drei rhythmischen Grundwerte einer Sechzehntel, einer Achteltriole und einer Sechzehntelquintole.

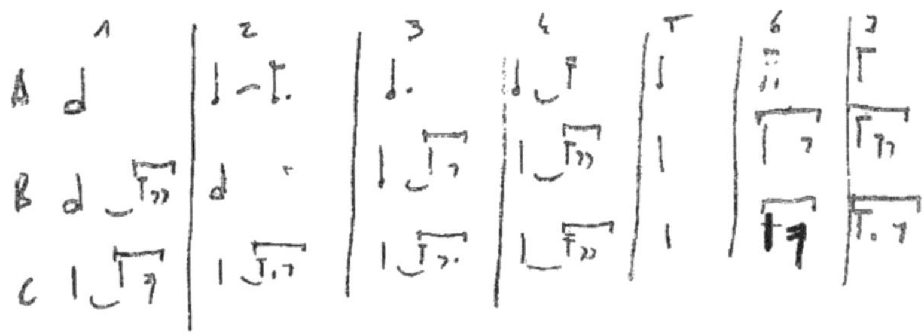

Alle drei arithmetischen Reihen lesen sich in Nonos Skizzen und der obigen Abbildung aus dem Skizzenblatt ALN 38.10.01/04 von rechts nach links. Die sieben Dauern einer Wertereihe ergeben sich, indem immer derselbe Notenwert hinzukommt, von Stufe zu Stufe steigt der Notenwert um dieselbe Dauer an. Der Wert, um den sich die Noten der Spalte A (Sechzehntelteilung des Grundwertes) siebenmal vergrößern, ist eine Sechzehntel; die Reihe startet bei zwei Sechzehntel (einer Achtel) und endet nach siebenstufiger Addition einer Sechzehntel bei acht Sechzehntel (einer halben Note). Die Faktoren, mit denen in Spalte A der rhythmische Grundwert einer Sechzehntel multipliziert wird, lauten demnach: 2, 3, 4, 5, 6, 7, 8. In Spalte B (Achteltriolenteilung des Grundwertes) wächst der Notenwert entsprechend um eine Achteltriole pro Stufe an, beginnend bei einer Achteltriole und endend bei sieben Achteltriolen (eine Halbe und eine Achteltriolennote). Hier lauten die Faktoren zur Multiplikation mit dem rhythmischen Grundwert der Achteltriole: 1, 2, 3, 4, 5, 6, 7. In Spalte C schließlich (Sechzehntelquintolenteilung des Grundwertes) kommt jede Stufe eine Sechzehntelquintole hinzu, ausgehend von drei Sechzehntelquintolen bis hin zu neun. Dadurch ergibt sich für die sieben Stufen die Faktorenfolge 3, 4, 5, 6, 7, 8, 9.[10]

Im nächsten mathematisierenden Kompositionsschritt Nonos kommt zum arithmetischen ein geometrisches Verfahren hinzu. Nono entwickelt aus den oben genannten drei siebenteiligen Dauernreihen je vier weitere Variationen, wobei das Schema dieser Variationen wiederum einer einfachen rational-abstrakten Mechanik folgt. Dieses abstrakte Transformationsprinzip wendet Nono auf alle vier Variationen von allen drei Dauernreihen gleichermaßen an, es steht also in keinem inneren oder charakterlichen Verhältnis zu den je spezifischen Eigenschaften der verschiedenen rhythmischen Grundwerte. Das Transformationsprinzip der siebenteiligen Reihe (siehe nachstehende Tabellen) ist folgendes: der erste Dauernwert der Ausgangsreihe fällt in der variierten Reihe weg. Die verbleibenden sechs Dauernwerte der Ausgangsreihe werden in derselben Reihenfolge übernommen. Der letzte siebte Dauernwert der variierten Reihe kommt zustande, indem immer der gerade niedergeschriebene, sechste Dauernwert mit dem zu Anfang weggelassenen ersten Dauernwert der Ausgangsreihe addiert wird. Um vier Variationen von der jeweiligen Ausgangsreihe zu gewinnen, wendet Nono dieses Prinzip pro Spalte A, B, C viermal an.[11]

---

[10] Zur Auswirkung des antiken arithmetischen Denkens auf das mittelalterliche Musikverständnis siehe: Rainer Bayreuther, *Untersuchungen zur Rationalität*, S. 23ff.

[11] Paulo de Assis beschreibt diesen Variationsprozess auf Seite 54 seiner Analyse (Band 1); Die im Folgenden abgebildete Tabelle findet sich als Beispiel 16 in de Assis' Materialband.

A (Sechzehntel)

Zuord-nungs-zahl	**1**	**2**	**3**	**4**	**5**	**6**	**7**
A1	8	7	6	5	4	3	2
A2	**10**	**8**	7	6	5	4	3
A3	**13**	**10**	**8**	7	6	5	4
A4	**17**	**13**	**10**	**8**	7	6	5
A5	**22**	**17**	**13**	**10**	**8**	7	6

B (Achteltriole)

Zuord-nungs-zahl	**1**	**2**	**3**	**4**	**5**	**6**	**7**
B1	7	6	5	4	3	2	1
B2	8	7	6	5	4	3	2
B3	**10**	**8**	7	6	5	4	3
B4	**13**	**10**	**8**	7	6	5	4
B5	**17**	**13**	**10**	**8**	7	6	5

C (Sechzehntequintole)

Zuord-nungs-zahl	**1**	**2**	**3**	**4**	**5**	**6**	**7**
C1	9	8	7	6	5	4	3
C2	**12**	**9**	8	7	6	5	4
C3	**16**	**12**	**9**	8	7	6	5
C4	**21**	**16**	**12**	**9**	8	7	6
C5	**27**	**21**	**16**	**12**	**9**	8	7

Die von de Assis angefertigten und den drei Spalten A, B und C zugeordneten Tabellen geben eine Übersicht über die Faktoren, mit denen Nono je die drei rhythmischen Grundwerte multipliziert, um zu den konkreten Dauern zu gelangen. Die Tabellen veranschaulichen, dass das Transformationsprinzip, durch das Nono die vier Variationen der drei Ausgangsdauernreihen gewinnt, arithmetisches und geometrisches Reihenprinzip zusammenbringt: Die ersten Dauernfolgen der vier Variationsreihen von rechts nach links gelesen sind arithmetisch, die letzten Dauernfolgen – von Variationsreihe zu Variationsreihe um eins zunehmend – sind geometrisch und exponentiell (siehe fett gedruckte Faktoren). Steigt in der ersten Variationsreihe aller drei Spalten A, B und C nur der letzte siebte Wert exponentiell an, sind es in der zweiten Variationsreihe schon die letzten beiden Werte, in der dritten die letzten drei und in der vierten Variationsreihe die letzten vier Werte, die sich nicht arithmetisch, sondern geometrisch exponentiell vergrößern.

Unabhängig davon, wie gut die arithmetischen Reihen im Werkausschnitt in *Como una ola* selber zu hören sind, ist ihnen immer im Unterschied zu geometrischen Reihen eine Linearität eigen. Dass den arithmetischen Reihen das additive Moment zukommt, von Wert zu Wert dieselbe Zahl zu addieren, hat musikalisch ein stetes Anwachsen oder eine gleichmäßige Abnahme des betroffenen musikalischen Parameters zur Folge; sei es die rhythmische Struktur, die Intervallik, die Klangfarben oder die Dynamik, die durch arithmetische Folgen strukturiert sind. Da in geometrischen Wertefolgen hingegen das multiplikatorische Element prägend ist – der Faktor, mit dem ein vorhergehender Wert multipliziert werden muss, um zu dem nächsten zu gelangen, bleibt derselbe – führt dies in der wiederholten Durchführung immer zu einer exponentiell zunehmenden oder abnehmenden musikalischen Bewegung, was im Höreindruck grundsätzlich einen expressiven Ausdruck und eine sich immer weiter beschleunigende Steigerung oder zunehmende Verlangsamung des entsprechenden musikalischen Parameters bewirkt.

I. A. 3. Mathematische Dauernorganisation und Hörverstehen

Wie schlägt sich diese mathematische Dauernorganisation im musikalischen Klangresultat des *Preludio* der ersten zweieinhalb Minuten nieder? Überwiegt im Höreindruck ein Charakter des Konstruierten, Gemachten, von Organisation und Stimmigkeit, oder entsteht gerade durch die in der Zeit beweglichen mathematischen Strukturen etwas wie Organik, Lebendigkeit und kraftvolle Dynamik? Ist Mathematik in der Rhythmik von *Como una ola* leere Struktur, hohle Konstruktion, bloße abstrakte Verhältnismäßigkeit und formale Stimmigkeit oder geht sie einher mit einem bestimmten Gehalt oder Sinn? Welche ästhetische Qualität kommt einer musikalisierten Mathematik zu?

Auditiv lässt sich die Verwendung der Dauernreihen selbst nach wiederholtem Anhören des *Preludios* nicht exakt identifizieren, wofür es mehrere Gründe gibt. Die oben beschriebenen drei Unterteilungen des Grundwertes, die drei rhythmischen Keimzellen der vier Sechzehntel, drei Achteltriolen und fünf Sechzehntelquintolen für das *Preludio* liegen in ihren effektiv erklingenden Tondauern sehr nah beieinander; ebenso die drei siebenteiligen Dauernreihen sowie die vier Variationen der letzteren. Zusätzlich erschwert ist die Wahrnehmbarkeit der Dauernstruktur dadurch, dass im *Preludio* die Begrenzungen einer Tondauer undeutlich bleiben, ist doch der Beginn einer anschließenden Tondauer immer nur von einem minimalen Tonhöhenunterschied geprägt: meist handelt es sich um Halb- oder

Vierteltonschritte innerhalb des sich kontinuierlich allmählich abwärts bewegenden Clusters. Neben dieser Ähnlichkeit der effektiven Tondauern und Tonhöhen kommt es in den ersten zweieinhalb Minuten von *Como una ola* zu einer Gleichzeitigkeit und Überlagerung unterschiedlicher Dauernreihen. Außerdem wird die rhythmische Durchsichtigkeit des Klangraumes dadurch geschmälert, dass die Klangfarben der verwendeten Orchesterinstrumente nur minimal voneinander zu unterscheiden sind und es zu einer ‚Klangfarbenverschmelzung' kommt. Die zunehmende Lautstärke des Clusters bis zum dynamischen Höhepunkt in Minute 1:30 erschwert zudem die Wahrnehmbarkeit der rhythmischen Struktur.

Die komplexe mathematische Organisation der Dauern und der mehrteilige mechanistische Bearbeitungsprozess dieser Dauern kommen also im *Preludio* nicht als solche zum Vorschein, werden musikalisch nicht exponiert vorgeführt, sondern sind latent vorhanden. Über die Musik wahrgenommen wird nicht die mathematische Struktur selber, nicht das komplexe vorgeordnete Beziehungsnetz der Rhythmen, sondern ihre Auswirkung und Folge auf das Klangganze: die mehrstufige Vorbearbeitung der Dauern führt im musikalischen Werk zu einem fein oszillierenden Klangraum, wobei sich der innere Rhythmus dieses Oszilierens als ein sinnvoller, stimmiger oder organischer darstellt und nicht als ein chaotischer, willkürlicher. Dass Nono die unterschiedlichen dreifachen Unterteilungen des rhythmischen Grundwertes mehreren abstrakten mechanischen Ordnungsprinzipien unterzog, ohne dass letztere auf die jeweilige Charakteristik eines Rhythmus' abgepasst wären, scheint im Klangergebnis dazu zu führen, dass im Hörerlebnis das durch die Rhythmik gestrickte formale Raster, das rationale Netz des musikalischen Raumes mehr Gewicht und Bedeutung zukommt als dem jeweiligen momentanen Ausdruck und der Charakteristik eines bestimmten Rhythmus'. Um den mehrstufigen, komplex-systematischen

Entstehungsprozess über die wahrgenommenen oszillierenden Klangräume zumindest ansatzweise zu erkennen, bedarf es einer spezifischen Form der Verstandestätigkeit.

Der auditive Versuch, die drei rhythmischen Unterteilungen des Grundwertes in vier Sechzehntelnoten, drei Achteltriolen und fünf Sechzehntelquintolen in den ersten zweieinhalb Minuten des *Como una ola* zu identifizieren, fordert zunächst, im Geiste über diese unterschiedlichen rhythmischen Geschwindigkeiten hinweg ein ihnen gemeinsames gleichmäßiges zeitliches Maß dazu zu denken, das erst ermöglicht, die unterschiedlichen gehörten Zeitunterteilungen oder rhythmischen Größen untereinander in Beziehung zueinander zu setzen, sie miteinander zu vergleichen und Urteile über ihr sich-zueinander-Verhalten zu bilden. Bayreuther arbeitet heraus, dass dieser objektive Zeitmaßstab eigentlich nicht außerhalb des künstlerisch sich betätigenden Subjekt anzusiedeln ist, sondern ihm unmittelbar eigen ist, als eine Eigenschaft seines Verstandes:

> „Wenn man sich die spätere cartesische Analyse der Verstandestätigkeit vergegenwärtigt, dann wird klar, daß das Bilden von Grenzen und Proportionen nicht nur eine Verhältnisbestimmung jener Grenzen der vorgestellten Größe untereinander ist, sondern auch eine Verhältnisbestimmung jener Grenzen zu einem Maßstab, den der Verstand selbst mitbringt. Eine formale Simulation dieses Faktors muß daher einen Maßstab beinhalten, der als ursprünglicher und eigentlicher ins Verhältnis zu einer bestimmenden Größe gesetzt werden kann."[12]

Man kann also sagen, dass während der mathematischen Verstandestätigkeit, die durch musikalische Struktur ausgelöst wurde, Subjekt und Objekt insofern eine untrennbare Verbindung eingehen, als dass ein objektiver

---

[12] Rainer Bayreuther, *Johannes Keplers musiktheoretisches Denken*, S. 7.

zeitlicher Maßstab mit den unmittelbaren Eigenschaften des Verstandes des Subjekts eine Einheit bilden bzw. ein und dasselbe sind. Erst diese Einheit scheint die Grundlage dafür zu sein, eine Wahrnehmung von den vielfältig abweichenden Rhythmen zu erhalten.

Der Verstandesvollzug bei mathematischen Tätigkeiten ist insofern im musikalischen Tun, sei es kompositorisch oder rezeptiv, ein spezifischer und noch mal von rein mathematischem, nicht musikalischem Denken unterschieden, als dass zum einen Musik in der Zeit und im musikalischen Raum gestaltbare, bewegliche Mathematik, Verhältnismäßigkeit und Gesetzmäßigkeit ist; und zweitens als dass Musik Mathematik in einer spezifischen sinnlich wahrnehmbaren Gestalt nicht nur dem Denken oder dem Verstand, sondern den Sinnen, genauer dem Ohr präsentiert. Der musikalische Umgang mit Mathematik, wie ihn Nono im oben analysierten Werkausschnitt von *Como una ola* pflegt, zeigt, dass gerade die komplexe, rationale Konstruktion, das abstrakte, zahlenmäßige Systematisieren von Musik nicht – wie zum Beispiel Adorno vorwirft – ein rein die Verstandestätigkeit ansprechendes Ereignis zu sein scheint. Vielmehr sprechen die feingliedrigen mathematischen Ordnungen der musikalischen Räume, die die oben beschriebenen oszillierenden, schillernden Klangstrukturen bewirken, in ihrer filigranen Klarheit unmittelbar ein ästhetisches Empfinden an.

I. B. Macht mathematischer Rationalität vs. Macht der Irrationalität. Geometrische Formbildung in der Musik und anschauliche Erkenntnis in Platons Ideenlehre

Wahrnehmungsästhetische und erkenntnistheoretische Dimensionen von musikalischer Mathematik und Rationalität werden auch in diesem Kapitel aus der Analyse hergeleitet. Hier jedoch ist der Mittelpunkt der Analyse das Verhältnis zwischen musikalischer Rationalität zu musikalischer Irrationalität. Welcher Zusammenhang besteht zwischen der Komplexität und der Art mathematischer Strukturierung in erster Linie der Tonhöhe, aber auch der Rhythmik und Dynamik einerseits und der expressiven Kraft in *Como una ola*? Wann ist mathematische Struktur für die ästhetische Wirkungskraft einer Musik förderlich, wann hemmt sie ihre Entfaltung? Verglichen werden dreierlei Werkausschnitte: erstens die ersten Orchester-Partien in der Zeitspanne von Minute 6:30 bis 13:13; zweitens *der lange Marsch*, ansteigend zur Höhe von Minute 15:15 bis 25:27 und drittens das daran im Werk anschließende Orchester-Finale bis Minute 30:04. Jedes der vier Unterkapitel nimmt einen anderen Aspekt der Beziehung zwischen musikalischer Rationalität und Irrationalität, zwischen allgemeiner Abstraktheit und dem Besonderen in diesen Werkpassagen analytisch in den Blick und diskutiert ihn vor einem erkenntnistheoretischen Hintergrund.

Die Spannung zwischen Rationalität und Expressivität lässt sich in verwandten Begrifflichkeiten bis zum Musikbegriff der Antike zurückverfolgen, weshalb einzelne philosophische Konzeptionen Platons als Deutungsgrundlage dieses Kapitels dienen. Albrecht Riethmüller sieht im antiken Musikbegriff eine

> „stets spannungsvolle Grundbeziehung, die im Strom der Bedeutungsgeschichte stets präsent ist, einmal sichtbar, einmal verdeckter: das Verhältnis von Verstand (auch Vernunft) und Sinn, von Rationalität und Irrationalität, von Intellekt und Sensation, von zahlenmäßiger Begründetheit (des musikalischen Kosmos) und emotionaler Ergriffenheit (durch die Macht der Musik), vom Sein der Musik und ihrer Wirkung – eine Grundspannung, die zwischen

den Gestalten Pythagoras [...] und Orpheus [...] personifiziert bzw. mythisiert werden kann."[13]

I. B. 1. Mathematik als Dosierung expressiver Kraft

Der lange Marsch zeigt, wie die mathematische Strukturierung des Rhythmus, der Tonhöhen, der Dynamik und der Klangfarben klar und deutlich in der musikalischen Textur an die Wahrnehmungsoberfläche tritt und die konstitutive, tragende Kraft für die innere Dynamik und Organik des Werkausschnittes bildet. Die mathematische Ordnung der musikalischen Parameter scheint es zu sein, die dafür garantiert, dass der musikalische Spannungsbogen über eine Zeitdauer von zehn Minuten kontinuierlich gehalten wird. Mathematik scheint zu ermöglichen, Tonhöhen und Klangfarben zu steigern, ohne expressiv zu explodieren, den Bogen zu überspannen oder den Hörer ästhetisch zu überfordern. Die ästhetische Besonderheit dieser zehn Minuten besteht darin, dass der Hörer angehalten ist, in seiner Erkenntnishaltung mehrere parallel verlaufende, in ihrer Beschaffenheit weit voneinander entfernt liegende mathematische Zeitgestaltungen zu verfolgen.

Die großspurige, grobe Bewegung dieses musikalischen Ausschnittes in *Como una ola* ist durch ein hohes Maß an Gleichmäßigkeit, Kontinuität und fast Linearität im Verlauf der verschiedenen musikalischen Parameter geprägt: in der aufsteigenden Tendenz der Tonhöhen, in der wachsenden Intensität der Klänge und Klangdichte und in der rhythmischen Struktur. Dieses Ebenmaß in der musikalischen Steigerung im Blick auf das gesamte musikalische Geschehen der zehn Minuten weist im Kleinen jedoch große

[13] Albrecht Riethmüller, *Stationen des Begriffes Musik*, in: *Frieder Zaminer, Ideen zu einer Geschichte der Musiktheorie*, Darmstadt 1985, S. 78.

Bewegtheit und Wellenartigkeit musikalischer Parameter auf engem Raum auf.

Was die Rhythmik, die Harmonik und die dynamische Struktur des *langen Marsches* angeht, dachte Nono in zehn-sekündigen Abständen, wobei jedem dieser Zehnminutenabschnitte als harmonischer Tonvorrat ein bestimmter Tritonus-Cluster zugrunde liegt.[14] Nono baut diese spannungsreiche Passage also auf einem objektiven gleichmäßigen Zeitmaß auf, das in Anklängen rhythmisch und dynamisch wahrnehmbar ist, aber nicht in aller Strenge. Dieses zeitliche Ebenmaß ist in der Rhythmik auditiv nicht durchgängig zu identifizieren – das rhythmische Bild ist dominiert von Unregelmäßigkeit, Diskontinuität und Vielfalt auf kleinem Raum. Doch schlägt es sich in dem plateauartigen, teils regelmäßigen Wechseln der rhythmischen Motivik nieder. Auch in der dynamischen Gestaltung des musikalischen Geschehens schlägt sich das zehn-sekündige zeitliche Ebenmaß nur andeutungsweise nieder. Zwar scheint sich die Dynamik über die gesamten zehn Minuten hinweg im groben Verlauf stetig bis zur Grenze der Erträglichkeit zu steigern, wobei der subjektive Eindruck von extremer Lautstärke gegen Ende der zehn Minuten vor allem der großen Tonhöhe verschuldet ist. Doch auch innerhalb der zehn-sekündigen Unterteilungen steigert sich häufig die Lautstärke bis zu einem Fortissimo, um dann deutlich abzufallen. Ein Crescendo kann jedoch auch mehrere der zehn-Sekunden-Einheiten umfassen. Die größten dynamischen Einschnitte, die auf ein gedehntes Crescendo folgen und ein neues Anlaufnehmen ermöglichen, sind die folgenden, großschrittigen und in ihrer Ausgestaltung sehr unterschiedlichen: bei Minute 17:30, der nächste große neue Anlauf wird ab Minute 20:40 genommen, in

[14] Paulo de Assis, *Luigi Nonos Wende. Zwischen, Como una ola de fuerza y luz' und ‚...sofferte onde serene...'*, Band 1, S. 89.

Minute 21:06 erfolgt der dynamische Abfall abrupt, in Minute 22:50 beruhigt sich die musikalische Dynamik nur minimal.

Was sich hier in der Dynamik als zwei einander ähnliche parallele musikalische Zeitgestaltungen exemplifizieren ließ – die dynamische Steigerung im Großen und die Crescendi innerhalb der zehn-sekündigen Unterteilungen im Kleinen – ist in der Rhythmik als zwei einander entgegen gesetzte Abläufe zu beobachten: das Ebenmaß der zehnsekündigen Untergliederungen im Großen stehen den arhythmischen musikalischen Bewegungen im Kleinen, der Pluralität der Rhythmen konträr gegenüber.

Ähnliches geschieht auf der Ebene der Klangfarbe: im Großen scheint sie sich kontinuierlich von voluminösen, mächtigen Klangräumen zu spitzen schrillen und gebündelten Klängen zu entwickeln. Vorübergehend und manchmal nur wenige Sekunden andauernd ist jedoch eine Vielfalt an unterschiedlichen Spieltechniken und damit verbundenen Klangfarben zu bemerken.

Und schließlich stellt sich dem gleichmäßigen Aufsteigen der Tonhöhen im groben zehn-minütigen Verlauf gegenläufig ein wellenartiges Auf und Ab der Tonhöhen gegenüber. Die kontinuierliche Erhöhung der Tonhöhe ist das entscheidende musikalische Element, das für den inneren Zusammenhalt dieser Passage garantiert und dem Hörer am deutlichsten nahe legt, sich nicht im Detail des musikalischen Geschehens zu verlieren, sondern den groß angelegten Entwicklungsprozess im Blick zu behalten. Wie in der rhythmischen und dynamischen Struktur, sind auch im Bereich des Harmonischen Veränderungen in zehn-sekündigen Abständen vorgenommen: alle zehn Sekunden dient ein anderes Tritonus-Cluster als Tonvorrat, mit ansteigender Tendenz in den Tonhöhen. Die Expressivität und ästhetische Intensität des langen Marsches, das, was den Hörer emotional fesselt an diese Passage, ist der große zeitliche Spannungsbogen, die allmähliche

Steigerung über zehn Minuten hinweg. Die oben beschriebene mathematische Struktur der musikalischen Parameter steht dieser Art von emotionaler Intensität nicht als unvereinbarer Gegensatz gegenüber sondern wird selbst wesenhafter Bestandteil von ihr.

Diese parallel verlaufenden zwei mathematischen Zeitgestaltungen sind von unterschiedlicher Charakteristik: bildlich-geometrische Eindeutigkeit einerseits und feine, detailbetonte, komplexe Gestaltung andererseits. Das eine ohne das andere würde der künstlerischen Qualität den entscheidenden Abbruch tun. Ohne die diskontinuierlichen Momente im Rhythmus, in den Klangfarben und den ansteigenden Tonhöhen wäre die musikalische Entwicklung voraussehbar und die allmähliche Steigerung aller musikalischer Parameter über zehn Minuten eine tote, bloße Ausführung eines vorab wissbaren und absehbaren ästhetischen Verlaufes.

Hier übersteigt die Funktion von musikalischer Mathematik sehr deutlich den bloßen Anspruch, formal stimmig zu sein oder richtig konstruiert. Stattdessen bewirkt die mathematische Strukturierung der musikalischen Abläufe auf kleinem Raum, dass der musikalische Spannungsbogen über die zehn Minuten hinweg erhalten wird. Die mathematische Struktur erhält unmittelbar eine wirkungskräftige ästhetisch-künstlerische Komponente bzw. sie wird zu derselben. Die mathematisch ausdifferenzierten minimalen musikalischen Bewegungen konstituieren nicht nur die expressive Spannung, sondern machen auch die vitale und organische Kraft der Passage aus.

Ein Mehr an mathematischer Organisation führt zu mehr Expressivität des Materials – ein künstlerischer Bestand, den Adorno verbunden mit einer Kritik an der Überzeugung künstlerischer Moderne formuliert, je freier und unorganisierter mit dem künstlerischen Material verfahren würde, desto ausdrucksstärker erscheine es im Kunstwerk. Adorno kritisiert eine

> „Lässigkeit [...], welche sich einbildet, durch Minderung des konstruktiven Anspruchs vorgeblich freie Phantasie und damit das Ausdrucksmoment zu restaurieren. Funktionalismus heute [...] hätte die Konstruktion so weit zu treiben, daß sie Expressionswert gewinnt [...]."[15]

Was mögliche erkenntnistheoretische Dimensionen eines wie oben analysierten Verhältnisses zwischen musikalischer Rationalität und Irrationalität betrifft, seien an dieser Stelle schlaglichtartig zwei Deutungsaspekte angedeutet: die menschliche Erkenntnissituation nach Platon ist geprägt durch eine strikte Trennung der zwei Pole: rationale Allgemeinheit vs. zufällige einmalige Besonderheit; allgemeine Ideen vs. sinnliche Dinge. In Friedrich Schillers Auffassung vom Spieltrieb gehen Form- und Stofftrieb hingegen eine Verbindung ein.

Man könnte so weit gehen zu behaupten, dass Nono an dieser Stelle in der Art, wie er durch mathematische Strukturierung eines Materials erst dessen volle Expressivität zum Vorschein zu bringen scheint, die Trennung zwischen objektiver rationaler Gesetzmäßigkeit und irrationaler Kraft im konkret erklingenden Werk aufhebt – eine Kluft, die im kunstphilosophischen Denken in wechselnden Begrifflichkeiten und verschiedenen Facetten in der Geschichte immer wieder als unüberbrückbar aufgefasst war. Platon sieht z. B. im *Phaidon* für die Erkenntnissituation des Menschen in den ewig gleich bleibenden Ideen und der Sinnenwelt eine unüberwindliche Wesensunterschiedenheit:

> „Und, nicht wahr, was sich immer gleich verhält und auf einerlei Weise, davon ist wohl am wahrscheinlichsten, daß es das Unzusammengesetzte

---

[15] Theodor W. Adorno, *Ästhetische Theorie*, hrsg. von Gretel Adorno und Rolf Thiedemann, Frankfurt am Main 1970, S. 72.

sei; was aber bald so, bald anders und nimmer auf gleiche Weise, dieses das Zusammengesetzte?"[16]

Ein künstlerischer Schaffensprozess, der mit Mathematik arbeitet, scheint die Kluft zwischen den ewig gleichen und einen Ideen und den sich stets wandelnden vielfältigen Sinnesdingen mehrfach zu durchbrechen. Erstens ist schon der kompositorische Akt, Zahlenreihen nach bestimmten Prinzipien zu transformieren (wie im vorangehenden Unterkapitel analysiert) ein in-Bewegung-Setzen von ursprünglich gleichbleibenden mathematischen Gegebenheiten. Zweitens – nimmt man nun die von Nono eigens hergestellten mathematischen Organisationen als den feststehenden, unveränderlichen Anteil am fertigen Werk an – ist auch dieser letztere nicht als ein gleich bleibender statischer, sondern als ein in Bewegung gesetzter im klingenden Werk wahrnehmbar. Nonos musikalisches in-Eins-Setzen von ebenmäßiger gleichbleibender mathematischer Struktur und musikalischer Expressivität – letztere ist nach Platons Verständnis der Welt der zufällig sich ändernden Sinnesdinge zugehörig – muss, parallel zu Platons Erkenntnismodell gedacht, in die Irre führen und fehlschlagen. Denn dem verstandesmäßig erkennenden Teil der Seele entspräche naturgemäß nur die unmittelbare Einsicht in die reine Welt der Ideen. Die Konfrontation mit dem Sinnlichen, Emotionalen hingegen schränkte sie in ihrer Freiheit ein und halte sie von wahrer Erkenntnis fern.

„Weil jegliche Lust und Unlust gleichsam einen Nagel hat und sie [die Seele] an den Leib annagelt und anheftet und sie leibartig macht [...]; daher sie auch

[16] Platon, *Phaidon*, in: *Platon. Werke*, Band III, bearbeitet von Dietrich Kurz, deutsche Übersetzung von Friedrich Schleiermacher, 6. Auflage, Paris, Darmstadt 2011, 78c.

> bald [nach dem Tode] wiederum in einen anderen Leib fällt und [...] unteilhaftig bleibt des Umganges mit dem Göttlichen und Reinen und Eingestaltigen."[17]

Was Nono musikalisch darstellt im *langen Marsch*, die Schließung der Kluft zwischen rationaler Zeitlosigkeit und sinnlicher Bewegung in der Zeit, scheint künstlerisch dem zu widersprechen, was Platon als menschliche Erkenntnisvoraussetzungen beschreibt. Was Schiller in seiner Auseinandersetzung mit dem Deutschen Idealismus und idealistischer Erkenntnistheorie in *Über die ästhetische Erziehung des Menschen* als Mittler zwischen Sinnes- und Formtrieb entwirft, den Spieltrieb, kommt dem, wie Nono musikalisch Mathematik und Expressivität miteinander verbindet, gedanklich näher.

> „Der sinnliche Trieb will, daß Veränderung sei, daß die Zeit einen Inhalt habe; der Formtrieb will, daß die Zeit aufgehoben, daß keine Veränderung sei. Derjenige Trieb also, in welchem beide verbunden wirken, [...] der Spieltrieb also würde dahin gerichtet sein, die *Zeit in der Zeit* aufzuheben, Werden mit absolutem Sein, Veränderung mit Identität zu vereinbaren."[18]

Nonos musikalischer Umgang mit Mathematik, wie er hier zum Ausdruck kommt, scheint aufzuzeigen, dass Adornos Kritik an Formen musikalischer Rationalität im 20. Jahrhundert als repressiv wirkend zu kurz greift und schlicht Nonos musikalische Verwendung von Rationalität gar nicht berührt. Adorno schreibt:

---

[17] Platon, *Phaidon*, 83d/e, eckige Klammern: K. H.

[18] Friedrich Schiller, *Über die ästhetische Erziehung des Menschen*, Suttgart 2000, 14. Brief, S. 56f.

> „Stimmigkeit als ein mathematisches Aufgehen setzt sich an die Stelle dessen, was der traditionellen Kunst ‚Idee' hieß und was freilich in der Spätromantik zur Ideologie verkam. […] Die Faktur als solche soll richtig sein anstatt sinnvoll."[19]

Die mathematische Struktur im *langen Marsch* geht zwar auf, aber ohne einen Sinn im ästhetischen Ganzen dieser Passage einzubüßen.

I. B. 2. Entfesselte expressive Kraft trotz Mathematik

Im folgenden Beispiel greifen Rationalität und Expressivität in der Musik wieder ineinander, doch kommt ein anderer Aspekt von Expressivität zum Tragen als oben. Innerhalb der ersten acht, je nur wenige Sekunden andauernden Orchesterblöcke innerhalb der Werkpassage von Minute 6:58 bis 11:37, die immer wieder von Klaviereinsätzen unterbrochen werden, kommt es trotz des hohen Maßes an rationaler mathematischer Organisiertheit im Hörerlebnis zu einem verschwommenen Bild der musikalischen Textur und einer Undurchsichtigkeit, was Tonhöhe und musikalischen Satz betrifft. Dumpf bedrohliche Expressivität ist vor allem den tiefen Tonregistern verschuldet. Nono arbeitet mit 12 rhythmischen Mustern, deren Symmetriebildungen und schichtet sie teilweise zeitgleich übereinander (vgl. z. B. Orchesterblock 1 und 7).[20]

Das wahrzunehmende Klangresultat widerspricht ganz dem, was man von musikalischer Rationalität und Organisation erwarten könnte. Die Erwartung an eine rational-mathematisch geordnete Musik zielt auf

---

[19] Theodor W. Adorno, *Philosophie der neuen Musik*, S. 67.

[20] Paulo de Assis, *Luigi Nonos Wende*, Band 1, S. 77, 81.

ein klares, transparentes Klangbild, auf Ebenmaß und ein durchgehendes erkennbares Muster.[21] Merkmale der 12 Grundrhythmen sind immer wieder deutlich zu hören und prägen das Klangbild, auch wenn Überlagerungen das Heraushören der Grundrhythmen zeitweise erheblich erschweren. Diese Durchsetzungskraft der rhythmischen Ordnung in dieser Werkpassage steht neben einer expressiven Ausdruckskraft, welche sich vor allem der Dynamik und Harmonik verdankt: clusterartige harmonische Gebilde in den Orchester-Partien verunmöglichen an vielen Stellen ein differenziertes Hören einzelner konkreter Tonhöhen und führen zu einem voluminösen, undurchschaubaren Klangeindruck. Zwar wird hier musikalische Expressivität nicht mittels Rationalität geschaffen, denn die Durchsetzungskraft der rationalen Ordnung in den ersten acht Orchesterblöcken ist nicht so groß, die expressive Dumpfheit in ihrem überwältigenden Klangeindruck zu bändigen oder sogar zu beschränken. Doch steht hier die ordnende Ratio der expressiven Kraft auch nicht im Wege.

Nono verbindet hier musikalische Expressivität bzw. Gefühl mit einem hohen Maß an nicht unterschwellig vorhandener, sondern

[21] Schon die Musik der Renaissance und die musiktheoretischen Debatten des 16. und 17. Jahrhunderts legen nahe, dass sich Rationalität und Emotion in der Musik nicht ausschließen müssen. Rainer Bayreuther schreibt: „Andreas Werckmeister bringt – am Ende des 17. Jahrhunderts aber in retrospektiver Weise auch auf das 16. Jahrhundert applizierbar – die eigentümliche Struktur von Rationalität, die das Verhältnis von Musik und Affektwirkung prägt, folgendermaßen zum Ausdruck: [...] Zwischen der Struktur der Musik und jener der somatischen Affektivität des Menschen, so Werckmeister, gibt es also eine Entsprechung: eine Mischung der Intervallproportionen auf der einen Seite und eine Mischung der Körpersäfte auf der anderen. Die beiden Phänomene sind verbunden durch eine gemeinsame Ratio, die er nicht genau benennt, die aber offensichtlich in gemeinsamen Zahlenverhältnissen besteht. [...] Es herrscht eben Harmonie, also Ausgeglichenheit von polaren Faktoren, in den musikalischen Zahlenverhältnissen , also wird auch die affektive Wirkung solcher musikalischer Harmonie nichts anderes sein als affektive Harmonie." Siehe: Rainer Bayreuther, *Untersuchungen zur Rationalität der Musik in Mittelalter und Früher Neuzeit*, Band 1, S. 241f.

deutlich hörbarer rationaler rhythmischer Strukturierung, wie oben am musikalischen Beispiel der ersten acht Orchesterblöcke herausgearbeitet. Ein deutender Blick auf einen kunsttheoretischen Gedanken aus Aristoteles' *Poetik* eröffnet eine erkenntnistheoretische Perspektive dieses musikanalytischen Befundes. Künstlerisch dargestellte Ratio alleine oder künstlerisch dargestelltes Gefühl alleine können nach Aristoteles einem Kunstwerk noch nicht seinen Wahrheitsgehalt verleihen. Erst das Zusammenbringen beider ist in Aristoteles' *Poetik* die Bedingung für eine wahrheitsgetreue Zusammensetzung und Aneinanderreihung künstlerischer Ereignisse. Eine rationale Struktur künstlerischer Verläufe nennt Aristoteles wahrheitsgetreu, da diese Verläufe Gesetzen der Notwendigkeit und Wahrscheinlichkeit gehorchen.

> „Man muss auch bei den Charakteren – wie bei der Zusammenfügung der Geschehnisse – stets auf die Notwendigkeit oder Wahrscheinlichkeit bedacht sein, d. h. darauf, daß es notwendig oder wahrscheinlich ist, daß eine derartige Person derartiges sagt oder tut, und daß das eine mit Notwendigkeit auf das andere folgt."[23]

Um wahrheitsgetreue Abläufe zur künstlerischen Darstellung zu bringen, bedarf es nach Aristoteles emotionaler und intuitiver Qualitäten. Zur Darstellung bringt die Gesetze der Notwendigkeit und Wahrscheinlichkeit am besten derjenige, der über lebhaftes Einfühlungsvermögen und Gefühl verfügt:

> „Am überzeugendsten sind bei gleicher Begabung diejenigen, die sich in Leidenschaft versetzt haben, und der selbst Erregte stellt Erregung, der selbst Zürnende Zorn am wahrheitsgetreuesten dar. Daher ist die Dichtkunst Sache von phantasiebegabten oder von leidenschaftlichen Naturen."[24]

---

[23] Aristoteles, *Poetik*, S. 49.

[24] Ebd.: S. 55.

Nono lässt in den ersten acht Orchesterblöcken neben einer rationalen Struktur und notwendigen musikalischen Abfolgen eine dumpfe emotionale, expressive und undurchsichtige Klangqualität erstarken und sogar übermächtig werden. Dieser Werkteil steht für eine irrationale emotionale Kraft, die durch Rationalisierung nicht zu bändigen zu sein scheint.

I. B. 3. Expressivität und geometrisch-figürliche Formung des Klangraumes

Die letzten fünf Minuten des Werkes *Como una ola*, das Finale, steigert sich im Orchesterklang zu einem Höchstmaß an Expressivität und Satzdichte; und das bei der Abwesenheit einer statistischen, kombinatorischen oder abstrakt mechanistischen Organisationsweise der musikalischen Parameter. Dennoch ist Mathematik in der musikalischen Formgebung des Finales von Bedeutung, aber nicht im Sinne von Zahlen-, Größen- oder Werteverhältnissen, sondern orientiert an der Visualität und Bildlichkeit konkreter geometrischer Formen und Figuren. Vergleicht man die Harmonik des Finales mit der beispielsweise der Minuten 6:30 bis 13:27 – ein musikalischer Abschnitt, der sich durch detailreiche mathematische Durchstrukturierung des musikalischen Materials auszeichnet – wird deutlich, dass es am Ende des Werkes, im Finale, im Unterschied zur voraus gehenden Passage nicht um die Charakteristik von Einzelintervallen geht, nicht um die Verhältnisse bestimmter Tonhöhen und Intervalle zu anderen, sondern um harmonische Flächen.

Bei den Orchesterklängen im Finale handelt es sich um chromatische Cluster. Auffällig im Vergleich mit anderen Werkausschnitten ist, dass jegliche Organisation dieses Clusters nach innen wegfällt; es fehlt die feingliedrige mathematische Durchstrukturierung in den Tondauern, der Rhythmik und den Tonhöhen. Nonos Gestaltgebung und Formung dieses Clusters ist keine auf Zahlenordnungen basierende Gliederung des Klangraumes nach innen, sondern erfolgt gröber und gleichsam als Formung und Begrenzung der Klanggestalt von außen her: er zeichnet in seinen Skizzen geometrische Figuren. Dreiecke und Rechtecke in bestimmter Anordnung, die das Anfüllen, das Abnehmen oder das konstant Bleiben eines chromatischen Clusters von unten oder von oben her graphisch darstellen, sind lediglich bestimmten Zeitdauern in Minuten zugeordnet.[25]

Gleich zu Beginn des Finales schließen zwei im Verlaufe der Zeit anwachsende Dreiecke aneinander an, worauf ein Rechteck folgt. Das erste Dreieck nimmt seinen Ausgang bei einem harmonischen und dynamischen Minimum; die in ihren Konturen verschwommene einzelne Tonhöhe zu Anfang wird von Minute 25:32 bis 25:45 nach und nach mit aufsteigenden Tonstufen zum Cluster ergänzt, während zugleich die Lautstärke kontinuierlich zunimmt. Das darauf folgende Dreieck dauert nur fünf Sekunden an und ist erneut ein sich in der Zeit öffnendes, aber diesmal nur in der Dimension der Dynamik; die im vorangegangenen musikalischen Dreieck erreichte Tonhöhe bleibt hier erhalten, nur die Lautstärke fällt im Übergang des ersten zum zweiten Dreieck in Minute 25:45 abrupt ab und steigert sich erneut linear bis Minute 25:50. Dass in diesem Moment eine neue in die Zeit projizierte geometrische Figur, nämlich ein Rechteck, beginnt, markiert eine kurze Zäsur und Pause. Das Rechteck setzt genau mit demselben Tonhöhenmaterial, derselben Klangfarbe und Lautstärke, zu denen das Dreieck zuletzt angeschwollen war, neu an und hält dieses Cluster statisch fünf Sekunden lang. Diese wenigen exemplarischen Beschreibungen reichen,

[25] Paulo de Assis, *Luigi Nonos Wende*, Band 2, Beispiel 61.

um deutlich zu machen, dass – obwohl es immer nur dieselben zwei geometrischen Gestalten sind, die musikalisch umgesetzt sind – es musikalisch zu einer großen Vielfalt an Dreiecken und Rechtecken kommt; je nachdem, welcher musikalischer Parameter anschwillt, gleich bleibt oder abnimmt, sei es Lautstärke, Tonhöhe oder Dynamik, erhält die musikalisierte geometrische Figur eine ganz eigene ästhetische Charakteristik.

Diese graphische Fixierung betrifft entweder die Intervallik, also den Tonhöhenumfang des erklingenden Clusters, oder aber die dynamische Entwicklung, das lineare Anschwellen oder Reduzieren der Lautstärken. Diese Art der bildlich-geometrischen Notation zeigt, dass es Nono in dieser Werkpassage um die äußere Umgrenzung und Formgebung des Klangraumes ging; dass er bildlich und visuell dachte und die musikalische Form demnach gestaltete und dass er nicht in Zahlen, Größenverhältnissen oder abstrakten Proportionen komponierte.

Die oben analysierte musikalische Nachahmung von geometrischen Figuren im harmonischen und dynamischen Tonraum zeigt ein erweitertes Wirkungsfeld der Mathematik in Musik auf; Mathematik in Musik bedeutet neben Zahlenorganisationen, die durch ihren rationalen, abstrakten Charakter einen formalen Sinn im Rezipienten anzusprechen scheinen, auch Figürlichkeit und bildliche Formen, die visuelle und optische Eigenschaften haben und beim Rezipienten die Imagination und bildliche Vorstellungskraft anregen. Zu betonen ist an dieser Stelle die eigentümliche Erkenntnishaltung, die eine solche musikalische Geometrie und Figürlichkeit herausfordert; eine Erkenntnishaltung, die ein höheres Maß an Eigenleistung, Aktivität oder gar Produktivität des rezipierenden Subjektes aufweist: denn während des Wahrnehmungsprozesses wechselt der Rezipient vom einen Sinnesorgan zum anderen; was als rein akustische

Sinneseindrücke aufgenommen wurde, wird durch den Rezipienten interpretiert und in der Vorstellung in den Bereich des Visuellen übersetzt.

Bayreuther bringt musikalische Geometrie, das Figürliche in der Musik in Verbindung mit Platons Ideenlehre:

> „Figur ist eine Kategorie, die garantiert, dass die der Ideenlehre eigentümliche Bewegung des Denkens vom Einen zum Vielen und wieder zurück zur Einheit nicht auseinanderfällt. Die Figur beinhaltet Vieles, sorgt aber auch durch ihren Umriss zugleich für Einheit. Daher wird im Platonismus das Problem der Einheit in der Mannigfaltigkeit der Erscheinungen immer mit der Kategorie des Figurativen verbunden."[26]

Was Bayreuther als ‚das Problem der Einheit in der Mannigfaltigkeit der Erscheinungen' im Platonismus bezeichnet, beschreibt eine hierarchisierende Kluft, welche die Musik in ihrer Erkenntnisleistung zunächst zu degradieren scheint: für Platon stehen sich – für die Erkenntnisleistung der Seele – die in sich einheitlichen, ewigen Ideen der Welt der vielfältigen, vergänglichen sinnlichen Wahrnehmungen unvereinbar gegenüber, wie im *Phaidon*:

> „Und, nicht wahr, auch das haben wir schon lange gesagt, daß die Seele, wenn sie sich des Leibes bedient, um etwas zu betrachten, es sei durch das Gesicht oder das Gehör oder irgendeinen anderen Sinn [...], dann von dem Leibe gezogen wird zu dem, was sich niemals auf die gleiche Weise verhält, und daß sie selbst schwankt und irrt und wie trunken taumelt."[27]

---

[26] Rainer Bayreuther, *Untersuchungen zur Rationalität*, S. 46f.

[27] Platon, *Phaidon*, 79c.

Und obwohl Platon die Musik nicht so hart aburteilt wie die Dichtung – die für ihn „Nachahmung [...] nur der Erscheinungen und nicht des wahrhaft Seienden"[28] sind – zieht Ziermann für die Musik den Schluss:

> „Als wesenhaft ‚Gefügtes' und ‚Zusammengesetztes' steht die Harmonie strukturell auf einer Stufe mit den sinnlich wahrnehmbaren Dingen [...] und ist daher wie diese durch einen ‚Graben' [...] von den einfachen, d. h. teillosen und nicht zusammengesetzten Ideen getrennt."[29]

Worin unterscheidet sich im Hörerlebnis diese Art der Expressivität und Ausdruckskraft – zustande gebracht durch figurativ-geometrische Formung des Klangraumes – von einer zuvor thematisierten Expressivität, der eine strikte Zahlenorganisation des musikalischen Materials zugrunde liegt? Was je eine spezifische Erkenntnisform ausmacht, die diesen zwei musikalischen Formen von mit Mathematik einhergehender Expressivität entspricht, wurde oben herausgearbeitet.

I. B. 4. Allgemeine Rationalität und bestimmte inhaltliche Aussage

Dieses Unterkapitel hat bis hierher musikalisierte Mathematik – arithmetische wie geometrische – untersucht im Verhältnis zu Expressivität und irrationaler Ausdruckskraft. Das Gegensatzpaar Rationalität-Irrationalität soll nun leicht transformiert werden in der Frage nach dem Widerspruch zwischen allgemeiner Mathematik und konkreter inhaltlicher, die soziale Wirklichkeit betreffender Aussage in *Como una ola*. Mithilfe von Adornos

---

[28] Christoph Ziermann, *Musik und Metaphysik in der griechischen Antike*, S. 71.

[29] Ebd.: S. 69, Markierungen: Chr. Z.

Überlegungen soll abschließend der Deutungsschritt unternommen werden, Nonos musikalischen Umgang mit mathematischer Rationalität und Irrationalität als eine Erkenntnisdisposition gegenüber sozialen Realitäten aufzufassen. Wenn Adorno von der „Kunst, als eine Gestalt von Erkenntnis" spricht, drückt er aus, was auch in diesem Kapitel herausgearbeitet wurde: Erkenntnischarakter erhält die Musik von *Como una ola* nicht allein durch ihre rationalen Anteile, sondern auch durch ihre figürlichen, gestaltlichen. Dies ist, was die Kunst laut Adorno vor alltäglicher Erkenntnis auszeichne, nicht bloß einen trügerischen Schein, ein falsches Abbild der sozialen Realität zu erfassen, sondern unmittelbar untrügerisch ihr Wesen.

> „Wohl impliziert Kunst, als eine Gestalt von Erkenntnis, Erkenntnis der Realität, und es ist keine Realität, die nicht gesellschaftlich wäre. So sind Wahrheitsgehalt und gesellschaftlicher vermittelt, obwohl der Erkenntnischarakter von Kunst, ihr Wahrheitsgehalt, die Erkenntnis der Welt als des Seienden transzendiert. Soziale Erkenntnis wird sie, indem sie das Wesen ergreift; nicht es beredet, bebildert, irgend imitiert."[30]

Bei Adorno ist es gerade der technische Anteil am Kunstwerk – für *Como una ola* entsprechend den rational-mathematischen Organisationen –, über den sich die Erkenntnis eines Inhaltes, eines gesellschaftlichen Inhaltes, vollzieht. Dass Nono in *Como una ola* den technischen konstruierten Teil derart stark ausprägt und damit auch einen rationalen Erkenntnisgang anzustoßen scheint, mutet erstaunlich an angesichts der nicht zu überhörenden starken inhaltlichen Tendenz, die das Werk unmissverständlich formuliert, und dies unabhängig und scheinbar ungeachtet der rationalen Struktur. Gleichgültig, zu welcher inhaltlichen Aussage Nonos mathematisch-technischer Umgang mit dem musikalischen Material führen würde, die

[30] Theodor W. Adorno, *Ästhetische Theorie*, S. 384.

Begrifflichkeit des für die Sopranstimme verwendeten Textes, die persönliche, individualisierte Ausdruckssprache des Gesanges und nicht zuletzt viele der unmittelbaren emotionalen Gehalte des gesamten Werkes geben einen klaren inhaltlichen Erkenntnisgegenstand vor.

Ob der Musik – wie Adorno behauptet – als soziale Erkenntnis immer eine verneinende Geste gegenüber der sozialen Realität innewohnt, bliebe für *Como una ola* kritisch zu überprüfen. Lässt sich an Nonos rationaler Musiksprache als solcher eine negative Tendenz, eine unterhöhlende Kritik gegenüber sozialer Realität in Adornos Sinne finden – ungeachtet dem Umstand, dass Nono in seinen sozio-ästhetischen Meinungen und Ansichten denen Adornos wenigstens teilweise nahe käme? Stellt sich die Musik als „Zerstörung dessen, was durch vertraute Sinne vorgespiegelt wird" dar?[31] Selbst, wenn man Nonos Umgang mit Mathematik in der Musik als rationalitätskritisch lesen wollte, wäre dies zugleich eine Kritik an der „verwalteten Welt"?[32] Bei Adorno ist wirkliche Kunst

> „die tendenzielle Kritik der naturbeherrschenden ratio, deren fixe Bestimmungen sie durch Modifikation in Bewegung bringt. Nicht als abstrakte Negation der ratio, nicht durch die ominöse unmittelbare Schau des Wesens der Dinge sucht Kunst dem Unterdrückten das Seine widerfahren zu lassen, sondern indem sie die Gewalttat der Rationalität durch deren Emanzipation von dem, was ihr in der Empirie ihr unabdingbares Material dünkt."[33]

Der musikanalytische Blick auf *Como una ola* zeigt den ästhetisch konstruktiven kompositorischen Umgang Nonos mit Mathematik und Rationalität. Das rationale, strukturelle Denken ist trotz Nonos Kritik am Serialismus

---

[31] Theodor W. Adorno, *Ästhetische Theorie*, S. 209.

[32] Ebd.: S. 384.

[33] Ebd.: S. 209

zentraler Bestandteil seiner Kompositionsart überhaupt; und zwar ein strukturelles Denken, das sich nicht in Zusammenhang bringen lässt zu den leidenschaftlich verfochtenen politischen Inhalten und Positionen in Werken wie *Como una ola*; ein strukturelles mathematisches Denken, das im musikalischen Werk zu einem hohen Grad an ästhetischer Komplexität, Vielschichtigkeit und Ausdifferenzierung führt; das somit einfachen inhaltlichen Aussagen generell dem Wesen nach ästhetisch widerspricht.

I. C. Musikalische Mathematik als Determination vs. schöpferische Intuition als Freiheit?

I. C.1. Adorno: Freiheit vs. Determination des musikalischen Materials

Dieses Kapitel betrachtet die ersten Klavierparts in *Como una ola* von Minute 6:30 bis 13:13 heraus. Ihnen liegt Nonos Arbeitsblatt ALN 38.01.02/03 zugrunde, das nachfolgend abgebildet ist und die rhythmischen Ordnungsprinzipien in dieser Werkpassage darstellt. In diese Klavierparts münden zwei kompositorische Schritte: das improvisatorische erfinderische Klavierspiel Maurizio Pollinis während der Studioaufnahmen sowie Nonos Bearbeitungen, sein Zusammensetzen der gewonnenen Tonbänder. Dabei kann nachträglich nicht mit Sicherheit geklärt werden, ob Nono das rhythmische Ordnungsprinzip zuerst festlegte, es Pollini vorlegte und ihn im Studio zum freien spielerischen Umgang damit aufforderte; oder ob Pollini ohne jegliche rhythmische Vorgabe frei improvisierte und Nono nachträglich aus dem so erhaltenen rhythmischen Material sein Ordnungsprinzip der zwölf Grundrhythmen ableitete und es seiner Zusammensetzung der Tonbänder zugrunde legte.

Erstens soll die Analyse zeigen, wie sich konkret im Werkausschnitt das Verhältnis zwischen einer strukturierten rhythmischen Ordnung einerseits und freier künstlerischer Phantasie und ungebundenem schöpferischen Umgang bezüglich dieser Ordnung andererseits ausgestaltet; wie sich die Objektivität einer straffen rhythmischen Organisation zu der Subjektivität der speziellen Spielweise des Interpreten Maurizio Pollini verhält.

Zweitens soll die Untersuchung der Klavierparts exemplarisch zeigen, dass gerade das Ergebnis eines solchen freien ungebundenen musikalischen Schaffensprozesses eine nicht bewusst herbei geführte, unbeabsichtigte mathematische Struktur hervorbringen kann, die nachträglich im Werk auffindbar ist, die durch ein komplexes Zusammenspiel verschiedener musikalischer Parameter zustande kommt, aber nicht vom Komponisten gewollt war im Moment der Entstehung; eine mathematische Struktur, die sich über die bewusst und willentlich durch den Komponisten vorgeordneten rhythmischen Systeme hinwegsetzt.

Zunächst aber richtet sich der Blick auf den rhythmischen Wandlungsprozess von der Vorstrukturierung hin zum Klangresultat. Welcher Art ist die Beziehung zwischen den ersten Klavierparts zugrunde liegenden 12 rhythmischen Reihen und der rhythmischen Gestalt des Klavierparts im fertigen Werk? Dabei soll zuerst herausgearbeitet werden, welche innere Ordnung, welche Bezüglichkeiten die rhythmischen Keimzellen der vorstrukturierten zwölf rhythmischen Grundreihen untereinander bilden und anschließend, wie sich die Ordnung durch den freien Kompositionsprozess beziehungsweise Improvisationsvorgang Maurizio Pollinis verändert.

Über die inneren Bezüglichkeiten der rhythmischen Zellen in den zwölf Reihen[34] können mehrere prinzipielle Aussagen getroffen werden: letztendlich gibt es zwei zentrale rhythmische Figuren oder Keimzellen, mit denen Nono experimentiert zu haben scheint, die er in den zwölf Reihen in vielen Varianten vorführt und in unterschiedliche rhythmische Umfelder stellt. Es handelt sich um die in ihrer Rhythmik sehr nah beieinander liegenden, sich reibenden Figuren einer Achteltriole und zweier Achtel. In variierter Form finden sich anstelle der ersten und/oder zweiten und/oder dritten Achtel Sechzehntel- oder Zweiunddreißigstelnoten oder Nono gebraucht sie synkopisch.

Die rhythmischen Reihen 1, 2, 3, 4, 9 und 10 führen das Motiv der Achteltriole vor, die Reihen 5, 6, 7, 8, 11 und 12 dagegen die zwei Achtelnoten in verschiedenen Ausformungen. Außerdem fügen sich immer zwei aufeinander folgende Reihen als verwandtes Reihenpaar zusammen, spiegelt doch immer die zweite Reihe eines Paares die rhythmischen Abläufe der ersten, abgesehen von kleinen Abweichungen. Alle Reihenpaare stehen in einem krebsartigen Verhältnis zueinander, das heißt, die zweite Reihe gibt den Rhythmus der ersten von hinten nach vorne wieder. Nur die Reihenpaare 3, 4 und 5, 6 haben die Spiegelungsachse genau in der Mitte des rhythmischen Ablaufes.

In den Klaviereinsätzen erklingen tatsächlich nur Fragmente und einzelne Keimzellen der zwölf Grundrhythmen; es ist keine komplette rhythmische Reihe vollständig in diesem Werkausschnitt hörend zu identifizieren, geschweige denn das rhythmische Ordnungssystem in seiner Gesamtheit wieder erkennbar. Die rhythmischen Keimmotive – bestehend aus zwei Zweiunddreißigstelnoten, einer Sechzehntel- und einer Achtelnote – klingen im Klavierpart vielerorts an, lassen sich aber nicht eindeutig

[34] Die Abbildung der 12 Grundrhythmen findet sich bei de Assis auf Seite 34 des Materialbandes.

12 Grund-Rhythmen

Nach ALN 38.10.02/03

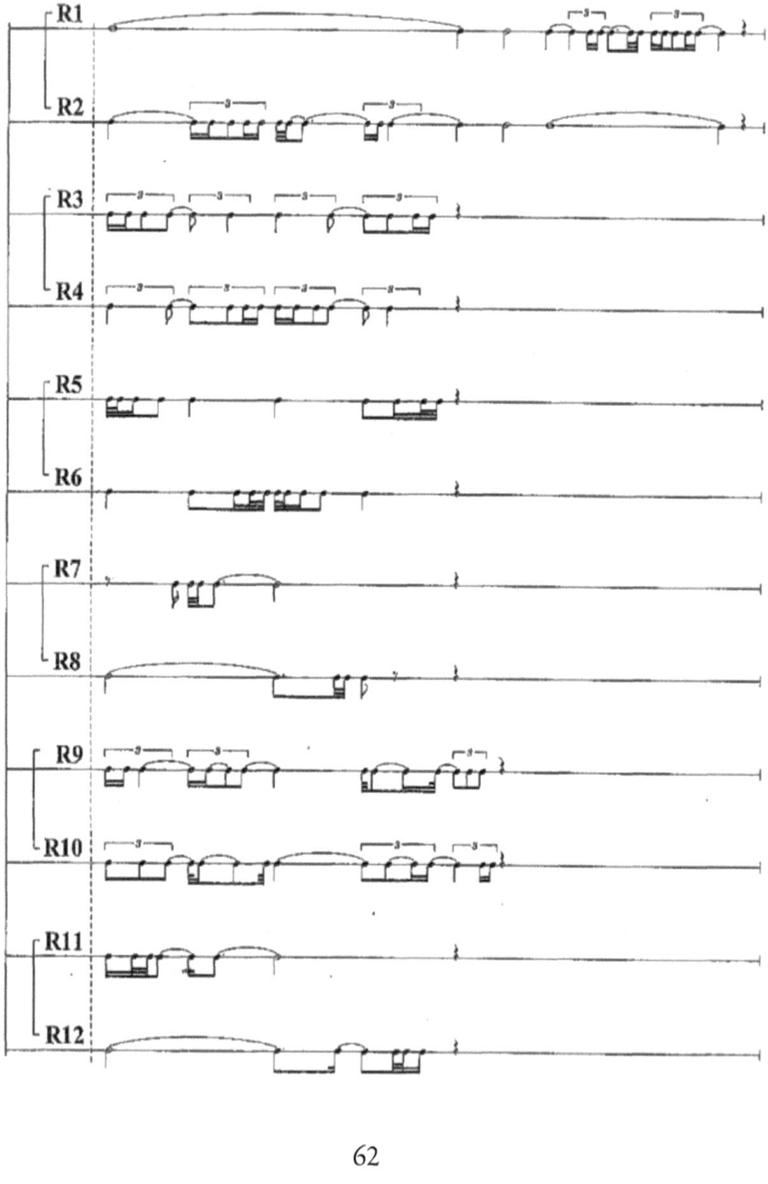

einer bestimmten Reihe zuordnen, finden sich diese Keimzellen doch in leicht variierter Form in jeder Reihe bis auf die dritte und vierte.

Im Klangresultat ist die auditive Identifizierung der genauen Rhythmik des Klavierparts außerdem erschwert durch mächtige, überlagernde Paukenschläge und die vielen tiefen elektronischen und orchestralen Klänge und Geräusche, die zwar manchmal auch rhythmisch strukturiert erklingen, aber oft den Eindruck eines voluminösen, indifferenten Klangraumes vermitteln (siehe zum Beispiel Minute 10.30f.); was den Schluss nahe legt, dass es auch Nono an dieser Stelle nicht darum ging, das zugrunde liegende rhythmische Beziehungssystem ästhetisch wahrnehmbar zu machen. Dann hätte er die 12 rhythmischen Reihen im Klangergebnis nicht zusätzlich durch parallele Schichtungen und Überlagerungen unkenntlich gemacht (siehe zum Beispiel die beginnende Zweistimmigkeit im Klavierpart ab Minute 6:45). Vielmehr war entweder das mathematische Ordnungsprinzip rhythmischer Größen Ausgangspunkt für ein freies Spielen, spontanes Experimentieren und erfinderisches Ausprobieren Pollinis; oder aber die oben beschriebene mathematische Strukturierung diente Nono als Prinzip seiner Collagetechnik, die Klaviertonbänder nachträglich zu schneiden und neu zusammen zu setzen.

Hier behauptet sich die Macht der Natur, der Charakteristik oder Wesenhaftigkeit eines rhythmischen Motivs oder einer rhythmischen Grundordnung gegenüber der Dominanz eines abstrakten, rationalen Strukturprinzips im fertigen musikalischen Werk. Egal, was zuerst da war im Entstehungsprozess, rhythmische Ordnung oder freies improvisatorisches Spiel, im Klangresultat herrschen das rhythmische Einzelmotiv und seine Charakteristik vor gegenüber den Rhythmisierungsprinzipien. Dabei liegt die Hypothese nahe, dass der subjektive, ungebundene Umgang eines Interpreten mit dem rhythmischen Material der Grund dafür ist, dass im

Klangresultat der Inhalt, die Charakteristik des rhythmischen Motivs hervortritt und den Bruch mit dem Regelprinzip in Kauf nimmt. Die Begrifflichkeit kann hier nicht endgültig geklärt werden – man nenne es den Inhalt, der vor der Form Vorrang hat, das Was vor dem Wie, das besondere Einzelne vor dem Allgemeinen oder das Subjektive vor dem Objektiven. Es scheint, als habe das freie Klavierspiel Pollinis auf der Basis dieser Grundrhythmen den Raum eröffnet, den natürlichen Tendenzen des musikalischen Materials zu folgen, sprich denjenigen musikalischen Bewegungen, die sich ergeben durch das sich-Einlassen des künstlerisch tätigen Subjektes auf die gegebenen rhythmischen Keimzellen und deren vorstrukturierten Beziehungen untereinander.

Aus der Art, wie Nono in den ersten Klavierparts das Zusammenkommen von Ordnung und Subjektivität auskomponiert, lassen sich – zieht man Adornos Überlegungen mit hinzu – folgende Erkenntnisse ableiten, die ebenso über das Wesen des Sozialen etwas enthüllen können müssten. Nono widerspricht einer doppelten Kritik Adornos; zunächst seiner Kritik an einem kompositorischen Vorgehen, das sich ohne eigenes Formprinzip der Tendenz und dem Trieb des Materials unterstellt und zweitens einem kompositorischen Vorgehen, das im anderen Extrem ungeachtet des spezifischen Materials einzig dem Strukturprinzip hörig ist. An Komponisten beobachtet Adorno eine

> „Vernarrtheit ins Material [...] bei Blindheit gegen das, was daraus gebildet wird, resultierend aus der Fiktion, das Material rede selber, einem gleichsam verrohten Symbolismus. Wohl redet Material, doch erst in den Konstellationen, in welche das Kunstwerk es setzt."[35]

---

[35] Theodor W. Adorno, *Dissonanzen. Musik in der verwalteten Welt*, Göttingen 1972, S. 146.

Adornos zweiter Kritikpunkt richtet sich gegen das Kompositionsverfahren der Zwölftontechnik. Die Zwölftontechnik fessele die Musik,

> „indem sie sie befreit. Das Subjekt gebietet über die Musik durchs rationale System, um selber dem rationalen System zu erliegen. Wie in der Zwölftontechnik das eigentliche Komponieren, die Produktivität der Variation, ins Material zurückgeschoben wird, so ergeht es der Freiheit des Komponisten insgesamt. Indem sie sich in der Verfügung übers Material verwirklicht, wird sie zu einer Bestimmung des Materials, die sich dem Subjekt als entfremdete gegenübersetzt und es ihrem Zwang unterwirft. Hat die Phantasie des Komponisten das Material dem konstruktiven Willen ganz gefügig gemacht, so lähmt das konstruktive Material die Phantasie. Vom expressionistischen Subjekt bleibt die neusachliche Unterwürfigkeit unter die Technik."[36]

Der freie improvisatorische Umgang Pollinis mit einem streng rhythmisch geordneten Material – oder aber die strenge Rhythmisierung Nonos eines Materials, das in uneingeschränkter Ungebundenheit am Klavier eingespielt wurde: im Klangergebnis dominieren ausdrucksstarke charakteristische rhythmische Motive gegenüber dem Ordnungsprinzip.

Die Frage nach Objektivität und Subjektivität in diesem Zusammenhang muss auch in historischem Kontext beurteilt werden. Während in den 50er Jahren unter Komponisten die Tendenz vorherrschte, den Kompositionsprozess durch serielle Verfahren, Zufalls- und Zahlenexperimente zu objektivieren, war Nonos Meinung schon damals, dass sich selbst in der Kompositionstechnik, in der Wahl von Verfahren Subjektivität eines Komponisten äußere. Erika Schaller schreibt:

[36] Theodor W. Adorno, *Philosophie der neuen Musik*, S. 64.

„Nono distanziert sich damit deutlich von einer Avantgarde, für die musikalische und technische Innovation gleichbedeutend sind, da ihr ästhetisches Ideal eine möglichst reine und entpersönlichte Musiksprache darstellt. Im Dienste dieser Ästhetik beginnen viele Komponisten seit Anfang der 50er Jahre in großem Umfang mit Reihentechniken zu arbeiten, Zufallsoperationen in den Kompositionsprozeß einzubeziehen [...]."[37]

Das Zusammenbringen von mathematischem System in der Rhythmik und dem freien improvisatorischen Umgang Pollinis kann als ein künstlerischer Ausdruck dieser Überzeugung Nonos gesehen werden.

I. C. 2. Unbeabsichtigte mathematische oder geometrische Struktur

„Es ist wohlbegründetes Erbe der antiken musiké episteme – etwa der aristoxenischen Theorie – auch dort von Quantifizierung des Tonmaterials zu sprechen, wo ein Komponist nicht dezidiert jede Tonhöhe und Tondauer ausrechnet, sondern intuitiv vorgeht. [...] Bestimmt zum Beispiel ein Installateur eine klangliche Größe abstrakt, etwa nach einer ganzen Zahl, so ist dies im Hinblick auf die Ästhetik der Klanginstallation ein ganz anderer qualitativer Status, als wenn eine klangliche Größe durch ein komplexes und nicht in allen Einzelheiten willentlich zu steuerndes Zusammenspiel von musikalischen und dispositiven Faktoren zustande kommt."[38]

---

[37] Erika Schaller, *Dem Komponisten über die Schulter geschaut. Skizzenforschung als Hilfe für ein vertieftes Werkverständnis*, in: *Luigi Nono. Dokumente. Materialien*, hrsg. von Andreas Wagner, Saarbrücken 2003, S. 25.

[38] Rainer Bayreuther, *Gegenwärtiges Komponieren als Musica disciplina. Das Beispiel der Klanginstallation von Robin Minard.* In: *Musiktheorie. Zeitschrift für Musikwissenschaft*, Hrsg. von Wilhelm Seidel und Mathias Schmidt, 22. Jahrgang, Heft 4, 2007.

Bayreuther betont in diesem Zitat die Begrenztheit und Eingeschränktheit des menschlichen Bewusstseins, des Wahrnehmungsumfanges und der menschlichen Erkenntnisfähigkeit im Vergleich zu der Komplexität der in natürlich vorhandenen und potenziell künstlerisch darstellbaren mathematischen Strukturen und Gesetzmäßigkeiten. Man könnte etwas überspitzt weiter denken und schlussfolgern, dass jede kompositorische Anstrengung, willentlich eine bestimmte mathematische Ordnung musikalisch unterzubringen, einen Verlust an mathematischer Komplexität in der musikalischen Komposition mit sich bringt; dass die eigentlich sinnvolle Struktur ungewollt und intuitiv im kompositorischen Prozess entsteht.

Dem inhaltlich nahe stehend formuliert Adorno:

> „Konstruktion ist nicht Korrektiv oder objektivierende Sicherung des Ausdrucks, sondern muß aus den mimetischen Impulsen ohne Planung gleichsam sich fügen."[39]

Obgleich die Grenze zwischen bewusster und unbewusster kompositorischer Entscheidung, zwischen gewollter und intuitiv hervorgebrachter musikalischer Ordnung wohl nicht definitiv nachträglich zu bestimmen ist, sei hier abschließend die Frage aufgeworfen, ob einzelne andere mathematische Gesetzmäßigkeiten und geometrische Formgebungen in *Como una ola* wahrnehmbar und denkbar sind, die ohne das Wissen über und unabhängig von Nonos eigenen mathematischen Vorstrukturierungen sich präsentieren und die sich nicht aus den Skizzenblättern Nonos heraus erklären lassen.

---

[39] Theodor W. Adorno, *Ästhetische Theorie*, S. 72.

I. D. Schlussbetrachtung

Wie die Betrachtung dieses Kapitels deutlich machte, zeigen sich Nonos strenge und detaillierte mathematische Vorstrukturierungen der unterschiedlichen musikalischen Größen als außerordentlich wirksam im Klangresultat des Werkes *Como una ola*, ohne jedoch das Klangbild zu dominieren oder starr erscheinen zu lassen.

An diesem differenzierten kompositorischen Umgang mit mathematischen Rechnungen und Zahlenorganisationen lässt sich Nonos Interesse für und zugleich seine Kritik an der musikalischen Strömung des Serialismus im 20. Jahrhundert ablesen. So spricht aus Nonos schöpferischem Arbeitsprozess selber seine Kritik am Serialismus, die hier Bayreuther formuliert: nämlich die

> „gängige Kritik am Serialismus, dass der ehedem kompositorische Akt, der Töne zusammensetzt, seien sie vorfindlich oder eigens generiert, mehr oder weniger entfällt. Entweder strukturierte die Struktur der Tongenese die Zusammensetzung der Töne soweit vor, dass nicht mehr viel willentlich zu komponieren blieb. Oder man vergaß über dem Strukturieren schlicht das Komponieren."[40]

Grundsätzlich berührt die mathematische Struktur in *Como una ola* zwei verschiedene Arten der akustischen Wahrnehmung: das spontane, intuitive Hören ohne spezielles Vorwissen sowie das analytische oder analysierende Hören. Bayreuther bezeichnet diese letztgenannte Wahrnehmungsweise von Musik in Bezug auf Klanginstallationen als

---

[40] Rainer Bayreuther, *Gegenwärtiges Komponieren als Musica disciplina*, S. 357.

„stilisierende Wahrnehmung. Keine spontane Raumwahrnehmung erfasst die Maße oder die akustischen Dispositive eines Raumes in ihren integren Größen. Um zu diesen zu kommen, muss man messen, und messen heißt: primäre Wahrnehmung mit ihrer chaotischen, komplexen Überlagerung von Empfindungsquanten auf eine bestimmte Dimension hin zu filtern oder zu stilisieren. [...] Vielleicht aber ist die Frage auch, ob das Filtern und Stilisieren [...] gerade nicht einfache und diskrete, sondern wiederum chaotische und komplexe Strukturen generiert."[41]

Dies ist eine der wichtigen Erkenntnisse dieses Kapitels: dass komplizierte mathematische Vorstrukturierungen im musikalischen Werk zu einer ästhetischen Klarheit, Deutlichkeit und Einfachheit führen können, und umgekehrt: dass die Abwesenheit mathematischer Vorstrukturierung im musikalischen Werk dennoch komplexe ästhetische Beschaffenheit zur Folge haben kann.

Es scheint nach den Ergebnissen obiger Analyse grundsätzlich kein zwingender Wirkungszusammenhang zwischen Mathematik, mathematischer Ordnung des musikalischen Materials und einer bestimmten Geartetheit, einem bestimmten ästhetischen Charakter und expressiven Wert des musikalischen Werkes zu bestehen. Was macht – um eine in der Einleitung gestellte Frage aufzugreifen – dann das Spezifische einer musikalisierten Mathematik oder einer mathematischen Musik aus? Aus wahrnehmungsästhetischer Sicht gilt, dass ein Hören einer Musik mit dem besonderen Augenmerk auf die mathematische Struktur – sei diese nun bewusst berechnet oder zufällig als künstlerisches Resultat entstanden – ein spezifisches wahrnehmungsästhetisches Merkmal aufweist: das Verknüpfen von Quantität und Qualität beim Hören, das Aristoteles in anderem Zusammenhang,

---

[41] Rainer Bayreuther, *Gegenwärtiges Komponieren als Musica disciplina*, S. 359f.

nämlich innerhalb seiner staatstheoretischen Untersuchungen unterschiedlicher Gesellschaftsformen beschreibt:

> „Jeder Staat besteht aber aus qualitativen und quantitativen (Faktoren) – als qualitativ bezeichne ich freie Geburt, Reichtum, Bildung und edle Abkunft, als quantitativ dagegen die zahlenmäßige Überlegenheit der Menge. Es kommt nun vor, daß Qualität bei einem der Teile, aus denen der Staat zusammengesetzt ist, vorliegt, Quantität dagegen bei einem anderen [...] Deswegen muß man diese (beiden Faktoren) gegeneinander abwägen."[42]

Dieses Kapitel forcierte neben einem rein innerästhetischen Machtbegriff – der Macht des Rationalen vs. der Macht des Irrationalen in der Musik – einen erkenntnistheoretischen Aspekt von Macht: in ihren rationalen Dispositionen kann eine Musik eine bestimmte Erkenntnisart fordern, welche sich ebenso außermusikalischen Erkenntnisgegenständen widmen kann. Damit stellt dieses Kapitel eine theoretische Grundlage für die vier nachfolgenden dar, erörtern diese doch je neben musikalischer Analyse einen außermusikalischen, sozialphilosophischen Erkenntnisgegenstand.

---

[42] Aristoteles, *Politik*, hrsg. von Eckart Schütrumpf, Hamburg 2012, 1296 b15, Klammern: Herausgeber.

II. Formen musikalischer Beziehungshaftigkeit und ihre sozialphilosophischen Entsprechungen.

Luigi Nonos *Das atmende Klarsein*

Das vorangehende Kapitel arbeitete aus der Analyse verschiedener Formen musikalischer Rationalität und Mathematik entsprechende wahrnehmungsästhetische und erkenntnistheoretische Dispositionen heraus; Dispositionen, die die Voraussetzung dafür darstellen, einen der Musik entsprechenden wahrnehmenden oder erkennenden Zugriff auf eine außermusikalische Wirklichkeit zu demonstrieren. Das folgende Kapitel analysiert Formen von musikalischer Beziehungshaftigkeit; es greift analog zu ihnen gedacht einen Aspekt der außermusikalischen Wirklichkeit, den gesellschaftlicher Bezüglichkeiten heraus und überprüft, inwieweit Wahrnehmung und Erkenntnis des einen die des anderen fördert.

Die musikalische Analyse des Werkes *Das atmende Klarsein* (1981) von Luigi Nono für kleinen Chor, Bassflöte, Tonband und Live-Elektronik untersucht unterschiedliche Formen musikalischer Bezüglichkeiten;[1] Bezüglichkeiten im Horizontalen einerseits, d. h. in

[1] Die Analyse arbeitet mit folgender Partiturausgabe: Nono, Luigi, *Das atmende Klarsein. Per piccolo coro, flauto basso, live electronics e nastro magnetico* (1980/1983), Partitura, Ricordi. Minutenangaben beziehen sich auf die folgende Aufnahme: Luigi Nono, *Choral Works, cori di Didone, Da un diario italiano, Das atmende Klarsein*, SWR Vokalensemble Stuttgart, Rupert Huber.

sukzessiven musikalischen Verläufen wie rhythmisch-motivische Bezüge, klangfarbliche oder die der Intervallik von Tonfolgen; und Bezüglichkeiten im Vertikalen andererseits, d. h. in simultanen Zusammenklängen im Werk.[2] Die musikalische Analyse dieses Kapitels arbeitet zunächst einen inner-ästhetischen Begriff von Macht heraus: welche spezifische formale Prägkraft im Gesamtwerk kommt beispielsweise dem Einklang zu, welche der klangfarblichen Heterogenität oder der homogenen intervallischen Beziehungsstrukturen? Das Verständnis von Macht als ein Inter-Phänomen, als etwas, das sich erst in der Beziehung zwischen zwei Phänomenen abspielt und nicht als Eigenschaft eines Phänomens selber definiert wird, bildet die Schnittstelle, in der musikalisch-ästhetische Formen der Bezüglichkeit und sozialphilosophisch gedachte Beziehungsstrukturen zusammenkommen; die Schnittstelle, die einen Legitimationsgrund dafür darstellt, musikalische Beziehungsstrukturen in *Das atmende Klarsein* analog zu sozialphilosophischen Vorstellungen von gemeinschaftlichen Bezüglichkeiten zu betrachten.

Diese analoge Betrachtung von musikalischer und sozialphilosophisch verstandener Macht in Beziehungsstrukturen fußt auf einem weiteren Machtaspekt: die Macht einer ästhetischen Äußerung von Bezüglichkeiten auf eine sozialphilosophische Reflexion von Gemeinschaftlichkeit und umgekehrt. Wie könnte die Wahrnehmung eines musikalischen Gebildes den Blick auf ein gemeinschaftliches Gebilde bereichern? Was kann die Fähigkeit, speziell die besonderen Einheit und Zusammenhang stiftenden musikalischen Ereignisse eines Werkes, die mit den zahlreichen Differenz und Dissonanz schaffenden musikalischen Elementen koexistieren und Verbindungen eingehen, auditiv zu identifizieren, den Reflexionen und

[2] Joachim Junker, *Klassenkampf und offenes Denken: Kontinuität und Wandel von Nonos Kompositionstechnik am Beispiel von ‚Das atmende Klarsein'*, in: Birgit Johanna Wertenson, Christian Storch (Hrsg.): *Luigi Nono und der Osten*, Mainz 2016, S. 401-430.

Haltungen zu Gemeinschaftlichkeit hinzu fügen? Gemeinschaften scheinen sich immer zwischen den zwei Polen zu bewegen: einerseits sich auf allgemeine Grundsätze und Rechte zu berufen, die Gleichheit und Gerechtigkeit herstellen, andererseits aber den widerstreitenden Verwirklichungen der Einzelnen Rechnung tragen zu müssen; Ein Umgang mit Homogenität und Heterogenität, der wenn schon keine inhaltliche, so doch eine formale, strukturell-abstrakte Ähnlichkeit oder Analogie zu musikalischen Werken nahe legen könnte. Die musikalische Untersuchung setzt sich aus hauptsächlich Partiturarbeit und punktueller Höranalyse zusammen.

Die Relevanz der in der musikalischen Analyse von Beziehungsstrukturen in *Das atmende Klarsein* herausgearbeiteten Machtaspekte für sozialphilosophische Ideen ist eine Hypothese, die schon Aristoteles in allgemeinerer Form folgendermaßen formulierte:

> „Was nämlich aus mehreren (Bestandteilen) zusammengesetzt ist – einerlei ob diese miteinander verbunden oder voneinander getrennt sind – und zu einer eine Einheit bildenden Gemeinschaft wird, in allen (solchen zusammengesetzten Gebilden) ein herrschender und ein beherrschter Teil sichtbar ...]; denn auch in Leblosem gibt es eine Art Herrschaftsverhältnis wie in Tonarten [...]."[3]

Aristoteles' antike Vorstellungen über Formen von Gesellschaftlichkeit und die ihnen zugrunde liegenden Machtstrukturen sind nur ein Teil der sozialphilosophischen Referenzen zur Deutung in diesem Kapitel. Im Mittelpunkt steht die kommunitaristische Gesellschaftstheorie Charles Taylors, einzelne ihrer Wurzeln im antiken Denken des Aristoteles sowie ausgewählte neuzeitliche Positionen eines Thomas Hobbes und Jean-Jacques Rousseau, sofern sie der aristotelischen Auffassung, der Mensch sei von Natur aus ein gesellschaftliches Wesen, widersprechen. Die Auswahl

[3] Aristoteles, *Politik*, 1254 15a, Klammer: Herausgeber.

Taylors liegt unter anderem darin begründet, dass sich seine demokratischen Theorien zwischen liberalen und sozialistischen Modellen zu platzieren scheinen, dass eins seiner zentralen Konzepte das einzelne starke autonome Subjekt ist, das dennoch in seiner Verantwortlichkeit für und Solidarität mit der Gemeinschaft dargestellt wird. Mehrere Facetten der Beziehung des Einzelnen zu anderen einer Gemeinschaft kommen zum Tragen und lassen sich analog denken zu Beziehungsstrukturen in *Das atmende Klarsein*.

Der grundlegendste Teilaspekt von Macht dieses Kapitels geht jedoch auf Hannah Arendts Analyse in der Schrift *Macht und Gewalt* zurück; nämlich derjenige, der Macht als ein Inter-Phänomen begreift. Bei Arendt bezieht sich dieser Teilaspekt von Macht zunächst auf gemeinschaftliche Gebilde: Macht verstanden als ein zwischenmenschliches, intersubjektives Phänomen, das ein spezifisches Verhältnis einzelner Subjekte zueinander charakterisiert; Macht als Fähigkeit eines Einzelnen zu handeln, wobei diese Fähigkeit nicht auf einer Selbstermächtigung des Einzelnen fußt, sondern durch andere, durch Mitmenschen verliehen wird.

> „*Macht* entspricht der menschlichen Fähigkeit, nicht nur zu handeln oder etwas zu tun, sondern sich mit anderen zusammenzuschließen und im Einvernehmen mit ihnen zu handeln. Über Macht verfügt niemals ein Einzelner."[4]

Macht als ein Einwirken, ein Einfluss-Nehmen eines Menschen auf andere. Ähnlich wie für Arendt, ist auch für Michel Foucault keine menschliche Gemeinschaft denkbar, die ohne Machtbeziehungen der einzelnen Mitglieder zueinander funktionieren könnte.

---

[4] Hannah Arendt, *Macht und Gewalt*, 18. Auflage, München 2008, S. 45.

„In Gesellschaft leben bedeutet: es ist stets möglich, dass die einen auf das Handeln anderer einwirken. Eine Gesellschaft ohne ‚Machtbeziehungen' wäre nur eine Abstraktion."[5]

II. A. Einheit und Differenz in Beziehungsstrukturen. Konsonanz und Dissonanz in musikalischen und sozialphilosophisch gedachten Bezüglichkeiten

Die Analyse der Intervallik in *Das atmende Klarsein* bezieht sich auf die vier Gesangpassagen, die durch ihre klare Abgrenzung von den zwischen ihnen liegenden Abschnitten mit hohem Bassflöten-Anteil das Werk klar untergliedern: erstens die das Werk eröffnende Gesangpassage mit der einzelnen Sopran-, Alt-, Tenor- und Bassstimme, die sich über den gesamten ersten Teilabschnitt mit der Überschrift *Nach spätem Gewitter...* erstreckt, zweitens auf den mit *Krena* beschrifteten Werkausschnitt sowie drittens auf die Gesänge ab *Ascolta*.[6] Die letzte zu analysierende Gesangpassage beginnt auf Seite 21 der Partitur. Untersucht wird die Intervallik sowohl hinsichtlich der sukzessiven Abfolge als auch der simultanen Satzstruktur. Das, was im zeitlich-linearen Verlauf einer einzelnen Stimme an Tonfolgen geschieht, steht in unmittelbarem Wechselverhältnis zu den intervallischen Zusammenklängen mehrerer Stimmen in einem einzigen Moment. Zunächst erfolgt eine musikalische Analyse der reinen Intervalle und der Einklänge, die daraufhin vor dem Hintergrund einzelner sozialphilosophischer Thesen Taylors gedeutet werden. Es schließt eine Erörterung der Dissonanzen und

[5] Michel Foucault, *Ästhetik der Existenz, Schriften zur Lebenskunst*, hrsg. von Daniel Defert und Francois Ewald, Frankfurt am Main 2007, S. 99.

[6] Luigi Nono, *Das atmende Klarsein*, Partitura, S. 2, 8 und 16.

der Ansätze zu Clusterbildungen an, was abschließend ebenfalls sozialphilosophisch interpretiert wird.

Die Intervalle der Oktave bzw. Prim (Unisono), der Quinte, Quarte, der großen und kleinen Sekunde sowie des Tritonus prägen das lineare musikalische Geschehen sowie die vertikalen Zusammenklänge in den oben genannten Passagen von *Das atmende Klarsein.* Diese prägenden Intervalle stehen in innerer Beziehung zueinander: Die Quarte füllt die Quinte zur Oktave auf; Zwischen Quarte und Quinte liegt eine Sekunde; der Tritonus halbiert die Oktave und bildet den Ansatz einer Clusterbildung, die im Laufe des Stückes mehr und mehr Raum ergreift.

II. A. 1. Einklang und reine Intervalle. Musikalische und sozialphilosophische Relevanz

Der erste Gesangsteil *Nach spätem Gewitter* mit einer Dauer von ca. 1:40 Minuten ist in seiner Satzstruktur und Klangtextur sehr klar und durchsichtig gehalten, was sich widerspiegelt in den harmonisch verwendeten Intervallen: den fast ausschließlich reinen Intervallen wie der Prim, der Quinte und der Quarte, wie das folgende Beispiel des vierten Taktes zeigt.[7]

Im ersten Gesangteil überwiegt transparenter zweistimmiger Frauengesang der Sopran- und Altstimmen, von denen selbst in den Unisono-Klängen einzelne auditiv zu identifizieren sind. Erst im letzten Drittel des Abschnittes treten der Tenor, dann der Bass zum Frauengesang hinzu. In den zwei später folgenden Gesangpassagen hingegen nimmt der Anteil an vier- und mehrstimmigem Gesang deutlich mehr Raum ein. Die große Transparenz des Satzes sowie die reinen Intervalle der Prim, Quarte und Quinte

---

[7] Folgende Abbildung ist von der Verfasserin erstellt.

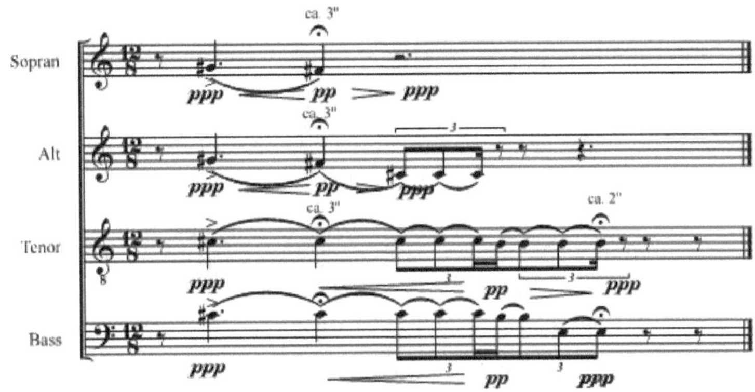

treten als vorherrschende erst in dem letzten vierten Gesangsabschnitt ab Seite 21 der Partitur wieder in Erscheinung. Diese Klarheit in der Klangtextur der ersten Gesänge in *Das atmende Klarsein* also entspricht der Intervallik: sie ist in der sukzessiven wie simultanen Struktur deutlich begrenzt und reduziert auf die Prim, die Quarte und die Quinte. Die kleine und große Sekunde hingegen tauchen hier nur als lineare Tonschritte auf und erscheinen als Zusammenklang erst ab Seite 8 der Partitur.

Bedeutend für den thematischen Zusammenhang des Kapitels ist die Beobachtung, dass der von mehreren Stimmen gesungene Einzelton, die Prim ein intervallisches Zentrum des Werkes zu bilden scheint, das sich in den Anfangsgesängen durch häufige Wiederkehr deutlich musikalisch etabliert, und das selbst in den zwei später im Werk folgenden Gesangabschnitten – trotz deren größeren Spektren an Intervallen – als Leitintervall erkennbar bleibt. Im zweiten Gesangteil kommt die zentrale Stellung des Einklanges unter anderem dadurch zustande, dass er häufig eine motivische Phrasierung einleitet und beschließt (siehe die ersten drei Takte auf Seite 12 der Partitur); oder dass der Einklang das verknüpfende und verbindende Element zweier aneinander anschließender musikalischer Figuren darstellt, das dem Hörer ermöglicht, in seiner Wahrnehmung über eine Stille hinweg an das Vorangegangene anzuschließen (siehe hierzu Takt 5 auf der 13. Seite der Partitur, wo der Einklang Gis sich nach einer Stille im Einklang Fis fortsetzt). Für den Einklang in der dritten Gesangpassage (Seite 16 bis Seite 18 der Partitur) ist bezeichnend, dass er sich in seiner Klangcharakteristik als ein Extrem darstellt, verglichen mit den oft unmittelbar vorausgehenden oder nachfolgenden Dissonanzen. Dem Einklang kommt so eine kontrastierende Funktion zu: im dritten Takt des *Ascolta*-Abschnittes (dritter Gesangteil) beispielsweise geht der dissonante elf-sekündige Zusammenklang einer großen Septime a - gis' (Bass, Tenor - Alt, Sopran) in den Einklang gis' über, der 5 Sekunden lang andauert und sich in seiner Intervallqualität klanglich maximal von dem vorangehenden Akkord zu unterscheiden scheint.[8]

Der Einklang in Kombination mit anderen reinen Intervallen durchzieht das gesamte Werk. Als leitmotivartige Intervallfolge prägt folgende Figur die Gesangpassagen: einer Prim geht eine Quinte oder variiert eine Quarte voraus und/oder es folgt aus der Prim eine Quarte oder Quinte. Dabei erklingt die Quinte/Quarte vor oder nach der Prim entweder als vertikaler Zusammenklang oder sukzessiv als Tonfolge. Beispielsweise eröffnet das Werk ein von Sopran- und Altstimme gemeinsam unisono gesungener Quintsprung nach oben, von einer Achtel fis' hin zum ca. drei Sekunden lang unisono ausgehaltenen cis'. In ihm scheint das Gewicht, das Zentrum der Figur zu liegen, bevor sich die Prim nach oben zum Zusammenklang der Quinte d" - a" (Alt - Sopran) öffnet. Als gegenläufige und zugleich darauf antwortende intervallische Figur setzt nach wenigen Sekunden der Stille, jedoch noch im selben ersten Takt die simultan klingende Quarte d" - g" (Alt - Sopran) ein, die sich dann zur Prim d" nach unten

[8] Es gilt die folgende Schreibweise der Tonhöhen: C1, D1 usw.: Kontraoktave; C, D usw.: große Oktave; c, d usw.: kleine Oktave; c', d' usw.: eingestrichene Oktave; c", d" usw.: zweigestrichene Oktave; c"', d"' usw.: dreigestrichene Oktave.

hin schließt. Dieses intervallische Motiv setzt sich in vielfältigen Variationen und in absteigenden Tonhöhen fort: zum Beispiel in Takt 4 von der erklingenden Quinte cis' - gis' (Bass/Tenor - Alt/Sopran) über die Quarte cis' - fis' bis zur Prim cis'. Charakteristisch für diese Kettung oder Reihung der intervallischen Figur ist, dass als Bindeglied von einem Motiv zum nächsten eine kleine oder große Sekunde sukzessiv als Tonschritt erfolgt; sei es nach einer Stille wie im ersten Takt vom a" zu g" im Sopran, oder sei es unisono unmittelbar als Achtelfolge von Sopran und Alt gesungen, von a' zu gis' in Takt drei. So oder so wirkt dieser Sekundschritt verknüpfend. In den zwei anschließenden Gesangpartien des Werkes tritt dieses intervallische Motiv in weniger geballter Häufigkeit auf.

Die im Abschnitt *Nach spätem Gewitter...* (erster Gesangteil) neben der Prim simultan erklingenden Quinten und Quarten sind reine Intervalle, die in ihren langen Dauern in sich ruhenden, selbstbezüglichen Charakter haben, nicht woanders hin drängen oder verweisen und der Prim innerlich verwandt erscheinen. Die intervallischen Figuren um die Prim herum umspielen die Einstimmigkeit; der Einklang spaltet sich immer wieder auf in eine vorübergehende Zweistimmigkeit, die sich mit den reinen Intervallen der Quinte und Quarte in ihrem Klangcharakter jedoch nie weit von dem Einklang zu entfernen scheinen, um dann in einer neuen Einstimmigkeit zu münden. Dabei scheinen die Einklänge die große, grobe Linie des melodischen Verlaufes in diesem ersten Abschnitt zu markieren: eine in ihren Tonhöhen absteigende Linie.

Für die anschließende sozialphilosophische Deutung des Einklanges und der reinen Intervalle ist die Frage leitend, in welchem Verhältnis sich der Einklang zum Widersprüchlichen, zum Dissonanten und Heterogenen musikalisch präsentiert. Ohne Heterogenität, Dissonanz und Widersprüchlichkeit musikanalytisch genau zu untersuchen – dies geschieht an späterer Stelle des Kapitels – sei hier folgende Beobachtung erwähnt: Der Einklang ist trotz seiner zentralen und prägenden Stellung im Werk nicht das dominierende ästhetische Moment. Vielmehr scheint es, als betone der Einklang zugleich die vielen, ihm gegenüberstehenden Formen von Unterschiedlichkeit, Heterogenität oder Widersprüchlichkeit, seien sie klangfarblicher, rhythmischer oder intervallischer Natur. Die im zweiten Gesangsteil ab Seite 8 der Partitur zunehmenden komplexen harmonischen Strukturen bis hin zu Clusterbildungen kämen in ihrem dissonanten Charakter nicht so stark zur Geltung, wären sie nicht immer wieder kontrastiert durch die radikale harmonische Reduzierung im Einklang. Die schnelle Rhythmik und Motivik in den Bassflötenteilen werden erst dadurch als ein heterogenes Moment in *Das atmende Klarsein* wahrgenommen, dass der Einklang in den Gesangteilen die langsame Rhythmik der lang gehaltenen Liegetöne hervorhebt und als Kontrast gegenüberstellt.

Folgende allgemeinen Eigenschaften eines Einklanges scheinen für eine sozialphilosophische Betrachtung fruchtbar gemacht werden zu können: Dem Einklang kommt die Qualität eines Selbstbezüglichen zu. Er geht keine Verbindung mit einem anderen Ton ein, sondern steht nur in Bezug zu sich selbst. Der Einklang erscheint in sich einheitlich und abgeschlossen zu sein, ohne einer Ergänzung oder Vervollständigung von außen zu bedürfen; und dies, obwohl der Einklang natürlich nicht alleine, sondern innerhalb eines musikalischen Gebildes in Erscheinung tritt.

Musikalisch scheinen mit den Einklängen Begriffe angedeutet zu sein, die – reflektiert man sie vor einem sozialphilosophischen Hintergrund – von modernen bis auf antike Vorstellungen zurückverfolgt werden können. Die Bezüglichkeit zu sich selbst, wie sie musikalisch ästhetisch in *Das atmende Klarsein* dargestellt ist, hat in ihrer sozialphilosophischen Reflexion in der Moderne beispielsweise durch Taylor eine Umdeutung erfahren, die im

Unterschied zu den antiken Vorstellungen den Selbstbezug des einzelnen Individuums zu sich selbst in den Vordergrund stellt.

In Aristoteles' *Nikomachischer Ethik* kommt dem Guten der Charakter des Selbstbezüglichen zu, da es außerhalb jeder Mittel-Zweck-Kategorie steht.

> „Das vollendet Gute muß sich selbst genügen. Wir verstehen darunter ein Genügen nicht bloß für den Einzelnen, der für sich lebt, sondern auch für seine Eltern, Kinder, Frau, Freunde und Mitbürger überhaupt [...]. Als sich selbst genügend gilt uns demnach das, das für sich allein das Leben begehrenswert macht, so daß es keines Weiteren bedarf."[9]

In der antiken Vorstellungswelt tritt zu den Begriffen der Selbstreflexion und der Selbsterkenntnis die Sorge des Einzelnen um sein Selbst als Sorge um die Gesundheit der „eigene[n] Seele (oder de[s] eigene[n] Leib[es])" hinzu. Obwohl sich diese Vorstellungen ja zunächst auf den Einzelnen beziehen, erscheinen sie bei Aristoteles unmittelbar mitmenschlich, gemeinschaftlich und sozial relevant. Die Einheitlichkeit und Kohärenz eines einzelnen Gemeinschaftsmitgliedes ist Keimzelle, Ausgangspunkt und Garant zugleich für die Einheit des ganzen Staates. Dabei spricht Aristoteles jedoch dem einzelnen Mitglied des Staates das höchste Maß an Einheitlichkeit zu: „denn ‚eins zu sein' dürfen wir eher dem Haushalt als dem Staat zusprechen und dem Einzelnen wieder eher als dem Haushalt."[10]

Der geschichtliche Sprung hin zu einer modernen sozialphilosophischen Deutung des Selbstbezüglichen erweitert das Verständnis um einen Aspekt. Charles Taylor spricht von einem „bei-sich-selbst-Sein", mit dem er die

---

[9] Aristoteles, *Nikomachische Ethik*, hrsg. von Günther Bien, Hamburg 1985, 1097 b.

[10] Aristoteles, *Politik*, 1261 15a.

Selbstreflexion oder Selbstbetrachtung eines einzelnen Gesellschaftsmitgliedes meint:

> „Es gibt einen prinzipiellen Unterschied, wie ich selbst mein eigenes Handeln, Denken oder Empfinden erlebe und der Art und Weise, wie du oder irgendein anderer Mensch es erleben. Der Standpunkt, den ich ‚radikale Reflexivität' nennen möchte, ist der Standpunkt eines eigentümlichen ‚bei-sich-selbst-Seins'."[11]

Taylor spricht dem Selbstbezüglichen im Zuge der Entstehung und Entwicklung von modernen Gesellschaften ab Ende des 18. Jahrhunderts verstärkte Bedeutung zu. Das Ideal der Authentizität und des authentischen Lebens implizieren zugleich, dass die ‚Quelle' des Handelns und der moralischen Beurteilung nicht mehr in der Religion oder einem traditionellen Ideenkanon, sondern allein in dem Individuum begründet liegt.

> „Was hier neu ist, begreifen wir, sobald wir diese Auffassung mit älteren Auffassungen vergleichen, welche die Verbindung mit irgendeiner Quelle – zum Beispiel mit Gott oder der Idee des Guten – für die wesentliche Voraussetzung entfalteten Daseins erachten. Nun indessen liegt die Quelle, zu der wir eine Verbindung herstellen müssen, in uns selbst."[12]

Die zentrale Bedeutung des Einklangs in *Das atmende Klarsein* scheint darüber hinaus folgende Reflexion auf gemeinschaftliche Gebilde zuzulassen. Die Prim ist ein ästhetisches Zusammenfinden von Vielen bzw. Zweien im Einen. Sozialphilosophisch aussagekräftig scheint zu sein, dass Nono in den Gesangteilen in *Das atmende Klarsein* eine einzelne Tonhöhe nicht

---

[11] Charles Taylor, *Wieviel Gemeinschaft braucht die Demokratie? Aufsätze zur politischen Philosophie*, erste Auflage, Frankfurt am Main 2002, S. 233.

[12] Charles Taylor, *Die Politik der Anerkennung, in: Multikulturalismus und die Politik der Anerkennung*, hrsg. von Charles Taylor, Frankfurt am Main 1993, S. 16f.

durch eine einzelne solistische Stimme oder ein einzelnes solistisches Instrument musikalisch zum Ausdruck bringt. Sondern die einzelne Tonhöhe ist meistens von mehreren Ausführenden gesungen. Noch deutlicher ästhetisch erleben lässt sich diese Einheit von Vielem an den reinen Intervallen der Quarte und Quinte: im Vergleich zu der Prim tritt zwar das Andere, Unterschiedliche, die Reibung der am Zusammenklang beteiligten Tonhöhen hier stärker hervor, dennoch dominiert der Eindruck von Zusammengehörigkeit, Harmonie und Einheit. Parallel zu zwischenmenschlichen Beziehungsnetzen gedacht, kann der Einklang mit der Beteiligung Vieler einen Zusammenschluss oder eine Vereinigung mehrerer Subjekte zum Ausdruck bringen, in denen individuelle Eigenarten und Besonderheiten in den Hintergrund getreten sind zugunsten eines allgemeinen, alle gleich betreffenden, auf die Gesamtheit abstrahierten und verbindenden Interesses.

Der künstlerische Wert des Einklanges und seine komplexe Funktion in *Das atmende Klarsein* scheinen unabhängig von der sozialphilosophischen Bedeutung des Selbstbezüglichen sich in sich selbst zu genügen. Ohne diese Autonomie des Musikalischen in diesem Werk infrage stellen zu können, soll das Aufzeigen der sozialphilosophischen Deutungsperspektive eine zusätzliche doppelte Befruchtung andeuten: einerseits die vielschichtigen und komplexen Möglichkeiten, ein musikalisches Werk zu hören, aus musikalischen Formen einen Gehalt herauszuhören, um eine thematische Perspektive zu erweitern; andererseits sich sozialphilosophischen Begriffen von musikalischer Gehaltbildung her anzunähern, und somit die Trennung zwischen sozialem Leben und musikalischem Erleben und Wahrnehmen infrage zu stellen.

Eine letzte Sichtweise auf gemeinschaftliche Gebilde – inspiriert durch Nonos musikalisch-kompositorischen Umgang mit dem Einklang – leitet sich von der Funktion des musikalisch Einen innerhalb des Werkganzen ab;

und betrachtet parallel dazu die Stellung des Einen innerhalb eines Gemeinwesens – wobei offen bleiben muss, was konkret das Eine innerhalb eines gemeinschaftlichen Gebildes bedeutet; denkbar sind hinsichtlich moderner Gesellschaften ein allgemeiner Grundsatz, eine grundlegende Verfassung, die Richtlinien der herrschenden Partei oder aber das einzelne Mitglied der Gemeinschaft. Das Eine mit dem Zusammenwirken von Mehreren – wie oben betrachtet – impliziert eine vertikale Dimension. Das nun zu untersuchende Eine – egal ob im musikalischen oder gemeinschaftlichen Kontext – spricht eine horizontale Ebene an.

Bezeichnend für Nonos polyphonen Satz in *Das atmende Klarsein* ist der Einklang als intervallisches Zentrum, das prägend ist nicht nur für die Motivik im Kleinen, sondern auch für die großformale Anlage des Werkes insgesamt. Der Einklang ist der Ausgang sowie die Beendigung des Gesamtwerkes; der von Sopranstimmen gesungene letzte Einklang des gesamten Werkes erstreckt sich sogar über 19 Sekunden. Doch der Einklang ist auch Anfang und Ende vieler motivischer Einheiten im Kleinen. So stellt er sich im Werk als entscheidende Form bildende, Gestalt gebende Kraft dar. Der meist mehrere Sekunden andauernde Einklang erscheint als musikalische Keimzelle, als kleinste musikalische Einheit im Intervallischen sowie motivisch-Rhythmischen, aus der heraus sich das Viele, die Dissonanzen, differente Rhythmen sowie motivische Variationen im Laufe des Werkes entwickeln. Für die Form bildende Kraft des Einklanges im Werk ist entscheidend, ob ein Einklang eine Phrase einleitet oder beendet, ob ein Einklang der Ausgang oder das Ziel einer motivischen Entwicklungsphrase ist. Die formale Prägkraft des Einklanges ist deshalb so markant im Höreindruck und als markanter zu bezeichnen als andere eindrucksvolle Ereignisse im Werk wie zum Beispiel ein dichter crescierender Cluster-Satz oder ein Fortissimo, da ein Einklang in seiner jeweiligen Charakteristik

(Klangfarbe, Tonhöhe, Dauer) am klarsten im rezipierenden Bewusstsein in Erinnerung bleiben kann.

Ein letzter musikanalytischer Befund, der die formale Prägkraft des Einklanges in *Das atmende Klarsein* unterstreicht, bezieht sich auf zwei kurze gesungene Episoden, eine im zweiten und eine im dritten Gesangteil. Im Unterschied zu allen anderen Einklängen im Werk, ertönen diese Einklänge nicht als mehr-sekündig gehaltene Liegetöne. Stattdessen sprengen sie den rhythmisch-motivischen Rahmen der Gesangteile, indem sie den Liegetönen einmalig die rhythmisch bewegteren zwei Quintolen-Sechzehntel entgegensetzen. Die zwei unisono gesungenen Motive auf den Seiten 11 und 18 der Partitur sind rhythmisch und intervallisch eng verwandt: beide Male erklingt der Sechszehntel-Schritt als Sekunde abwärts von cis nach h mit anschließender Rückkehr zum cis, im ersten Gesangteil von Tenor und Bass (cis' – h), im zweiten von Sopran und Alt gesungen (cis" – h'). An diese Sechzehntel-Wendung schließt – auf Seite 18 leicht variiert – ein Quinten- bzw. Quartensprung nach unten an. Dass Nono dieses rhythmisch diskontinuierliche, markante Moment als Unisono, als Einklang vorführt, betont kompositorisch den Einklang in seiner Form bildenden Kraft.

Letztendlich ist das Charakteristische an diesen Formen der Prägkraft des Einklanges in *Das atmende Klarsein* – wie schon oben beschrieben – die Tatsache, dass der Einklang nicht das einzige musikalische Element im Werk darstellt, sondern er vielfältige variationsreiche Verbindungen mit anderen, teils ihm entgegen gesetzten musikalischen Gestaltungselementen eingeht.

Betrachtet man die formale Prägkraft des musikalischen Einklangs parallel zur Gestaltungskraft eines Einen in einem gemeinschaftlichen Gebilde, kann man mit Taylor folgende Reflexion anstellen: Der Einklang als starke grundlegende Kraft in *Das atmende Klarsein* lenkt den Blick auf ein starkes einzelnes aktives Subjekt, das durch seine Prägkraft und Einflussnahme die Gestalt und Entwicklung seiner Gemeinschaft im Großen bestimmt. Der Einklang prägt die Gesamtgestalt des Werkes – aber ohne das Andere, ohne die von ihm abweichenden musikalischen Setzungen in seiner ästhetischen Wirkung einzuschränken. Die Form bildende Kraft eines einzelnen Subjekts wird ästhetisch stark gemacht, ohne die Eigenart eines fremden Mitgliedes der Gemeinschaft einzuschränken, dessen Selbstbestimmung zu beschneiden. So entsteht über die Musik eine Vorstellung von einem einzelnen Subjekt, das seine Stärke und Prägkraft nicht allein aus sich heraus schöpfen kann, nicht allein in Selbstbezüglichkeit gewinnt, sondern diese Stärke und Identität erst in der Reibung und Auseinandersetzung mit dem Anderen, von ihm Unterschiedenen herausarbeitet und diese Kraft von den Anderen verliehen zu bekommen scheint. Ein selbstbestimmtes starkes Einzelnes ist musikalisch dergestalt dargestellt, dass es des Anderen und Widersprüchlichen bedarf und sich nicht in Unabhängigkeit und losgelöst-Sein vom Widersprechenden konstituiert. Dies entspricht Taylors Einspruch gegen den Begriff einer negativen Freiheit eines einzelnen Subjektes, das beansprucht,

> „das zu tun, was [es] will, ohne von anderen und insbesondere vom Staat eine Beeinträchtigung zu erfahren. […] Ein Mensch, der lediglich negativ frei ist und alles tut was er will, kann in seinem Handeln dennoch weitgehend von unreflektierten Konventionen geleitet sein."[13]

Unter einem „sinnvolle[n] Freiheitsbegriff" dagegen versteht Taylor eine „echte Selbstbestimmung, ein besonders hohes Maß an ethischer Entwicklung". Das ‚hohe Maß an ethischer Entwicklung' eines starken Einzelnen kann in dessen aktiver Konfrontation mit dem Fremden gesehen werden.

---

[13] Charles Taylor, *Wieviel Gemeinschaft braucht die Demokratie?* S. 94, eckige Klammern: K. H.

Die Vorstellung, dass ein starkes einzelnes Subjekt ein Gemeinschaftsgebilde gemäß einer freien Mitmenschlichkeit gestaltet, setzt voraus, dass sich sein Selbstverständnis auch aus den Grundsätzen dieser Gemeinschaft speist, dass seine Identifikation mit den gemeinschaftlichen Zielen stark genug ist, damit sein Gestalten zugunsten eines Allgemeinwohls zugleich ein selbstbestimmtes bleibt. Der Deutungsansatz des vorangehenden Unterkapitels für den Einklang – dass sich Vieles einigt – hängt also mit dem zweiten Deutungsansatz – der formalen Prägkraft des Einen – unmittelbar zusammen. Taylor bezeichnet es als

> „Anliegen der gesamten bürgerlich-humanistischen Tradition: daß jede freie (d. h. nicht despotische) Regierungsform eine starke Identifikation von Seiten ihrer Bürger bedarf – etwas, das Montesquieu vertu nannte."[14]

An anderer Stelle betont er, dass die Partizipation, die Teilhabe eines einzelnen Subjektes an gesellschaftlichen Entscheidungsprozessen dem Anspruch entwächst, das eigene Leben innerhalb der Gemeinschaft selbst zu regieren, selbst zu bestimmen und zu verwalten.

> „Doch ist ebenso klar, daß der Schwund der Partizipation das Bewußtsein untergräbt, an dem gemeinsamen Vorhaben der Selbstregierung beteiligt zu sein. [...] Der Bürgersinn würde in einer weitgehend schweigenden, bürokratisierten Gesellschaft, in der sich Partizipation auf die alle vier Jahre erfolgende Stimmabgabe beschränkt, kaum aufrecht zu erhalten sein."[15]

---

[14] Charles Taylor, *Wieviel Gemeinschaft braucht die Demokratie?*, S. 15, Klammern und Markierungen: Ch. T.

[15] Ebd.: S. 23.

Ein Übermaß an zentral gelenkter institutioneller Bürokratie, Verwaltung und Repräsentation untergräbt Gestaltungsimpulse und Spielräume zur Selbstorganisation einzelner starker Subjekte. Die Wirkkraft eines einzelnen Subjektes auf die Gesamtgesellschaft fußt also auf dessen Identifikation mit den allgemeinen Grundsätzen. Ist die Wirkkraft der allgemeinen gesellschaftlichen Grundsätze dagegen auf das einzelne Subjekt zu groß, büßt letzteres an Stärke und Freiheit ein. Dass starke Identifikation des Einzelnen mit den gemeinschaftlichen Grundsätzen und Zielen einer Stärke und Selbstbestimmung eines einzelnen Subjektes bedarf, damit letzteres nicht durch ein Allgemeininteresse vereinnehmbar und manipulierbar wird, wurde herausgearbeitet – auf der Grundlage einer musikalisch-ästhetischen Tendenz. Da für eine ausführliche Betrachtung eine andere musikästhetische und analytische Ebene in den Blick genommen werden müsste als vorher, soll hier Folgendes nur als Anmerkung angedeutet werden: dass gerade eine musikalische Ausbildung eines einzelnen Subjektes, seine aktive musikalische Wahrnehmungsfähigkeit – wie Nono sie explizit und nachdrücklich durch seine Musik hervorrufen will – etwas sein kann, das zu seiner Stärke und Selbstbestimmung bei aller Identifikation mit dem Allgemeinwohl – wie Taylor es herausarbeitet – beitragen kann. Musik spricht einen Menschen als Ganzen an. Dass Musik also etwas sein könnte, das Identität, Integrität und Einheit eines Subjektes fördern könnte, soll hier nur angedeutet sein.

II. A. 2. Dissonante Intervalle. Musikalische und sozialphilosophische Relevanz

Über den Verlauf des Stückes *Das atmende Klarsein* hinweg lässt sich eine nicht kontinuierlich, sondern unregelmäßig zunehmende Dichte des

Satzes beobachten, von vorherrschenden Prim- bzw. Unisono-Klängen im zwei- oder dreistimmigen Satz der Gesänge zu Beginn des Werkes bis hin zu vermehrten Clusterklängen vor allem ab Seite 16 der Partitur. Mit der zunehmenden Satzdichte geht die intervallische Erweiterung der reinen Intervalle Prim, Quinte und Quarte um die unreinen Intervalle der kleinen, großen Sekunde und des Tritonus in simultanen Klängen einher. Die Dichte des Satzes, die Clusterbildungen sowie das Auftreten von dissonanten Intervallen erfahren ihren Höhepunkt in dem dritten Gesangsteil ab Seite 16 der Partitur. Gegen Ende des Werkes im letzten Gesangteil hingegen herrschen erneut Einklänge vor.

Den angedeuteten Clusterklängen kommt zunächst die Funktion zu, die Klarheit und Genauigkeit der Tonhöhe und die Transparenz des intervallischen Anfangsmotivs zu verwischen und zu verschleiern. Ab Takt drei des KRENA-Abschnittes (2. Gesangteil) zum Beispiel bleibt die intervallische Grundstruktur des vom Anfang bekannten Motivs zwar grob erhalten: aus einem unisono gesungenen g' (Sopran - Alt) entwickelt sich der Quinten-Zusammenklang h - fis' (Tenor - Sopran). Doch ist die Reinheit der erklingenden Quinte im Höreindruck getrübt, indem sich die Kontur des

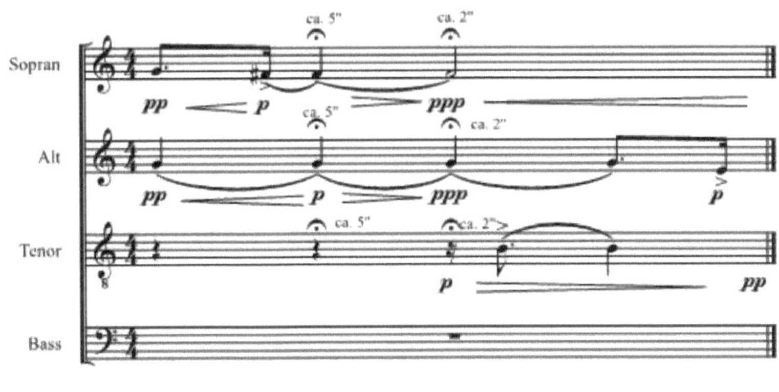

fis' verwässert durch das gleichzeitig von den Altstimmen gesungene g'; als Intervall entsteht hier so zusätzlich die kleine Sekunde fis' - g'.[16]

Ähnliches geschieht wenige Sekunden später in dem mit (*euéreas=troverai*) überschriebenen Takt: die Quarte c' - f' (Bass, Tenor - Alt, Sopran) büßt an Eindeutigkeit ein durch die in Alt und Tenor hinzu tretende Viertelnote e', die im Zusammenklang mit dem f' eine kleine Sekunde bildet.

Immer häufiger jedoch tritt ein dissonantes Intervall als eigenständiges, allein stehendes auf, das nicht mehr verschleiernde Wirkung ausübt, sondern als solches für sich steht, klar hörbar zu identifizieren ist und in seiner Dauer zunimmt: in dieser Gestalt das erste Mal tritt eine große None als elfsekündiger Liegeklang gegen Ende des Takt 6 der Seite 8 der Partitur in Erscheinung, nach vorausgehender Prim c in Tenor und Bass folgt im Tenor ein Nonenschritt nach oben vom c zum d', während die Bassstimmen das c weiter aushalten. Mehr und mehr lösen sich die dissonanten Intervalle kleine, große Sekund und Tritonus von der leitmotivartigen Intervallfolge. In dem mit *Ins Freie* überschriebenen Takt (Seite 9 der Partitur) entwickelt sich aus der Prim a (Bass - Alt) über die kleine Sekund a - b (Bass - Tenor, Alt) der Zusammenklang a - b - e' (Bass - Tenor - Alt, Sopran); zwar enthält dieser Zusammenklang die Quinte a - e', doch betont der lineare Verlauf der Altstimme dagegen – durch ihren sukzessiven Tonschritt vom b hoch zum e' – dieses Tritonus-Intervall. Zudem löst sich wenige Sekunden später die Quinte ganz auf, indem die Bassstimme eine kleine Sekunde vom a zum b fortschreitet; und der Zweiklang kommt auf dem puren, unverschleierten Tritonus b - e' einige Sekunden zum Stehen (Bass, Tenor - Alt, Sopran); bevor dieser Tritonus-Klang in der Prim e' mündet (Tenor, Alt, Sopran) und das Motiv zu einem Abschluss bringt. Freistehende unreine Intervalle finden sich an vielen Stellen im weiteren Verlauf dieser zweiten, aber vor allem

[16] Folgende Abbildung ist von der Verfasserin erstellt.

in der dritten Gesangpassage in *Das atmende Klarsein* ab Seite 16 der Partitur. Beispielsweise taucht der Tritonus-Sprung vom es nach oben zum a als sukzessive Tonfolge – gesungen im unisono von Bass und Tenor – auf Seite 10 der Partitur im ersten Takt auf und geht über in die erklingende kleine Sekunde a - b (Tenor - Bass, Alt).

Von den bis hierhin beschriebenen dissonanten Klängen, die in ihrer Klangtextur durchsichtig gehalten sind und auditiv klar identifizierbar erscheinen, müssen diejenigen Clusterbildungen unterschieden werden, die sich mithilfe von live-elektronischen Mitteln als hallige Klangräume darstellen. Es geht um vereinzelte zwischen 7 und 17 Sekunden andauernde statische Klänge in den zweiten und dritten Gesangteilen, die sich auch dynamisch deutlich von dem Rest des Werkes absetzen: innerhalb des Clusterklanges selber oder unmittelbar vorausgehend steigern sich allmähliche Crescendi vom mehrfachen Piano bis hin zum Mezzoforte oder Forte. Im zweiten Gesangteil sind die Forte-Klänge noch zweistimmig: zuerst auf Seite 10 der Partitur als Quinte h' - fis" (Tenor - Alt, Sopran), dann auf Seite 12 als Tritonus a - es' (Bass, Tenor – Alt, Sopran). Im dritten Gesangteil steigert sich die Satzdichte auf dreistimmige Klänge: auf Seite 17 der Partitur erscheint das über 17 Sekunden bis zum Mezzoforte lauter werdende dissonante Zusammenklang d' - a" - es" (Bass - Sopran - Alt). Der Tritonus a" - es" sowie die kleine None d' - es" prägen hier das Klangbild. Es stellt sich als ein voluminöser Klangraum dar, in dem die einzelnen Tonhöhen nur unklar auditiv zu identifizieren sind. Auf Seite 18 der Partitur folgt dann der 7 sekündige dissonante Dreiklang cis' - es' - b' (Tenor - Alt - Sopran) im Mezzoforte. Hier dominiert die große Sekunde cis' - es' den Höreindruck.

Die Analyse der intervallischen Struktur im Verlauf von *Das atmende Klarsein* macht deutlich, dass – obgleich sich das Spektrum der verwendeten

Intervalle von den reinen der Prim, Quarte und Quinte hin zu den unreinen der kleinen, großen Sekunde und des Tritonus weitet – die äußere Form des Motivischen weitgehend erhalten bleibt. Der Einklang bleibt das Zentrum, umspielt von Zwei-, Drei- und Vierklängen anderer Intervalle, wobei sich aber im Laufe des Werkes der Radius vergrößert, wie weit sich die Intervalle vom reinen Einklang entfernen und wieder zurückkehren. Die Form des Motivischen hat etwas Kreisendes, wobei sich der Umfang weitet, das Zentrum jedoch immer erhalten bleibt.

Die äußere, rhythmisch-motivische Gestalt der Intervallik bleibt also über alle vier Gesangpassagen in *Das atmende Klarsein* erhalten. Charakteristisch sind die langen Dauern der einzelnen Zusammenklänge. Es überwiegt der Eindruck eines plateauartigen Verweilens in einem einzelnen Ein-, Zwei-, Drei- oder Vierklang, bevor oft durch einen Tonschritt nur einer einzigen Stimme der Übergang zu einem neuen Intervall erfolgt, das sich wiederum zeitlich dehnt. Dieses sekundenweise fast statische Stehenbleiben in einem Zusammenklang ermöglicht es dem Hörer, die spezielle Charakteristik der jeweils erklingenden Intervalle voll aufzuspüren. So liegt der Schluss nahe, dass es Nono in *Das atmende Klarsein* zentral darum geht, die unterschiedlichen Möglichkeiten von gleichzeitigen Tonkombinationen und Tonzusammenklängen, ausführlich ausloten und auskosten zu lassen.

Nonos oben beschriebener kompositorischer Umgang mit reinen und dissonanten Intervallen führt ästhetisch Zusammenklänge vor, die ausgehend von Einklang, Übereinstimmung oder Übereinkunft ein Disharmonisches, Anderes, Fremdes mit in sich aufnehmen. Zwei Klangcharakteristika der dissonanten Zusammenklänge in *Das atmende Klarsein* konnten musikanalytisch unterschieden werden: erstens die in ihrer Klangtextur und intervallischen Zusammensetzung sehr transparenten und durchsichtigen

Dissonanzen, die die äußere Form der ursprünglichen Motivstruktur beibehalten; diese dissonanten Zusammenklänge führen die Gleichzeitigkeit von Anderem vor, ohne die Unterschiedlichkeit in sich aufzulösen oder zu vereinnahmen. Zweitens sind für eine sozialphilosophische Deutung relevant diejenigen dissonanten Klänge, die durch elektronische Verhallung in ihrer Textur sehr intransparent, verräumlicht und verschwommen erscheinen.

In den erstgenannten dissonanten Intervallen als transparente Textur ist ästhetisch ein vorübergehendes Zusammenkommen von Unvereinbartem zum Ausdruck gebracht, das dennoch die Stimmigkeit der intervallisch-motivischen Abläufe innerhalb des großen Werkganzen nicht endgültig sprengt, zersplittert oder auseinander fallen lässt; ein Zusammenkommen von Differentem, das die Abweichungen gewahr werden lässt, den Streit austragen zu lassen scheint. Der von Taylor geprägte Begriff der ‚Politik der Anerkennung' scheint hier ästhetisch erfahrbar zu werden, womit er die Aufwertung unterschiedlicher Formen des Anderen meint.

> „Und die Forderung nach Anerkennung wird heute in ganz unterschiedlichen Konstellationen gestellt, im Namen von Minderheiten oder benachteiligten Gruppen, im Rahmen verschiedener Formen des Feminismus und in Verbindung mit dem, was man neuerdings die Politik des ‚Multikulturalismus' nennt."[17]

Taylor betont, dass in einem Zusammenkommen unterschiedlicher Subjekte im Vertikalen sich erst die Vielfalt und der Reichtum des menschlichen (zusammen-) Seins zeigt – ein Gedanke, der einen Vergleich zu Nonos transparenter dissonanter Intervallik zulässt.

---

[17] Charles Taylor, *Die Politik der Anerkennung*, S. 13, Markierungen: Ch. T.

> „Das Wesen der Menschheit ist etwas, das nicht einmal zu einem winzigen Teil von einer einzelnen Person realisiert werden könnte. [...] Diese Fülle ist aber nicht durch die Addition von Unterschieden zu erreichen, sondern nur durch den Austausch, die *communio* zwischen ihnen."[18]

Ein solches Zusammenkommen von Unterschiedlichem, das Entstehen einer ‚communio' setzt voraus, dass die einzelnen Mitglieder nicht verbindungslos koexistieren; dass die einzelnen Mitglieder nicht unbeeindruckt voneinander auf dem Eigenen beharren; sondern dass sie sich nach außen zum Fremden hin öffnen und so Bereitschaft zur eigenen Wandelbarkeit signalisieren; und dass sie durch gegenseitige Auseinandersetzung und Diskussion ein gemeinsames Neues heraus kristallisieren. Entsprechend stellen sich viele der transparenten dissonanten intervallischen Zusammenklänge als mehr dar, als die bloße Summe der beteiligten Einzeltöne. Ihr gemeinsames Erklingen bringt eine spezifische neue Klangcharakteristik zum Ausdruck. Die rhythmisch-motivische Struktur in *Das atmende Klarsein*, die die unterschiedlichen intervallischen Zusammenklänge in langen Dauern vorführt, ermöglicht genau dies: die Wahrnehmung der durch das gemeinsame Erklingen entstehenden neuen Charakteristik.

Schließlich weisen die halligen, verschwommenen dissonanten Klangräume in *Das atmende Klarsein* auf ein anders geartetes mitmenschliches Zusammensein hin als bisher in Analogie zum Einklang, den reinen Intervallen und den in ihrer Klangtextur klaren Dissonanzen herausgearbeitet wurde. Waren bei letztgenannten die verschiedenen Tonhöhen im Zusammenklang stark konturiert und als unterschiedliche klar auditiv identifizierbar, scheinen in den dissonanten Klangräumen die Grenzen der verschiedenen Tonhöhen gegeneinander zu verschwimmen und sich

---

[18] Charles Taylor, *Wieviel Gemeinschaft braucht die Demokratie?* S.43. Markierung: Ch. T.

ineinander aufzulösen. Dabei vermehrt sich die Anzahl der am Klang beteiligten Töne zu einer unbestimmten unübersichtlichen Menge. Der Zusammenklang scheint nicht mehr durch in ihrer besonderen Charakteristik deutliche Einzeltöne geprägt und geformt zu sein. Vielmehr wird von dem Besonderen des Einzelnen abgesehen, zugunsten einer verschwommenen, indifferenten Einheitlichkeit. Analog dazu kann ein Gemeinwesen gedacht werden, dessen einzelne Mitglieder sich in ihrer Individualität nicht mehr selbst behaupten, selbst bestimmen und damit das Gesellschaftsgebilde insgesamt in eine bestimmte Richtung hin formen und gestalten; stattdessen legt die Ästhetik der undifferenzierten Klangräume ein Gemeinwesen nahe, das durch irgendeine zentrale, aber ungreifbare Gewalt – sei es eine politische Ideologie, Marktgesetze, das Gutdünken eines Diktators – in eine weitgehend homogene, aber diffuse Uniformität gepresst ist. Manche Äußerungen Rousseaus über seine Vorstellungen des ‚Gemeinwillens' verleiten zu der Einschätzung, diese Ideen könnten als theoretische Grundlage für faschistischen und bolschewistischen Terror dienen. Ohne solche Einschätzungen zu teilen – dafür sind die demokratischen Züge seiner Ausführungen zu schwerwiegend – sei hier eine solche Aussage über die Einheitlichkeit des Gemeinwillens zitiert. Denn sie lässt sich parallel denken zu einem in sich homogenen, einheitlichen Klangbild, das den Blick auf die Einzelbestandteile verschleiert.

> „Diese Bestimmungen lassen sich bei richtigem Verständnis sämtlich auf eine einzige zurückführen, nämlich die völlige Entäußerung jedes Mitgliedes mit allen seinen Rechten an das Gemeinwesen als Ganzes."[19]

---

[19] Jean-Jacques Rousseau, *Du contrat social. Vom Gesellschaftsvertrag*, Französisch/Deutsch. Übersetzt und herausgegeben von Hans Brockard, Stuttgart 2010, S. 33.

Diese hier musikalisch zum Ausdruck gebrachte gehaltliche Tendenz, Differentes, Unterschiedliches zusammen zu bringen und zu einer diffusen Einheit verschwimmen zu lassen, markierten innerhalb der Aristotelischen sozialen Reflexionen genau den Übergang von einer staatlichen Gemeinschaft hin zur Auflösung des Staates:

> „Offensichtlich wird aber ein Staat, wenn er fortschreitend mehr und mehr zu einer Einheit wird, aufhören, ein Staat zu sein; denn ein Staat ist seinem Wesen nach eine zahlenmäßige Vielheit […]. Ein Staat setzt sich aber nicht nur aus einer größeren Anzahl von Menschen zusammen, sondern auch aus solchen, die der Art nach verschieden sind, denn ein Staat entsteht nicht aus Gleichen."[20]

Macht, verstanden als etwas, das sich zwischen zwei Phänomenen abspielt, seien diese Phänomene musikalisch-ästhetischer oder sozialer Natur; eine auf diese Art verstandene Macht erhält eine je andere inhaltliche Färbung, je nachdem, ob die Phänomene, zwischen denen sie sich abspielt, gleichartig, ähnlich, verschieden oder einander gegenteilig sind.

II. B. Arten musikalischer Bezugnahme im Formablauf des Werkes. Macht als Bezug

Dieses Kapitel unterscheidet in seiner Analyse zwischen drei verschiedenen Formen musikalischer Bezüglichkeit im gesamtformalen Verlauf von *Das atmende Klarsein*: zwischen einer strukturell-formalen Art des Bezugnehmens, einer inhaltlich-substantiellen und einer latent vorhandenen, verdeckten Bezüglichkeit. Welchen ästhetischen Unterschied macht es in *Das atmende Klarsein*, ob formal-strukturelle Bezüglichkeiten oder

[20] Aristoteles, *Politik*, 1261 15a.

inhaltlich-substantielle analytisch in den Blick genommen werden? Dieses Kapitel vergleicht musikanalytisch rhythmisch-figürliche Bezüglichkeiten mit intervallischen über den Verlauf des gesamten Werkes und fragt im Anschluss, ob diese ästhetische Unterscheidung auch analog betrachtet werden kann zu einer sozialphilosophischen Ebene.

II. B. 1. Das Allgemeine vs. das Besondere

Das rhythmisch-motivische Bezugnehmen innerhalb eines Werkes wirkt wie ein Übereinstimmen einer äußeren Form, eines rein Figürlichen unabhängig von der Substanz, also unabhängig von der je charakteristischen Tonhöhe, Intervallik, Dynamik und Klangfarbe eines musikalischen Ereignisses.

Losgelöst von der konkreten intervallischen Substanz, die sich über die vier Gesangsteile in *Das atmende Klarsein* transformiert, gibt es einen gleich bleibenden rhythmischen, figürlich-motivischen Kernbestand, der dem Hörer über die übereinstimmenden äußeren Formen kleiner musikalischer Einheiten Querverbindungen und Bezüge anbietet. Mehr-sekündige Klangtableaus als reine oder dissonante Intervalle schließen sich zum Einklang und setzen sich nach einigen Sekunden in dieselbe Richtung der Tonhöhe nach oben oder unten fort, indem sich der Einklang wiederum zum Mehrklang öffnet. Es gibt keine kleingliedrige melodiöse Bewegung, sondern stufen- und tableauartige Sprünge über große tonräumliche und zeitliche Distanzen hinweg. Die langen Notenwerte, die meist mit Sekundenangaben versehen sind, betonen die jeweiligen Intervalle, die sukzessive als Tonfolge oder simultan als Mehrklang erscheinen. Dieses rhythmisch-figürliche Erscheinungsbild eines musikalischen Motivs bleibt über den Verlauf der Gesangteile hinweg erhalten; bei je wechselnder Substanz der Intervalle – obgleich der Umfang der vorkommenden Intervalle auch beschränkt ist.

Nonos kompositorischer Umgang mit rhythmischer Motivik sowie deren Intervallik in *Das atmende Klarsein* legt nahe, erstere als allgemein und letztere als individuell, besonders zu bezeichnen. Während der Rahmen des rhythmischen Motivs über die Gesangteile hinweg immer wieder auftaucht, ändern sich die Intervalle, mit denen Nono die Motive je unterschiedlich anfüllt und somit je eine andere Charakteristik und Qualität eines Motivs schafft.

Rhythmische Motive angefüllt mit verschiedenen Folgen reiner Intervalle finden sich vor allem im ersten und letzten Gesangteil in *Das atmende Klarsein*. So erhält der großformale musikalische Verlauf im Hinblick auf die Intervallik eine kreisförmige Struktur und erweckt den Eindruck, als knüpfe das Ende an den Anfang des Werkes an und als schlösse sich hier ein Kreis zu einer ästhetisch runden und stimmigen Gesamtgestalt. Während das intervallische Motiv in seiner ursprünglichen Form im zweiten Gesangsteil noch vereinzelt auftritt, ist es in der dritten Gesangspartie in den Hintergrund getreten und beinahe verschwunden.

Im zweiten Gesangsabschnitt des Werkes mit der Überschrift *KRENA* von Seite 8 bis 13 der Partitur erfährt die leitmotivartige Folge reiner Intervalle vielfältigere Variation und Anspielung durch Hinzutreten anderer Intervalle in der sukzessiven wie simultanen Struktur. Die Intervallfolgen in ihren puren Gestalten, reduziert auf die reinen Intervalle Prim, Quarte und Quinte erscheinen in den rhythmischen Motiven nur vereinzelt, aber klar wieder erkennbar. So taucht gegen Ende des *KRENA*-Abschnittes auf Seite 13 der Partitur erneut eine ausführliche Kettung reiner Intervalle über mehrere Takte auf und beschließt die Gesangspassage auf einem unisono d" in Sopran und Alt. Häufig in diesem zweiten Gesangsabschnitt auftretende Fragmente oder Andeutungen dieser reinen Intervallfolgen und der aus dem ersten Gesangsteil bekannten rhythmischen Figur scheinen flüchtig an die Anfangspassage zu gemahnen und zu erinnern: so knüpft der Anfang des *KRENA*-Abschnittes an die Intervallik und rhythmische Motivik zu Beginn des Werkes an: denn auf die von Alt und Sopran lang ausgehaltene simultan erklingende Quarte c'' - f'' folgt im *KRENA*-Abschnitt das unisono d'' und nach einer kurzen Stille der gemeinsam vollzogene Quintsprung abwärts zum g'. Zu Beginn des Werkes am Ende des ersten Taktes beginnend findet sich eine ähnliche Intervallik: ebenfalls eine Quarte im Zusammenklang von Sopran und Alt schließt sich nach unten zur Prim. Die Intervallfolgen im zweiten Gesangsteil nehmen dann jedoch einen anderen Verlauf, der im Unterkapitel II. B. 1. b) 1) *Analyse: Dissonante Intervalle, dichter Satz und diffuse Klangräume* näher betrachtet wurde. Was die Rhythmik und Dauer der Klangtableaus der beiden Stellen im Vergleich anbelangt, werden die Liegeklänge aus dem ersten Gesangsteil lediglich um je zwei bis drei Sekunden kürzer ausgehalten.

Diese fragmentartigen Anspielungen auf die Intervallik und die Rhythmik des Anfangs setzen sich im dritten Gesangsteil ab Seite 16 der Partitur fort, als kurzes flüchtiges Aufscheinen. Die ausführlichen geketteten auf- oder absteigenden Intervallfolgen von Prim, Quart und Quint bleiben hier jedoch aus. Kurze fragmentarische Anspielungen finden sich gleich in den ersten fünf Takten des *Ascolta*-Abschnittes. Gleich zu Beginn geht die klingende Quarte c'' - f'' (Alt - Sopran) in die Prim c'' über, worauf dann jedoch der Zusammenklang der großen Sekunde c'' - d'' folgt. Erneut scheint das bekannte intervallische Motiv im vierten Takt auf: hier erklingt die dreistufige Ganztonleiter abwärts vom d'' über das c'' hin zum b', als Prim gesungen von Alt und Sopran. Die Prim spaltet sich nun nach unten zur klingenden Quinte b' - es' auf (Sopran - Alt). Am ausführlichsten jedoch taucht eine Folge reiner Intervalle innerhalb dieser dritten Gesangpartie ab dem dritten Takt auf Seite 18 der Partitur auf. Es kommen Alt- und Sopranstimmen nach der Quarte a' - d'' auf der Prim a' zusammen, um dann gemeinsam den sukzessiven kleine Sekundschritt nach unten zum gis' zu vollziehen. Diese Prim wiederum öffnet sich schließlich zur Quinte cis' - gis' nach unten (Alt - Sopran). Diese direkten Anspielungen sind intervallische Zitate, die eine explizite, ausdrückliche Art der Bezüglichkeit über die großen zeitlichen Distanzen von über dreißig Minuten hinweg herstellen. Die Art der musikalischen Bezüglichkeit ist eine andere, je nachdem, ob bei einer musikalischen Anspielung Intervallik und Rhythmik miteinander übereinstimmen oder lediglich der äußere Rahmen der rhythmischen Figur, die jeweilige besondere Intervallik sich jedoch unterscheidet.

Dieses Unterkapitel abschließend sei die Frage aufgeworfen, inwieweit die zwei Arten musikalischer Bezüglichkeit das besondere, durch seinen Inhalt einmalige Einzelphänomen auf der abstrahierten Ebene einer rhythmischen Figur in irgendeiner Form erhalten bleibt oder aber verloren geht. Das oben beschriebene rhythmische Motiv (das sich nach oben oder nach unten hin Auffächern von Unisono- oder reinen Intervallklängen über dissonante Klänge, das sich nach zwei- bis fünf Stufen in selber Richtung meist im Unisono- oder reinen Intervallklang wieder schließt) ist zwar einerseits durch die sich durchs Werk ziehende rhythmische Charakteristik ein abstrakt-rationales Prinzip. Doch die beibehaltene Richtung der Auf- oder Abwärtsbewegung der Tonhöhen sowie das intervallische Muster, das freilich über das Werk hinweg stark variiert, scheinen Komponenten zu sein, die weder dem rein verallgemeinert, abstrahierten Prinzip noch einzig dem besonderen Einzelphänomen zugesprochen werden können. Diese Komponenten könnten als Beispiel dafür angesehen werden, wie sich ein besonderes Einzelnes in das entsprechende allgemeine Prinzip einprägt, bzw. wie sich letzteres aus dem ersteren erst herausbildet.

Substanzielle und figürliche Bezüglichkeiten in *Das atmende Klarsein* sind ästhetisch verbunden und nur in der musikanalytischen Betrachtung voneinander getrennt, im Werk und rezeptiven Erleben hingegen ineinander verwoben. Ein Grund, weshalb *Das atmende Klarsein* in seiner Komplexität als Kunstwerk stimmig erscheint, liegt in dem speziellen Verhältnis zwischen dem Allgemeinen und Besonderen, zwischen rhythmischem Motiv und seiner intervallischen Charakteristik. Bemüht man eine Analogie zu gesellschaftlichen Gebilden, lässt sich von diesem musikalischen Tatbestand eine soziale Bedeutung in Ansätzen ableiten.

Die sozialphilosophische Relevanz der ästhetischen Unterscheidung einer allgemeinen Bezüglichkeit von einer besonderen, individuellen besteht darin, zu reflektieren und abzugleichen, inwieweit diese ästhetische Unterscheidung auf der analog zu betrachtenden Ebene sozialphilosophischer Reflexion eine Entsprechung hat. Fragt man nach den Bedingungen für eine freie demokratische Gesellschaft – im Folgenden werden Taylors, Arendts sowie Aristoteles' Ausführungen hierzu hinzugezogen – fällt ins Auge, dass sie es von dem jeweiligen Wechselverhältnis zwischen einem als allgemein und einem als individuell zu bezeichnenden Element der Gesellschaft abhängig machen, wie frei die Demokratie ist. Je nachdem, wie das Verhältnis zwischen der Wirkung von Gesetzen, von Gesellschaftsverträgen, zwischen der rechtlichen Organisiertheit einerseits und der individuellen Selbstbestimmung jedes einzelnen besonderen Gesellschaftsmitgliedes geartet ist, entscheidet über den Grad an freier Demokratie.

Beide Pole dieses Wechselverhältnisses, zum einen die formalen Organisationsformen, für alle gleich geltende allgemeine Bestimmungen einer Gesellschaft; zum anderen das einzelne Gesellschaftsmitglied, seine besonderen Fähigkeiten, Ziele, Meinungen und Charaktereigenschaften – beide Pole sind je aufeinander angewiesen und müssen in ihrem Anspruch auf Vorherrschaft austariert werden. Aristoteles diskutiert diese Frage für antike Gesellschaftsformen. In seiner *Politik* ist die Diskussion vertieft, ob es das Gesetz oder der Mensch sein soll, das allgemein Formale oder Substantielle, das eine Gemeinschaft regiert: „Ausgangspunkt dieser Untersuchung ist (die Frage), ob es von Vorteil ist, von dem besten Mann oder den besten Gesetzen beherrscht zu werden. Diejenigen, die eine Königsherrschaft für nützlich halten, sind der Auffassung, daß Gesetze nur allgemein Bestimmungen treffen, jedoch keine Anordnung für die jeweils auftretenden Einzelfälle geben."[21] Wie das Verhältnis zwischen allgemeinen Prinzipien und individueller Selbstbestimmung innerhalb moderner demokratischer Gesellschaften durch Taylor definiert werden, soll in Folge betrachtet werden.

Hierbei müssen zunächst zwei Verständnisse der formalen Struktur in modernen Gesellschaften nach Taylor unterschieden werden: ein weltanschauliches, nur in erweitertem Sinne ein soziales Verständnis einerseits und ein demokratisches andererseits. In dem Kapitel *Die unpersönliche Ordnung* im Buch *Ein säkulares Zeitalter* geht Taylor der Frage nach, wie sich der allgemeine übergeordnete Bezugsrahmen, in den sich die einzelnen Menschen einordnen, im Laufe der Jahrhunderte modifiziert. Die Eigenschaft, dass dieser allgemeine übergeordnete Bezugsrahmen es vermag, „die Personen in ihrer eigentlichen Identität [zu] integrieren, als körperliche Wesen, die ihre Identität im Laufe der Geschichte ausbilden",[22] ist für Taylor einer der Gründe, zu behaupten, dass es für Menschen in weiten Teilen der Geschichte ein ‚personales Wesen' – nämlich Gott – war, der diesen höchsten Bezugsrahmen darstellte. Denn individuelle Einzelmenschen in sich

---

[21] Aristoteles, *Politik*, 1286 a.

[22] Charles Taylor, *Ein säkulares Zeitalter*, Frankfurt am Main 2009, S. 475.

integrieren zu können, dessen „Körper, Herz, Emotionen und Geschichte",[23] setze Gemeinschaftsfähigkeit, die Fähigkeit zu zwischenmenschlichen Bindungen voraus.

> „Alle diese Punkte – Körper, Herz, Emotionen und Geschichte – haben ihren Sinn nur im Rahmen der Überzeugung, dass das höchste Wesen ein personales Wesen ist, und zwar nicht nur insofern, als es Handlungsfähigkeit besitzt, sondern auch im Sinne der Fähigkeit zur Gemeinschaft."[24]

Im Laufe der Denkgeschichte konnte die ‚unpersönliche Ordnung' hingegen zum Beispiel als ‚Idee des Guten' oder als das ‚Eine' (Plotin) definiert werden. Dass die ‚unpersönliche Ordnung' gegenüber der persönlichen in Taylors Analyse in den unterschiedlichen Bereichen im geschichtlichen Verlauf zunimmt, liegt in mehreren Entwicklungen begründet; der ‚Entzauberung' des Kosmos beispielsweise,[25] dessen zunehmende Abstrahierung und Distanz zum menschlichen Schicksal, „die umfassende Mechanisierung des wissenschaftlichen Weltbildes".[26]

Allgemeine Prinzipien und Ordnungen einer Gemeinschaft, die das Wesen einer demokratischen Gemeinschaft ausmachen, die dieses Gemeinwesen durchziehen und zusammen halten, benennt Taylor weitgehend als Merkmale, die liberal zu bezeichnen sind: die Fairness gleicher Rechte für alle Bürger und freie Marktgesetze unabhängig von der jeweiligen Inhaltlichkeit.

---

[23] Charles Taylor, *Ein säkulares Zeitalter*, Frankfurt am Main 2009, S. 474.

[24] Ebd.: S. 474.

[25] Vgl. ebd.: 478.

[26] Ebd.: S. 483.

„Respektiere mich und räume mir Rechte ein, weil ich ein Bürger bin, und nicht, weil ich diesen oder jenen Charakter, diese oder jene Wertvorstellung habe, ganz zu schweigen von meinem Geschlecht, meiner Hautfarbe oder meiner sexuellen Orientierung."[27]

Dass diese formal-allgemeine Organisiertheit eines Gemeinwesens, die eine gleiche Behandlung aller garantieren soll, eine freie ‚Herrschaft des Volkes', eine Selbstregierung des einzelnen Bürgers noch nicht zwingend mit sich bringt, betont Taylor nachdrücklich. Im Gegenteil, freigelassene Marktgesetze, ein Übermaß an Bürokratie, die nicht durch einzelne Subjekte kontrolliert seien, würden ihrerseits zur Herrscherinstanz und unterwürfen sich die einzelnen Mitglieder des Gemeinwesens.

„Überläßt man diesen Bedingungen [den Gesetzen des Marktes] aber das Feld, untergräbt dies leicht jene anderen Bedingungen, welche die Wirtschaft als Austausch zwischen freien und gleichen Teilnehmern begründen."[28]

Arendt bezeichnet ein Übermaß an Bürokratie sogar als die ‚tyrannischste Staatsform':

„Im Sinne der Tradition, welche die Tyrannis als die Herrschaft definierte, der man keine Rechenschaft abfordern konnte, ist die Niemandsherrschaft die tyrannischste Staatsform, da es hier tatsächlich niemanden mehr gibt, den man zur Verantwortung ziehen könnte."[29]

---

[27] Charles Taylor, *Wieviel Gemeinschaft braucht die Demokratie?* S. 41.

[28] Ebd.: S. 58, eckige Klammer: K. H.

[29] Hannah Arendt, *Macht und Gewalt*, S. 39f.

Nono bringt in *Das atmende Klarsein* zur ästhetischen Erfahrung, wie allgemeine Prinzipien, nämlich rhythmisch-motivische Wiederkehr ein Einheit und Zusammenhalt stiftendes Element innerhalb des Werkganzen darstellen. Gleichzeitig gestaltet er diese rhythmischen Motive zu je einmaligen, besonderen musikalischen Ereignissen, indem er sie mit wechselnder Intervallik inhaltlich anfüllt. Es ist zunächst ein innerästhetisches Verständnis von Macht, das hier zum Ausdruck kommt: unterschiedliche Färbungen der ästhetischen Macht, je nachdem, ob sie sich beispielsweise zwischen zwei musikalische Phänomenen abspielt, die rhythmisch-motivisch gleich, intervallisch aber verschieden sind oder zwischen solchen, die intervallisch ähnlich sind. Die sozialphilosophische Reflexion dieser Art von ästhetischer Macht ist eine Deutungsperspektive unter mehreren möglichen.

II. B. 2. Verdeckte Bezüglichkeit vs. offenkundige Beziehungslosigkeit

Eine ästhetische Macht, die sich als Zwischenraum zwischen zwei musikalischen Phänomenen darstellt, welche offenkundig beziehungslos und nur verdeckt aufeinander bezogen zu sein scheinen, scheint auch in ihrer sozialphilosophischen Deutungsperspektive eine andere Form zwischenmenschlicher Bezüglichkeit nahe zu legen. Welche Art musikalischer Bezüglichkeit besteht zwischen den vier Gesangspartien und den zwischen diesen angesiedelten Bassflötenpassagen?

Die intervallische Bezüglichkeit zwischen den Gesangsteilen und den Bassflötenpassagen ist eine sehr verdeckte, latente, die nicht vordergründig ist und auch nicht während der ersten Hörerfahrungen auffällt; die sich vielmehr nach und nach einem speziell darauf gerichteten Augenmerk und dem Blick in die Partitur erschließt. Da die Differenzen in dem dritten

Bassflötenteil überwiegen, bilden sie den Analysegegenstand eines späteren Unterkapitels. Hier hingegen kommen die erste und die zweite Bassflötenpassage ab den Seiten 3 und 14 der Partitur in Betracht (Min. 1:40 bis 7:28 und Min. 17:06 bis 20:45), von denen die zweite offensichtlichere Anspielungen auf die Gesangsteile aufweist als die erste. Die erste Bassflötenpassage wirkt wie ein Miniaturbild dessen, was intervallisch und satztechnisch in den umliegenden Gesangteilen ausführlich exponiert und klar ausgeführt ist; ein reflektierendes, spiegelndes, aber auch verzerrendes Miniaturbild, das die aus den Gesangteilen bekannten musikalischen Merkmale der Intervallik nach innen zu stülpen scheint, nicht als laut und deutliche sondern als geflüsterte, zurück genommene, die im luftigen Flautando oder im überblasenen obertonreichen Flötenton nur flüchtig anklingen und angedeutet sind. Als Miniaturbild erscheint diese Bassflötenpassage auch insofern, als dass sich im Vergleich zu den Gesangspassagen die Anzahl der Ausführenden auf einen einzigen reduziert, die erklingenden Mehrstimmigkeiten also von einem einzelnen Instrumentalisten ausgeführt werden und als dass sich sukzessive Tonfolgen zeitlich auf einen minimalen Raum verdichten. Die Kenntlichkeit sukzessiver Quint-, kleiner Sekund- oder Quartsprünge abwärts zum Beispiel zu Beginn der ersten Bassflötenpassage ist verzerrt; zum einen durch das schnelle perkussive Klappenschlagen, das im Sechzehntel- oder Zweiunddreißigstelrhythmus in Forte-Lautstärken impulsiv hinzutritt; ebenso erschwert wird die Kenntlichkeit der sukzessiven Intervallik durch die Spieltechnik, die keinen klaren Flötenton zulässt, sondern ein luftiges unartikuliertes Durchatmen durch die Flöte hervorbringt. Dies erschwert die auditive Identifikation der angedeuteten Tonhöhen und Tonschritte. Simultan erklingende Quinten, Quarten, Oktaven, vereinzelt auch Terzen treten am deutlichsten in den mit *Lentissimo* überschriebenen Takten in Erscheinung.

In der zweiten Bassflötenpassage überwiegen die klangfarblichen und intervallischen Parallelen zur den Gesangteilen. Was die hohen Tonregister und die helle klare Klangfarbe betrifft (die Flöte spielt einen nicht entfremdeten deutlichen Ton), ist eine große Ähnlichkeit erreicht. In Minute 19:16/17 manipuliert Nono den hohen Flötenton elektronisch derart, dass er einer hohen Frauenstimme zum Verwechseln gleich wird. Hat der erste Bassflötenteil einzelne intervallische Charakteristika der Gesangteile in zeitlicher Verdichtung in schnellen rhythmischen Motiven wieder aufgegriffen, führt die zweite Bassflötenpassage im Gegenteil verlangsamt, fast wie in Zeitlupe intervallische Anspielungen vor. So ist es besonders die rhythmische Motivik, die tableauartigen Liegeklänge, die an die rhythmische Struktur der Gesangteile erinnert. In langen Tönen dekliniert Nono zunächst sich je um einen Halbton verringernde Intervallsprünge durch: Auf eine abspringende Septim folgt eine große Sexte aufwärts, es schließt eine kleine Sexte nach unten an, dann eine Quint aufwärts, ein Tritonus abwärts; all das erstreckt sich über 53 Sekunden. Erst daran anschließend erfolgt ein Tonschritt eine kleine Sekunde abwärts – ein Intervallschritt, der im intervallischen Motiv der Gesangteile immer schon früher, meist nach einem oder zwei Sprüngen auf- oder abwärts auftritt. Auch für diese Ähnlichkeit gilt, dass sie gut hörbar ist, obwohl sie verdeckt und verzerrt in Erscheinung tritt.

Nono scheint in *Das atmende Klarsein* den Rezipienten dazu aufzufordern, nach unterschiedlichen Arten verborgener Bezüglichkeiten zwischen den verschiedenen Werkteilen zu suchen. Der Rezipient befragt das scheinbar unverbundene Aufeinandertreffen der stark voneinander unterschiedenen Gesang- und Bassflötenteile unwillkürlich danach, welche verborgenen Verbindungen bestehen zwischen diesen auf den ersten Blick so heterogen sich gegenüberstehenden Teilen. In welcher Beziehung stehen Rhythmen, Motive, Intervalle und Klangfarben zueinander? Die

Schärfung der ästhetischen Wahrnehmung, der Hörsensibilität, über ein 36-minütiges Werk hinweg Bezüglichkeiten auf unterschiedlichen musikalischen Ebenen, verschiedenartige Beziehungshaftigkeiten aufzuspüren, scheint zugleich die Schärfung einer sozialen Wahrnehmungs-, Urteils- und Handlungsfähigkeit zu sein: die Suche nach dem nicht offensichtlichen Verbindenden über große räumliche, zeitliche oder substantielle Differenzen hinweg; unterschiedliche Ebenen der Bezüglichkeiten herauszuarbeiten innerhalb einer Gemeinschaft oder im Verhältnis eines Gemeinwesens zu einem anderen. Konflikte, offenkundige Meinungsunterschiede, unüberbrückbare kulturelle Differenzen sind Situationen innerhalb moderner Gesellschaften, in denen äußere Widersprüche das Auffinden des Verbindenden erschweren, wenn nicht gar verunmöglichen. Stärkere Ausdifferenzierung der Interessen in modernen Gesellschaften, extreme Pluralität, ‚expressive Authentizität' der Einzelnen stehen in engem Bezug zur Entmystifizierung, Säkularisierung und Rationalisierung von Gesellschaften. Sie scheinen eine Wahrnehmungsfähigkeit, wie sie oben als ästhetische aus musikalischer Analyse heraus entwickelt wurde, verstärkt einzufordern.[30]

II. B. 3. Macht als Inter-Phänomen

Musikanalytisch wurden mehrere Arten der Bezüglichkeit in *Das atmende Klarsein* herausgearbeitet: strukturelle und substantielle sowie latent vorhandene musikalische Bezugnahmen. Das ihnen zugrunde liegende Machtverständnis als ein Inter-Phänomen deutete sich als Schnittstelle an, in der

---

[30] Vgl.: Charles Taylor, *Ein säkulares Zeitalter*, S. 251ff.

sich ästhetisch-musikalische Bezüglichkeiten und zwischenmenschliche, gesellschaftliche zusammenführen ließen. Folgende definitorische Aspekte von Macht als Bezüglichkeit scheinen sich sozialphilosophisch und musikalisch denken zu lassen.

Fasst man Macht als ein Phänomen auf, das nicht von einem Gegenstand oder Menschen auf den anderen ausgeübt wird, sondern sich zwischen zwei Gegenständen oder Menschen, sozusagen im Zwischenraum zwischen ihnen manifestiert, macht dies den Blick frei auf einen Aspekt von Macht, der in der postmodernen Philosophie eines Foucaults beispielsweise vertieft ist und an dieser Stelle besprochen werden soll, inwieweit er das musikalische Verständnis von *Das atmende Klarsein* bereichert.

> „Sie [die Machtausübung] ist ein Ensemble aus Handlungen, die sich auf mögliches Handeln richten, und operiert in einem Feld von Möglichkeiten für das Verhalten handelnder Subjekte. Sie bietet Anreize, verleitet, verführt, erleichtert oder erschwert, sie erweitert Handlungsmöglichkeiten oder schränkt sie ein, sie erhöht oder senkt die Wahrscheinlichkeit von Handlungen [...]."[31]

Auf Musik bezogen kommt das ‚Feld von Möglichkeiten' dem Zwischenraum gleich, der sich zwischen zwei musikalischen Phänomenen auftut. Der hier zu vertiefende Machtaspekt richtet sich gegen die Vorstellung, einem musikalischen Phänomen – parallel gedacht zu einem handelnden Subjekt – sei eine bestimmte (Einfluss-)Macht über ein anderes musikalisches Phänomen eigen. Die hier in Betracht kommende Form von Macht als Zwischenraum zwischen zwei musikalischen Phänomenen hingegen ist nicht objektiv analytisch nachweisbar. Vielmehr ereignet sie sich im rezipierenden Bewusstsein. In Foucaults Analysen ist es das Spezifische an moderner Macht, unsichtbar, verborgen und damit wenig offensichtlich die Leben

[31] Michel Foucault, *Subjekt und Macht*, in: *Ästhetik der Existenz*, S. 96f., eckige Klammer: K. H.

der Menschen fremd zu bestimmen, fast unbemerkt heimtückisch sich ausbreiten kann, allgegenwärtig und universell wird; im Unterschied zu früheren Machtformen, wo die Träger von Macht im öffentlichen Raum klar erkennbar und allgemein bekannt waren. Die Werke *Überwachen und Strafen* sowie *Sexualität und Wahrheit* in den Blick nehmend, formuliert Taylor zusammenfassend:

> „In einer ungemein reichen Folge an Analysen zeichnet Foucault das Bild einer gerade im Entstehen begriffenen neuen Form der Macht. Wo die alte Macht auf der Idee eines öffentlichen Raumes und einer öffentlichen Autorität basierte, die sich im Wesentlichen innerhalb dieses Raumes manifestierte, die uns durch ihre Majestät erschütterte und die Untertanen-Subjekte in eine weniger sichtbare Stellung verbannte, wirkt die neue Macht durch universelle Überwachung."[32]

Aber schon in früheren sozialphilosophischen Debatten taucht diese Machtvorstellung auf, die Macht nicht an einem Objekt selber festmacht, sondern an den Wechselwirkungen zwischen Objekten – eine Machtvorstellung, die sich in Musik manifestieren kann. Hobbes beschreibt das Phänomen im sozialphilosophischen Kontext, dass Menschen nicht aufgrund von objektiv vorhandener Eigenschaften oder Handlungen Macht besitzen, sondern aufgrund von fiktiven Zuschreibungen anderer, die nicht auf realen Entsprechungen fußen, durch die entstehende Macht aber Realitäten schaffen.

> „Im Ruf von Macht zu stehen ist Macht, weil dies die Anhängerschaft von Schutzbedürftigen nach sich zieht. In dem Ruf zu stehen, von seinem Land

---

[32] Charles Taylor, *Negative Freiheit*, Frankfurt am Main 1988, S. 195.

geliebt zu werden, Volkstümlichkeit genannt, ist aus demselben Grunde Macht."[33]

Taylor macht an der Art von Beziehung zwischen Subjekten, von Bezugnahme der unterschiedlichen Teile eines Gemeinwesens aufeinander, an der Art von intersubjektivem gemeinschaftlichen Zusammenarbeiten fest, wie es qualitativ um eine Gemeinschaft im Ganzen bestellt ist: das heißt inwieweit der demokratische Anspruch auf Inklusion und Selbstbestimmung des einzelnen Mitgliedes eingelöst ist, ohne dass das Gemeinwesen als Ganzes an Wirkkraft einbüßt und in die Einzelinteressen auseinander fällt. Laut Taylor sind die formal konstituierenden Merkmale wie Rechtstaatlichkeit, politische Partizipation, Parteipluralismus oder die Wahl von Repräsentanten usw. zwar eine strukturelle Voraussetzung und Bedingung für das Funktionieren einer Demokratie; doch das, was ein demokratisches Gemeinwesen lebendig halten und was das Wesen von Demokratie ausmachen kann, ist ein qualitativer Wert: die Art der Beziehungen einzelner Bürger zueinander und deren gesamtgesellschaftliche Auswirkungen.

„Aber ganz abgesehen davon, daß wohl keine Liste solcher Merkmale unumstritten sein dürfte, fehlt dieser Definition etwas Wesentliches. Sie beantwortet nicht die Frage, in welchem spezifischen Verhältnis die Bürger eines demokratischen Gemeinwesens zueinander stehen."[34]

Als ein solches ‚spezifisches Verhältnis' zwischen Bürgern kann die Solidarität bezeichnet werden; als ein intersubjektives Verhalten, das dem liberalen Wert der individuellen Freiheit und Selbstbestimmung Rechnung trägt

---

33 Thomas Hobbes, *Leviathan. Oder Stoff, Form und Gewalt eines kirchlichen und bürgerlichen Staates*, hrsg. von Iring Fetscher, 3. Auflage, Frankfurt am Main 1989, S. 66.

34 Charles Taylor, *Wieviel Gemeinschaft braucht die Demokratie?* S. 12.

und zugleich Einheit stiftend wirkt bzw. Identifikationspotenzial mit dem Ganzen bedeutet:

> „Wenn ein Bürger seine Verfassung wirklich verteidigen, wenn er sich wirklich für die Mitbürger einsetzen soll, deren Rechte verletzt werden, muß der Antrieb stärker sein. Er kann nur aus einem Gefühl von Solidarität kommen, dass die allgemeine Verpflichtung zur Demokratie übersteigt und mich mit jenen anderen, meinen Mitbürgern, verbindet."[35]

Bei Aristoteles ist es gerade diese zwischenmenschliche Verbindung, die gegenseitige Kenntnis der Bürger untereinander, die der Tyrannis und Gewaltherrschaft entgegenwirkt und sie verhindert:

> „Es sind dies die früher beschriebenen Maßnahmen, die Tyrannen zum Erhalt ihrer Herrschaft anwenden, soweit das möglich ist, nämlich die überragenden Männer zu erniedrigen und die selbstbewussten zu beseitigen, gemeinsame Mahlzeiten, Zusammenschluß zu einem Klub, Erziehung oder Ähnliches nicht zu gestatten [...], oder andere Zusammenkünfte zu geselligem Zeitvertreib nicht zu erlauben und alles in ihrer Kraft zu tun, so daß die Untertanen [...] sich nicht näher kennenlernen."[36]

Musikanalytisch kommt im folgenden Kapitel ein neuer Aspekt ästhetischer Beziehungshaftigkeit zum Tragen: nicht ein Netz von Ähnlichkeiten, Anspielungen und Andeutungen über das ganze Werk hinweg soll analytisch aufgedeckt werden wie in diesem Kapitel. Vielmehr ist die Frage im Mittelpunkt, wodurch einzelne Formteile in *Das atmende Klarsein* in

---

[35] Ebd.: S. 22.

[36] Aristoteles, *Politik*, 1313 b.

sich blockähnlich homogen erscheinen, die Formteile untereinander aufs Werkganze gesehen aber Heterogenität schaffen.

II. C. Uniformität, Gleichheit vs. Geltung unvereinbarer Gegensätze, Unterschiede

Beziehung kann – musikalisch oder gesellschaftlich gedacht – zwischen Ähnlichem bis Gleichem bestehen, jedoch andererseits gerade durch Gegensätze oder Widersprüche hervorgerufen sein. Was Homogenität und Heterogenität in *Das atmende Klarsein* betrifft, schöpft das Werk auf den Ebenen der Intervallik, der Klangfarblichkeit und der Motivik aus den Extremen, es kostet beide Pole voll aus: Homogenität ist vorhanden, betrachtet man beispielsweise die expliziten, deutlichen Zitate reiner Intervallfolgen innerhalb der Gesangteile. Heterogenität herrscht vor, nimmt man die klangfarblichen und motivisch-rhythmischen Unterschiede zwischen den Gesangs- und Bassflötenteilen sowie die rhythmische Struktur innerhalb der Bassflötenteile in den Blick. Ästhetisch wird hier unterschieden zwischen einer Macht, die sich einerseits in der Beziehung zwischen Gleichem (Homogenität) und andererseits in der Beziehung zwischen Anderem, Unterschiedenem (Heterogenität) offenbart. Diese Machtverständnisse werden je in Verbindung gebracht zu sozialphilosophischen Machtverständnissen, sofern sie sich auf gesellschaftliche Homogenität und Heterogenität beziehen.

II. C. 1. Homogenität. Musikalische Analyse und Sozialphilosophie

Der Eindruck von musikalischer Homogenität stellt sich beim Hören des Werkes *Das atmende Klarsein* je innerhalb der einzelnen Gesang- oder Bassflötenteile ein. Auch die zwei parallellaufenden musikalischen Stränge über das ganze Werk betrachtet haben homogene Anteile: Alle Gesangteile zusammengenommen, zeichnen sich durch sehr ähnliche Motivik, Rhythmik und Klangfarben aus. Ebenso erscheinen die Bassflötenteile für sich genommen durch den durchgehend mehr oder weniger erkennbaren Flötenklang zusammengehörig. Doch weisen beide musikalischen Stränge über das gesamte Werk betrachtet viel Transformation und Entwicklung auf. Homogenität zeigt sich vielmehr erstens im Gesamtverlauf der großformalen Anlage von *Das atmende Klarsein*: Der Hörer hat den Eindruck einer gleichmäßigen Verteilung der Gesang- und Bassflötenteile über das Werk hinweg, aber Homogenität rein strukturell gedacht, ungeachtet der inhaltlichen Unterschiede. Zweitens erscheinen die einzelnen Teile je in sich homogen.

Die zuletzt genannte musikalische Homogenität ist eine andere als die als die zuvor beschriebene der indifferenten dissonanten Klangräume; anders auch in ihrer sozialphilosophischen Deutungsperspektive. Während die indifferenten dissonanten Klangräume eine Verwischung ursprünglicher Unterschiede der Einzelbestandteile musikalischer wie gemeinschaftlicher Gebilde unterstellen, geht die hier zu behandelnde Einheitlichkeit auf eine tatsächlich vorhandene Übereinstimmung der Einzelelemente zurück. Alle sieben Teile von *Das atmende Klarsein* weisen in sich eine weitreichende Einheit und Gleichartigkeit in der Klangfarbe, der rhythmischen Motive, der Intervalle und Tonhöhe auf, die innerhalb eines Abschnittes kaum Variation oder Entwicklung erfährt. *Das atmende Klarsein* führt musikalisch die vielschichtigen sublimen Schattierungen von Einheitlichkeit vor; sei es eine Einheitlichkeit, in der ursprünglich vorhandene Unterschiede verwischt sind –hinsichtlich einer sozialphilosophischen Deutung müsste hier der Frage nach einer erzwungenen oder freiwillig aufgegebenen Unterschiedlichkeit oder Individualität nachgegangen werden; oder sei es eine Einheitlichkeit, in der es Unterschiede der Einzelbestandteile gar nicht gibt.

Nono scheint von transparenter, klar erkennbarer musikalischer Einheitlichkeit Gebrauch zu machen, jedoch nicht als ein absolut gesetztes, sondern nur relativ wirkendes ästhetisches Gestaltungsmittel. Klare transparente Einheitlichkeit zeigt sich beispielsweise im ersten Gesangteil, in dem die reine Intervallik vorherrscht in klarem durchsichtigen Satz, der den gesamten Gesangsteil über erhalten bleibt und in dem die einzelnen Tonhöhen deutlich zu identifizieren sind. Musikalische intransparente Einheitlichkeit kann beispielsweise im letzten Bassflötenteil identifiziert werden, nimmt man die im gesamten Teil gleichbleibende verschwommene Klangfarbe des luftig gespielten Flötentons in Betracht, der die exakten Tonhöhen verschleiert. Musikalische Einheitlichkeit oder Uniformität ist so oder so in bestimmten Grenzen vorgeführt. Musikalische Einheitlichkeit ist in *Das atmende Klarsein* zum einen zeitlich begrenzt durch das Einsetzen des anschließenden, je stark unterschiedenen Gesang- oder Bassflötenteils; zum anderen begrenzt in der Anzahl der verwendeten musikalischen Ausdrucksmittel: Einheitlichkeit erreicht Nono, indem er die musikalischen Ausdrucksmittel auf ein Minimum beschränkt.

Dass die miteinander inhaltlich verwandten Begriffe wie Einheitlichkeit, Uniformität, Homogenität und Gleichheit – sofern sie sich auf gemeinschaftliche Gebilde beziehen – ambivalent zu beurteilen sind, zeigt nicht nur die sozialphilosophische Diskussion der kommunistischen und sozialistischen Gesellschaftstheorien. Die Debatte darüber, in welchem Ausmaß gesellschaftliche Einheitlichkeit und Gleichheit notwendig sind für eine frei organisierte Gemeinschaft oder aber der Gleichheit der Charakter von Erzwungenheit, Widernatürlichkeit und Repression zukommt, geht letztlich auf Aristoteles zurück. Er sieht Unterschiedlichkeit und damit herrschen und beherrscht werden in der Natur des Menschen begründet:

> „denn die Seele übt über den Körper eine despotische Herrschaft aus, die Vernunft über das Begehren eine politische oder königliche. Bei ihnen ist es offensichtlich für den Körper naturgemäß und vorteilhaft, von der Seele beherrscht zu werden, und für den Seelenteil, der Sitz der Affekte ist, ist es (ebenso naturgemäß und vorteilhaft), von der Vernunft [...] beherrscht zu werden, eine gleichmäßige (Beteiligung an der Herrschaft) [...] ist dagegen für alle schädlich."[37]

Eine naturgegebene Ungleichheit sieht Aristoteles nicht nur innerhalb eines Menschen, sondern auch in der Beziehung von Menschen zueinander: im Gesellschaftlichen. Rousseau hingegen sieht in der Natur des Menschen eine Gleichheit aller Menschen, ohne die ein friedliches Leben einer Gesellschaft oder das verschiedener Gesellschaften miteinander unmöglich wäre: die Gleichheit der Menschen, beim Übergang vom Naturzustand in einen gesellschaftlichen die alte Freiheit für eine neuartige Freiheit – gesichert durch Rechte und Pflichten – eintauschen zu müssen. Ohne diese Gleichheit könnte der Gesellschaftsvertrag nicht funktionieren:

> „Denn erstens ist die Ausgangslage, da jeder sich voll und ganz gibt, für alle die gleiche, und da sie für alle gleich ist, hat keiner ein Interesse daran, sie für die anderen beschwerlich zu machen."[38]

---

[37] Aristoteles, *Politik*, 1254 b, Klammern: Herausgeber.

[38] Jean-Jacques Rousseau, *Du contrat social. Vom Gesellschaftsvertrag*, S. 35.

Neben dieser Form der Gleichheit, die die natürliche Voraussetzung der Menschen für deren Gesellschaftsfähigkeit ausmacht, findet sich bei Rousseau eine Vorstellung von Gleichheit, die sich auf die Gesellschaft als ein in sich einheitliches Gebilde bezieht.

> „Solange sich mehrere Menschen vereint als eine einzige Körperschaft betrachten, haben sie nur einen einzigen Willen, der sich auf die gemeinsame Erhaltung und auf das allgemeine Wohlergehen bezieht."[39]

Hieraus geht hervor, dass der Wille aller, der Gemeinschaftswille – vorausgesetzt jeder Einzelne ist unterrichtet und aufgeklärt – niemals irrt, immer richtig und gut ist und nicht zerstört werden kann. Bedeutender Weise – auch auf musikästhetischer Ebene aussagekräftig – setzt sich bei Rousseau der Gemeinwille, der letztendlich nur ein einziger ist, zusammen aus der Addition der vielen verschiedenen, sich teils nur minimal voneinander unterscheidenden Einzelwillen und -interessen.

> „Wenn die Bürger keinerlei Verbindung untereinander hätten, würde, wenn das Volk wohlunterrichtet entscheidet, aus der großen Zahl der kleinen Unterschiede immer der Gemeinwille hervorgehen, und die Entscheidung wäre immer gut. Aber wenn Parteiungen entstehen, Teilvereinigungen auf Kosten der großen, wird der Wille jeder dieser Vereinigungen ein allgemeiner hinsichtlich seiner Glieder und ein besonderer hinsichtlich des Staates. [...] Wenn schließlich eine dieser Vereinigungen so groß ist, dass sie stärker ist als alle anderen, erhält man als Ergebnis nicht mehr die Summe der kleinen Unterschiede, sondern einen einzigen Unterschied; jetzt gibt es keinen Gemeinwillen mehr, und die Ansicht, die siegt, ist nur eine Sonderanschauung."[40]

---

[39] Ebd.: S. 229.

[40] Jean-Jacques Rousseau, *Du contrat social. Vom Gesellschaftsvertrag*, S. 63.

Taylor kritisiert Rousseaus Idee des ‚volonté generale'; bedingungslose und undifferenzierte Euphorie für einen Gemeinwillen sei meist despotisch, denn sie

> „spricht Differenzen, Konkurrenz und Streit ihre Legitimität ab. Da diese aber nur durch Repression abgeschafft werden können, sind alle Regime, die auf diesem Modell beruhen, Despotien."[41]

Tatsächlich sieht Rousseau im Gemeinwillen nicht nur ein in sich kohärentes, einfaches, unteilbares Gebilde, sondern auch ein solches, das immer im Recht sein muss und niemals irrt:

> „In diesem Zustand sind alle Triebkräfte des Staates gesund und einfach, seine Grundsätze sind klar und einleuchtend, es gibt keine verwickelten und widersprüchlichen Interessen, das Gemeinwohl ist immer offenbar, und man braucht nur den gesunden Menschenverstand, um es wahrzunehmen."[42]

Damit einem einheitlich und gleich gestalteten Gebilde – sei es musikalischer oder gemeinschaftlicher Natur – kein Charakter des Erzwungenen oder des Zwanges zukommt, muss dem Abweichenden, Anderen oder Fremden Rechnung getragen werden.

Wie kann Einheitlichkeit sozio-ästhetisch formuliert werden, dass es dem Anderen weiterhin Rechnung trägt? Impliziert Einheitlichkeit im Sozialen oder in der Kunst, dass nur Kongruentes oder Verwandtes in ihr aufgenommen wird, Abweichungen hingegen per se außen vor stehen? Oder – fasst man Einheitlichkeit eines Gebildes als eine Stärke nach innen,

---

[41] Charles Taylor, *Wieviel Gemeinschaft braucht die Demokratie?* S. 19.

[42] Jean-Jacques Rousseau, *Du contrat social. Vom Gesellschaftsvertrag*, S. 229.

als ein Selbstbewusstsein auf, die für die Bildung einer Identität notwendig sind – ermöglicht eine so verstandene Einheitlichkeit im Sinne von Identität erst die Erkenntnis des Anderen? In Taylors Worten hieße das:

> „Zu handlungsfähigen Menschen, die imstande sind, sich selbst zu begreifen und insofern auch, ihre Identität zu bestimmen, werden wir, indem wir uns eine Vielfalt von menschlichen Sprachen aneignen."[43]

Der Begriff der Identität setzt immer ein bewusstes Verhältnis zu sich voraus, die Selbstreflexion eines einzelnen ästhetischen oder gesellschaftlichen Subjekts, oder aber einer religiös, ethnisch, kulturell oder national definierten Gemeinschaft. Die voran gehenden Kapitel nahmen den Einklang als Mikro-Element der musikalischen Gestaltung in den Blick, dieses Kapitel hingegen musikalische Einheitlichkeit und Homogenität auf der Makro-Ebene der großformalen Anlage des Werkes.

Taylor arbeitet heraus, dass das Authentizitätsideal innerhalb moderner Gesellschaften eine weitreichende Ungewissheit für den Einzelnen oder eine Gemeinschaft bedeutet, die schlimmstenfalls als Krise die betroffenen Identitäten in Gefahr bringt und die immer dann auftritt, wenn eine Identität in ihrer Einmaligkeit und Originalität nicht von anderen anerkannt wird.[44] Vor diesem sozialphilosophischen Deutungshintergrund wachsen dem Nonoschen musikalischen Umgang mit Homogenität und Einheitlichkeit in *Das atmende Klarsein* mindestens zwei gehaltliche Perspektiven zu:

---

[43] Charles Taylor, *Multikulturalismus und die Politik der Anerkennung*, S. 19.

[44] Vgl. Taylor: „In früheren Zeiten jedoch wurde die Anerkennung nie zum Problem. Allgemeine Anerkennung war schon deshalb ein fester Bestandteil der gesellschaftlich abgeleiteten Identität, weil diese Identität auf gesellschaftlichen Kategorien beruhte, die niemand anzweifelte. Die aus dem Inneren begründete, unverwechselbar persönliche Identität genießt diese selbstverständliche Anerkennung nicht. Sie muß Anerkennung erst im Austausch gewinnen, und dabei kann sie scheitern." Charles Taylor: *Multikulturalismus und die Politik der Anerkennung*, S. 22.

zum einen sichern die homogenen Teile die Einheit des Werkes nach innen, damit auch zugleich die besondere, einmalige Identität des Werkes. Zum anderen eröffnen die homogenen Merkmale in ihrem Verhältnis zu den heterogenen Merkmalen in *Das atmende Klarsein* den Blickwinkel auf die Herausforderung und Schwierigkeit, fremde Identitäten zu erkennen, sich ihrem Einfluss auf die eigene Identität zu öffnen.

> „Auf der Ebene persönlicher Beziehungen lässt sich beobachten, wie nachdrücklich Identität auf die Anerkennung signifikanter Anderer angewiesen ist und wie verletzlich sie ist, sofern ihr Anerkennung vorenthalten bleibt. Es überrascht nicht, daß in der Authentizitätskultur die ‚Beziehung' als der zentrale Ort der Selbstentdeckung und Selbstbestätigung ist."[45]

Einzelne Beziehungsmerkmale zwischen den homogenen und den heterogenen Teilen wurden bereits in diesem und dem vorangehenden Unterkapitel herausgearbeitet und sollen an dieser Stelle nicht weiter vertieft werden.

II. C. 2. Heterogenität. Musikalische Analyse und Sozialphilosophie

Das Werk *Das atmende Klarsein* stellt musikalisch dem hohen Maß an Homogenität ein ebenso großes an Heterogenität gegenüber. Die großformale Anlage des Werkes *Das atmende Klarsein* legt durch die Heterogenität der sich abwechselnden sehr unterschiedlichen Gesang- und Bassflötenteile die Frage nahe: Wo liegt die Grenze zwischen einem

[45] Charles Taylor, *Multikulturalismus und die Politik der Anerkennung*, S. 23.

ästhetischen Starkmachen eines Einzelereignisses, eines neuen, anderen musikalischen Setzens, das sich jedoch noch in die Ganzheit eines Werkes einfügen lässt, einerseits und einer willkürlichen, losen und unbegründeten Abfolge von ästhetischen Kontrasten, Widerstreiten und Unterschieden andererseits? Und ist diese Grenze in *Das atmende Klarsein* überschritten, sodass sich die einzelnen heterogenen musikalischen Setzungen nicht mehr zu einem Ganzen fügen?

Wie schon erwähnt, bestehen zum ersten und zum dritten Bassflötenteil die größten Differenzen, verglichen mit den Gesangsteilen. Klangfarbe, Rhythmik und Tonhöhen des ersten Bassflötenteils sind musikalisch eine neue, unvorbereitete Setzung, sie kontrastiert Klangfarbe, rhythmische Charakteristik und Tonhöhen der Gesangteile. Klarer, heller und gebündelter, konzentrierter Klang der Gesänge steht einer verschwommenen, zerlaufenen undeutlichen, teilweise geräuschhaften Klangcharakteristik in dem ersten Bassflötenteil gegenüber. Lang anhaltende statische Rhythmik und langsame rhythmische Wechsel in den Gesängen – von denen es nur wenige Ausnahmen gibt in kurzen punktuellen rhythmischen Akzenten wie im zweiten Gesangsteil ab Minute 14:25 – schaffen eine rhythmische Gleichförmigkeit und Kontinuität. Sie stehen im Gegensatz zu der rhythmischen Diskontinuität, der schnellen Folge verschiedener rhythmisch-motivischer Setzungen im ersten Bassflötenteil, die in ihrer Punktualität akzentuiert sind durch Sechzehntel- und Zweiunddreißigstelnoten der Bassflöte. Und schließlich kontrastieren hohe Tonhöhen im Gesangsteil die tiefen Register im Bassflötenteil. Heterogenität entsteht als Klangeindruck nicht nur im Blick auf den gesamten Werkverlauf durch die sich abwechselnden sehr unterschiedlichen Gesang- und Bassflötenteile, sondern auch – wenn schon nicht in der Klangfarbe – so doch innerhalb eines Bassflötenteils sehr markant die abrupten Differenzen in der rhythmischen Motivik betreffend.

Im dritten Bassflötenteil fallen besonders die intervallischen und klangfarblichen Unterschiede ins Auge. Ein neues intervallisches Motiv prägt diesen letzten Bassflötenteil: ein auf- und gleich wieder absteigender gebrochener Akkord von Terzen. In Minute 28:26 ist es die Übereinanderschichtung einer großen und zwei kleiner Terzen (erklingend wie ein verminderter Septakkord).[46]

Der Akkord fächert sich von unten nach oben auf, bewegt sich sofort anschließend wieder abwärts bis zum vorletzten Ton, um dann wieder aufwärts zu steigen. Das intervallische Motiv erscheint anschließend mehrfach in verschiedenen Variationen: verlängert um eine vierte Terz nach oben oder unten, nur in eine Richtung entweder auf- oder absteigend oder klang-

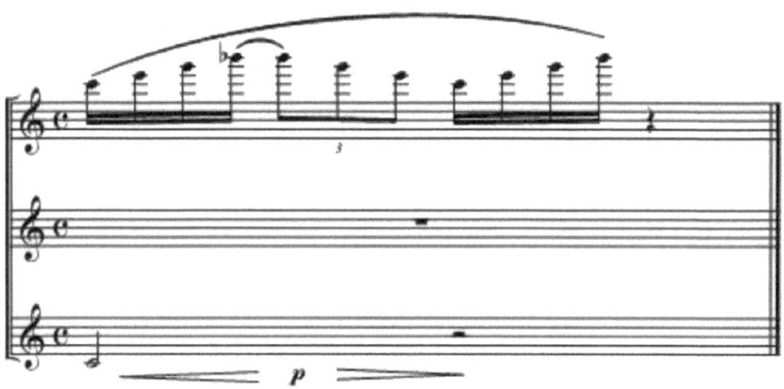

farblich mit elektronischen Mitteln verzerrt. Neben dieser neuen intervallisch-motivischen Charakteristik gegenüber der Gesangsteile gewinnen

---

[46] Folgende Abbildung ist von der Verfasserin erstellt.

die Klangfarben im dritten Bassflötenteil eine neue Qualität, die sich nicht nur von den vorangehenden Bassflötenteilen, sondern besonders von den Gesangteilen absetzt. Die Klangcharakteristik bewegt sich am meisten von der Klangquelle Flöte weg und kommt teils einem luftig-geräuschhaften, teils einem rein elektronisch erzeugten Klang nahe. Zeitweise ähnelt er einem schrill-leisen hohen Pfeifen eines Windes.

Dieser musikalische ‚Widerstreit' zwischen Bassflöten- und Gesangteilen in *Das atmende Klarsein* existiert, bleibt aber nicht als solcher ungelöst bestehen; latent sind die oben schon herausgearbeiteten Bezüge in der Intervallik vorhanden; ganz so als kritisierte Nono auf musikalisch-ästhetischer Ebene einen Widerstreit, der absolut ist und dessen Parts für sich existieren und keine Verbindung zueinander suchen. Dem entspricht gedanklich Taylors Kritik an liberalen Vorstellungen von Gemeinschaften, in denen die Tendenz zur Individualisierung, Vereinzelung und Selbstverwirklichung im Vordergrund steht; eine Kritik, die sich bei Taylor z. B. an einzelne liberale Vorstellungen des Philosophen Foucault richtet: die Vorstellung von subjektiver „Befreiung in Richtung solitärer Selbstgenügsamkeit"; die Vorstellung eines Einzelkämpfertums:

> „die von ihm [Foucault] vertretene [...] Form der Identitätsbildung, nämlich die Kultivierung des Selbst in der ästhetischen Dimension, ist ein reiner Soloakt, die Leistung einsamer Virtuosen, die vielleicht voneinander lernen können, sich deshalb aber noch lange nicht zusammentun müssen."[47]

Beide ästhetischen Extreme – unvereinbarer Widerstreit sowie Homogenität – scheinen in *Das atmende Klarsein* also nur in bestimmten Grenzen und mit Einschränkungen vorgeführt zu sein. Es scheint sogar gerade

---

[47] Charles Taylor, *Wieviel Gemeinschaft braucht die Demokratie?* S. 49, eckige Klammer: K. H.

das zentrale musikalisch-ästhetische Anliegen Nonos zu sein, das Austarieren von, das Pendeln zwischen diesen beiden Polen auszukomponieren. Für die sozialphilosophische Deutung dieses musikalischen Tatbestandes ist dennoch entscheidend, dass Nono das Gleichgewicht zwischen den zwei Extremen Homogenität und Heterogenität musikalisch nicht auf dem Weg herstellt, dass er kontinuierlich eine Mitte zwischen den zwei Extremen komponiert, sondern die Extreme selber zur Erscheinung bringt und erfahrbar macht.

Auf einen gesellschaftlichen Kontext übertragen bedeutet dies, dass Nono ein Gleichgewicht schaffendes Austarieren extremer Kräfte favorisiert gegenüber einem Mittleren. Dies widerspricht Aristoteles' Vorstellung von einer guten Gesellschaft:

> „Um der Gerechtigkeit willen sucht man also ein Mittleres, und dieses ist eben das Gesetz. [...] Wo das Gesetz aber genügt, da bezweifelt keiner, daß nicht das Gesetz am besten regiert und entscheidet. Da man aber das eine im Gesetz erfassen kann und das andere nicht, so entsteht eben daraus die Schwierigkeit und Frage, ob eher das vollkommene Gesetz regieren soll oder der vollkommene Mensch."[48]

Durch das Auskomponieren der musikalischen Extreme scheint Nono in seiner ästhetischen Aussage Aristoteles zu widersprechen, der in Maß und Mitte den Grund für gemeinschaftliches Gelingen sieht:

> „Daß aber die mittlere Verfassung am besten ist, zeigt sich auch darin, daß sie als einzige von Aufständen verschont bleibt";[49]

[48] Aristoteles, *Politik*, 1287 b.

[49] Aristoteles, *Politik*, 1296 a.

> „Außerdem sind diejenigen, die sich eines Übermaßes an Glückgütern wie Kraft, Reichtum und Freunden und anderen Vorzügen dieser Art erfreuen, weder willens, sich beherrschen zu lassen, noch verstehen sie dies [...]; umgekehrt sind diejenigen, die übermäßigen Mangel an diesen Dingen leiden, allzu untertänig. [...] Ein Staat strebt danach, aus Mitgliedern zu bestehen, die soweit wie möglich gleich sind; das ist am ehesten dann der Fall, wenn sie ein Vermögen mittleren Umfanges haben."[50]

Das ganze Werk betrachtend kann – wie oben angedeutet – von einer zunehmenden musikalischen Annäherung der exponierten Heterogenitäten gesprochen werden. Besonders der zweite Bassflötenteil antizipiert einzelne klangfarbliche, motivische und intervallische Merkmale der ersten Gesangsteile; im letzten Gesangsteil wiederum finden sich punktuell rhythmische Anklänge an die Bassflötenteile. Die Überleitung in den zweiten Bassflötenteil hinein und die aus ihm hinaus in den anschließenden Gesangsteil sind – was Tonhöhen und Klangfarben betrifft – in hohem Maß homogen; die Bassflöte spielt im Gegensatz zum ersten Bassflötenteil in hohen Tonregistern und knüpft damit unmittelbar an die vorangehenden Soprangesänge an. Auch die klare, hell und transparente Klangfarbe der Flöte kommt der der Soprangesänge weitgehend sehr nahe.

Das was zuvor sich kontrastierend gegenüber stand, greift nun ineinander. Auf musikalischer Ebene ist somit ein Zusammenkommen von Differentem demonstriert und wahrnehmbar gemacht, das Taylor in Bezug auf gemeinschaftliche Gebilde charakterisiert:

> „es fehlt uns an Modellen, die es den Menschen erlauben, sich zusammenzutun und untereinander Bindungen zu entwickeln – unter Wahrung ihrer Differenzen und ohne von diesen zu abstrahieren. [...] Das heißt, sie empfinden die

[50] Ebd.: 1295 b/b15.

> Eigenarten des und der anderen als Bereicherung, weil sich ihr Lebenshorizont durch die Gemeinschaft mit ihnen öffnet und erweitert."[51]

Die großformale Entwicklung in *Das atmende Klarsein* ist derart gestaltet, dass das, was zu Beginn an Differentem, Heterogenem getrennt voneinander exponiert ist, in den letzten Werkteilen mehr ineinandergreift und vermischt erscheint. Solche Formen der Zusammenschlüsse etablieren eine dezentrale Struktur.

> „Wenn sie [die Vereinigungen] aber wirklich Orte der Selbstbestimmung sein sollen, dürfen sie nicht übermäßig groß sein, müssen zahlreich sein und auf vielen Ebenen des Gemeinwesens existieren. Dieses Gemeinwesen muss dezentralisiert sein, sodaß Selbstbestimmung auf lokaler, nicht bloß auf nationaler Ebene praktiziert werden kann."[52]

Musikalische Beziehungshaftigkeit innerhalb eines Werkes in all ihren vielschichtigen Erscheinungsformen kommt zustande durch den kompositorischen Akt eines künstlerisch tätigen Subjektes. Dieser Charakter ästhetischer Bezüglichkeiten, der des Hervorgebrachten, wird in folgendem Unterkapitel untersucht.

II. D. Exkurs: Gemeinschaft/Kunst als Naturzustand?

Der Rekurs auf Hobbes, Rousseau und Aristoteles an dieser Stelle soll den hier relevanten Machtaspekt von einer anderen Seite beleuchten: Einer Macht als Phänomen der Bezüglichkeit in musikalischen Gebilden und

[51] Charles Taylor, *Wieviel Gemeinschaft braucht die Demokratie?* S. 42.

[52] Ebd.: S. 89f., eckige Klammer: K. H.

analog dazu als ein intersubjektives Phänomen in menschlichen Gemeinschaften könnte eine Gemachtheit oder Künstlichkeit unterstellt werden. Der Übergang von einer Naturwüchsigkeit eines musikalischen Materials oder Stoffes hin zu einer Gestaltetheit und Geformtheit im fertigen Kunstwerk kann dabei parallel gedacht werden zu dem Übergang des Menschen vom Naturzustand in eine staatliche Ordnung. Welche Form von Macht ist es, die einer Freiheit des Menschen im Naturzustand entgegengestellt ist und in dem Moment zu wirken beginnt, wo der Mensch gesellschaftliche und staatliche Bindungen eingeht? Und was hat eine solche Form von Macht zu tun mit einem künstlerischen, kompositorischen Akt, natürlich gegebene Beziehungen zwischen unbearbeiteten Tönen und Klängen in einen Zustand eigens hergestellter, ausgedachter Beziehungen im konkreten Werk zu überführen? Einen wichtigen Aspekt, warum es sinnvoll ist, in einem musikalischen Kunstwerk nach thematischen Bezügen zum natürlichen und gesellschaftlichen Zustand des Menschen zu suchen, benennt Hobbes im *Leviathan*:

> „Die *Kunst* geht noch weiter, indem sie auch jenes vernünftige, hervorragendste Werk der Natur nachahmt, den *Menschen*. Denn durch Kunst wird jener große *Leviathan* geschaffen, genannt *Gemeinwesen* oder *Staat*, auf lateinisch *civitas*, der nichts anderes ist als ein künstlicher Mensch, wenn auch von größerer Gestalt und Stärke als der natürliche, zu dessen Schutz und Verteidigung er ersonnen wurde."[53]

Für Hobbes ist es ein künstlerischer Vorgang, ein hervorbringender, schaffender oder schöpferischer Vorgang, durch den ein natürlicher Mensch zu einem gesellschaftlichen wird. Wie sollte – nach dieser Auffassung – in einem Kunstwerk (nicht zwingend einem Nonoschen) nicht in einer

[53] Thomas Hobbes, *Leviathan*, S. 5, Hervorhebung: Th. H.

bestimmten Form diese Schwelle zwischen Natur- und Gesellschaftszustand manifestiert sein?

Die hiermit verwandte Auffassung, dass eine tatsächliche Beziehung zu Anderen darin wurzelt, über Selbsterkenntnis und Selbstbezug zu verfügen, lässt sich ebenfalls analog musikalisch und gesellschaftsphilosophisch deuten. Hobbes formuliert, dass der Keim zu Gesellschafts- und Beziehungsfähigkeit im Einzelphänomen selber liegt, in Bezug auf den künstlerischen Entstehungsvorgang des Leviathan: der ‚Werkstoff' und der ‚Konstrukteur' sind dasselbe: „beides ist der Mensch."[54]

> „Es sollte uns vielmehr lehren, daß jedermann, der in sich selbst blickt und darüber nachdenkt, aus seinem Denken, Meinen, Schließen, Hoffen, Fürchten usw., und deren Gründen lesen und erkennen wird, welches die Gedanken und Leidenschaften aller anderen Menschen bei den gleichen Anlässen sind. [...] Wer eine ganze Nation zu regieren hat, muß in sich selbst lesen – nicht in diesen oder jenen einzelnen Menschen, sondern in der menschlichen Gattung."[55]

Ist die letztendliche Gestalt, zu der das klangliche, natürliche Rohmaterial im fertigen Werk *Das Atmende Klarsein* geformt ist, eine solche, die die ursprüngliche Freiwüchsigkeit der unbearbeiteten Klänge einengt bzw. abtötet? Oder kann analytisch festgemacht werden, dass in der Gestalt des fertigen Werkes durch den Komponisten eine Bewegungstendenz ausgeformt wurde, die als Keim in dem Rohmaterial bereits angelegt war? Analog zur sozialphilosophischen Thematik des Überganges des Menschen vom Naturzustand in einen gesellschaftlichen oder staatlichen ließe sich diese letzte Frage in den Worten Rousseaus umformulieren: der scheinbare Gegensatz zwischen der ursprünglichen Freiheit des Menschen im

[54] Ebd.: S. 5.

[55] Ebd.: S. 6f.

Naturzustand und seiner Unterordnung unter den Gesellschaftsvertrag und die daraus erwachsenden Pflichten im gesellschaftlichen Zustand wird stark verringert, wenn nicht gar aufgehoben durch den Umstand, dass die Menschen eine Anlage zum Gesellschaftlichen in sich haben und den Gesellschaftsvertrag freiwillig eingehen, um den Fortbestand der eigenen Art zu sichern.

> „Finde eine Form des Zusammenschlusses, die mit ihrer ganzen gemeinsamen Kraft die Person und das Vermögen jedes einzelnen Mitglieds verteidigt und schützt und durch die doch jeder, indem er sich mit allen vereinigt, nur sich selber gehorcht und genauso frei bleibt wie zuvor."[56]

Dem abendländisch musikalisch geschulten Rezipient liegt es nahe, Klangphänomene wie die reinen Intervallfiguren mit Prim, Quinte und Quarte mit einem kosmologischen Selbstverständnis oder aber mit einem ursprünglich-natürlichen Zustand des Menschen in Verbindung zu bringen. Dennoch bleibt eine eindeutige analytisch begründbare Zuschreibung problematisch, lassen sich doch zum Beispiel Fragen wie diese nicht stichhaltig klären: Kann man in der Musik einen Unterschied feststellen zwischen einer Einfachheit, die gut, rechtschaffen, mit ursprünglicher Natur verbunden ist und einer solchen Einfachheit, die etwa einfältig, simpel und im negativen Sinne naiv ist? Entsprechend Rousseaus Beschreibung:

> „Die rechtschaffenen und einfachen Menschen sind aufgrund ihrer Geradheit schwer zu täuschen, Köder und raffinierte Scheingründe machen auf sie keinen Eindruck."

---

[56] Jean-Jacques Rousseau, *Du contrat social. Vom Gesellschaftsvertrag*, S. 33.

Ohne die oben gestellte Frage bis ins Detail analytisch in der Partitur dingfest beantworten zu können, ist doch in Bezug auf die entsprechenden Charakteristika in *Das atmende Klarsein* ein ästhetisches Empfinden auszumachen, das tendenziell eine musikalische Einfachheit mit Tiefe und nicht eine platte, seichte Einfachheit wahrnimmt.

Doch muss man nach Aristoteles dem intersubjektiven Machtphänomen in gemeinschaftlichen Gebilden im Gegensatz zu Hobbes' Auffassung einen natürlichen, keinen künstlichen Charakter zuschreiben:

> „Daraus geht nun klar hervor, daß der Staat zu den Dingen zu zählen ist, die von Natur sind, und daß der Mensch von Natur ein Lebewesen ist, das zu, staatlichen Verband gehört."[57]

II. E. Schlussbetrachtung

Musikanalytisch arbeitete dieses Kapitel am Werk *Das atmende Klarsein* mehrere Aspekte einer ästhetischen Macht heraus; einer ästhetischen Macht, die sich als Beziehung zwischen zwei musikalischen Phänomenen begreift – seien diese musikalischen Phänomene in der vertikalen oder horizontalen Ebene des Werkes angesiedelt. Die Färbung dieser ästhetischen Macht variiert, je nachdem, ob sie sich in der Beziehung zwischen zwei gleichen, ähnlichen, gegensätzlichen musikalischen Phänomenen oder aber als strukturelle vs. inhaltliche, substanzielle Beziehung zeigt. Abschließend können diese musikanalytisch herausgearbeiteten Aspekte einer ästhetischen Macht dahingehend zusammengefasst werden, dass sie die Art und Weise ausmachen, wie in *Das atmende Klarsein* musikalisch nicht

---

[57] Aristoteles, *Politik*, 1253 a.

zu Vereinbarendes und Gegensätzliches letztendlich im gesamten Werk zu einem stimmigen Ganzen gefügt sind. Das Kapitel leitete je aus diesen ästhetischen Machtaspekten eine strukturell ähnliche sozialphilosophische Bedeutung ab. Im Sinne eines reflektierenden Transferierens eines ästhetischen Machtverständnisses auf die Deutungsebene eines sozialphilosophischen Machtverständnisses, sei diese Schlussbetrachtung mit der folgenden Aussage Taylors beendet:

> „Die alte Einheit ist damit für immer dahin. Doch an ihre Stelle muß eine neue Einheit treten. Denn die nunmehr einsetzende und niemals endende Auseinandersetzung ist nicht als Ausübung von Macht gedacht, als eine Art Bürgerkrieg, der mit dialektischen Mitteln geführt wird. Die potenziell entzweienden und zerstörerischen Konsequenzen der Debatte werden durch die Tatsache außer Kraft gesetzt, daß es eine Auseinandersetzung außerhalb der Machtsphäre ist […]."[58]

Musikalische Struktur in ihrer wahrnehmungsästhetischen und erkenntnistheoretischen Dimension zu erfassen lag diesem Kapitel zugrunde: dem Unterfangen, aus Formen musikalischer Bezüglichkeit solche gemeinschaftlichen Gebilde abzuleiten. Auch im folgenden Kapitel wird eine wahrnehmungsästhetische und erkenntnistheoretische Relevanz musikalischer Struktur für eine außermusikalische, soziale Wirklichkeit unterstellt, jedoch nicht als Entsprechung, sondern als widersprechender Gegenpart: die ästhetische Macht musikalischer Langsamkeit gegenüber der Macht wachsender Geschwindigkeiten in soziokulturellen Kontexten der Moderne.

---

[58] Charles Taylor, *Wieviel Gemeinschaft braucht die Demokratie?* S. 106.

III. Musikalische Langsamkeit und zunehmende Geschwindigkeiten in sozio-kulturellen Prozessen der Moderne.

Luigi Nonos *A Carlo Scarpa*

Mathematische Zahlenorganisation sowie Formen von Bezüglichkeit als solche sind Statik. Das nun folgende Kapitel nimmt nicht die Macht des Statischen, sondern die der Bewegung in den Blick, und zwar die ästhetische Macht langsamer Bewegung im musikalischen Werk *A Carlo Scarpa, architetto, ai suoi infiniti possibili. Per orchestra a microintervalli* (1984). Ähnlich wie im vorangehenden Kapitel soll der aus der Musikstruktur entwickelte Aspekt von Macht hinsichtlich sozialphilosophischer Befunde befragt werden, wobei hier jedoch keine Ähnlichkeit, sondern ein diametral entgegen gesetztes Verhältnis von Musikstruktur und sozialphilosophischem Befund zugrunde liegt.

Musikalische Langsamkeit ist ein klangästhetisches Merkmal, das sich als Konstante durch Luigi Nonos Spätwerk zieht.[1] Die Reduktion harmonischer, rhythmischer Veränderung und Bewegung innerhalb eines bestimmten Zeitpatterns soll exemplarisch am Werk *A Carlo Scarpa,*

[1] In Nonos Forcierung der musikalischen Langsamkeit zeigen sich nicht nur Einflüsse durch Nonos Interesse an fernöstlicher Philosophie; besonders am Zen-Buddhismus; es gibt auch Anknüpfungspunkte zur Minimal Music. Spätestens mit Henryk Góreckis 3. Symphonie aus dem Jahre 1976 steht Nono in einer Reihe mit einer Vielzahl an Komponisten der zweiten Hälfte des 20. Jahrhunderts, die sich mit musikalischer Langsamkeit auseinandersetzten.

architetto, ai suoi infiniti possibili. Per orchestra a microintervalli (1984) analytisch herausgearbeitet werden.[2] Musikalische Langsamkeit benennt Nono nicht nur in seinen Texten als ein ästhetisches Mittel gegen das Ideal musikalischer Geschwindigkeit in Werken des 19. und 20. Jahrhunderts. Der musikalischen Langsamkeit in Nonos Werken scheint auch im erweiterten kulturellen und soziologischen Kontext der zweiten Hälfte des 20. Jahrhunderts die Funktion eines ästhetischen Gegenpols zuzukommen. Wachsende Geschwindigkeit und Beschleunigung durch (digitale) Technik, als Kern kapitalistischen Wirtschaftens und als Folge der Globalisierung prägen in den Analysen des Soziologen Hartmut Rosa das Wahrnehmen und Verhalten der einzelnen Subjekte.[3] Dieser Macht der Geschwindigkeit und Beschleunigung auf die Lebensführung und das Wahrnehmen von Subjekten scheint sich Nono künstlerisch vehement zu widersetzen durch die Forcierung musikalischer Langsamkeit in Werken wie *A Carlo Scarpa*. Welche spezifischen Formen von Macht manifestieren sich in den verschiedenen von Nono geschaffenen Varianten musikalischer Langsamkeit, je nachdem, mit welchen musikalischen Mitteln sie hergestellt sind? Welche Wahrnehmungs- und Erkenntnisart des rezipierenden Subjektes geht mit ihr einher?

Paul Virilios dromologischen Analysen sind zudem die sozialphilosophischen Referenzpunkte dieses Kapitels.[4] Sie bieten sich insofern zur Interpretation Nonoscher Werke an, da sie die sinnliche Wahrnehmungs- und Anschauungsweise des modernen Subjektes in den Mittelpunkt stellen

[2] Der Analyse liegt folgende Ausgabe der Partitur zugrunde: *A Carlo Scarpa, architetto, ai suoi infiniti possibili. Per orchestra a microintervalli*, Ricordi, Milano 1985. Minutenangaben beziehen sich auf die Aufnahme *Luigi Nono. Orchestral works & chamber music. SWF Symphony Orchestra, Michael Gielen, Conductor.*

[3] Hartmut Rosa, *Kapitalismus als Dynamisierungsspirale – Soziologie als Gesellschaftskritik*, in: Klaus Dörre, Stephan Lessenich, Hartmut Rosa: *Soziologie. Kapitalismus. Kritik. Eine Debatte*, Frankfurt am Main 2009, S.87-125.

[4] Paul Virilio, *Der negative Horizont. Bewegung, Geschwindigkeit, Beschleunigung*, München, Wien 1989.

und in der beschleunigten Welt die Vormachtstellung der visuellen Wahrnehmung gegenüber der akustischen beschreiben. Während des gesamten Kapitels muss mitgedacht werden, dass Virilios Beschreibungen sinnlicher Wahrnehmung, die einbezogen werden, zwar vorrangig, aber nicht ausschließlich sich auf visuelles anstelle auf akustisches Wahrnehmen beziehen. In der Schrift *Die Sehmaschine* beschreibt Virilio die Veränderung visuellen Wahrnehmens seit der Renaissance von einem aktiven hin zu einem zunehmend passiven Wahrnehmen.[5] Sofern das Ohr allgemein als das im Vergleich zum Auge passivere Sinnesorgan gilt, von letzterem abhängig und von Nono als solches vielerorts charaktierisiert ist, kann im Sinne Virilios davon gesprochen werden, dass der Grad an Passivität, der die menschliche Wahrnehmung im Zuge wachsender Geschwindigkeiten erhält, das akustische Wahrnehmen in noch ausgeprägteren Maße betreffen muss als das visuelle.

Formen musikalischer Langsamkeit in *A Carlo Scarpa* als ästhetischen Widerstand zu deuten gegen soziale Beschleunigung und wachsende Geschwindigkeit in der Lebensführung der einzelnen Subjekte in der Spätmoderne, scheint nicht notwendig aus dem Werk selbst heraus als Folge abgeleitet werden zu können. Näher scheint zunächst die Thematik des Todes und des Sterbens zu liegen, stellt man den Epitaph-Charakter des vielfältig auskomponierten Verschwindens von Klang in den Vordergrund, schließlich komponierte Nono das Werk in Andenken an den 1978 verstorbenen venezianischen Architekten Carlo Scarpa. Hier wird jedoch die dromologische Deutungsperspektive – die nur eine unter möglichen anderen darstellt – in den Mittelpunkt gestellt, welche sich zumindest punktuell auf Äußerungen Nonos berufen kann. Wachsende Geschwindigkeit, in welchem gesellschaftlichen Bereich auch immer, steht zwar nicht an vorderer Stelle der Kritikpunkte Nonos. Vereinzelte Aussagen finden sich jedoch:

---

[5] Paul Virilio, *Die Sehmaschine*, Merve, Berlin 1989.

„Dieser verbreitete, konsum-orientierte Konformismus, diese kaufmännische Eile fordern am Ende das Routinegefühl der Ausführenden und der Konzertprogamm-Gestalter und lassen sie, indem sie jeglichem Engagement oder Risiko gegenüber, das mit diesem Schematismus und den sich wiederholenden Gewohnheiten bricht, abstumpfen."[6]

Doch bilden diese Aussagen Nonos nicht die Motivation für diese Untersuchung. Der Legitimationsgrund dafür, diese soziologische Perspektive wachsender Geschwindigkeiten als für Nonos musikalisches Werk relevanten Deutungsaspekt auszuwählen, liegt allein in der musikalischen Beschaffenheit von Werken wie *A Carlo Scarpa* selber und in der rezeptionsästhetischen Herausforderung, die musikalische Langsamkeit an Rezipienten im späten 20. und 21. Jahrhundert zu stellen scheint.

III. A. Musikalische Langsamkeit als Widerstand gegen die ‚Gewalt der Geschwindigkeit'

An welchen kompositorischen Merkmalen macht sich musikalische Langsamkeit in *A Carlo Scarpa* fest? Welche rezeptionsästhetische Haltung wird dadurch eingefordert und welche Funktion kommt dieser Rezeptionshaltung zu innerhalb einer kulturell und sozial beschleunigten Welt?

Musikalische Langsamkeit kommt in *A Carlo Scarpa* zustande durch die Abwesenheit von motivischer, harmonischer oder rhythmischer Abwechslung. Zwar wirkt das Werk alles andere als statisch, homogen und bewegungslos, doch passiert die musikalische Bewegung auf minimalem Raum,

---

[6] Luigi Nono, *Incontri. Luigi Nono im Gespräch mit Enzo Restagno*, hrsg. von Matteo Nanni, Hofheim 2004, S. 102.

mit kleinstmöglicher Amplitude. Zwar lebt das Werk von dynamischer Vielfalt, den Extremen zwischen siebenfachem Piano bis hin zum zweifachen Forte sowie von einer großen klangfarblichen Vielfalt, doch schaffen sie nicht den auditiven Eindruck von Bewegung oder Geschwindigkeit; sondern vielmehr den von Plastizität, Dreidimensionalität und dem Werk als räumlichem Gebilde. Im Folgenden seien die drei musikalischen Parameter der Motivik/Rhythmik, der Harmonik und der Dynamik analysiert, um verschiedene Formen von Langsamkeit in *A Carlo Scarpa* aufzuzeigen.

Über die rhythmische Motivik des Werkes kann grundsätzlich gesagt werden, dass in *A Carlo Scarpa* bis zu vier Takte andauernde musikalische Felder vorherrschen, die sich durch bis zu fünf Viertel lange Pausen und meistens zusätzlich mit mf-, f-, ff- Perkussionsschlägen voneinander abgrenzen. Diese mit Stillen umgebenen Felder erscheinen dem Hörer wie Klangplateaus, die in sich entweder beinahe statisch sind, oder in sich nur leichte Veränderung und Bewegung aufweisen (Vergleiche hierzu die Passage von Minute 0:43 bis 1:08 der Aufnahme). Das diskontinuierliche Moment der punktuellen Perkussionsschläge – erzeugt durch das Bogenschlagen der Streicher auf das Griffbrett, durch Pizzicati und / oder durch die Perkussionsinstrumente – bildet an vielen Stellen einen dynamischen Kontrast zu einzelnen sich in Piano-Lautstärken bewegenden Klangflächen; ein rhythmisch-motivischer Kontrast zu letzteren sind sie jedoch immer. Die Perkussionsschläge tauchen plötzlich und unangekündigt auf, ohne dass sie sich aus voran gegangenen kontinuierlichen Klangpassagen allmählich heraus entwickeln oder die anschließenden Klangpassagen in ihrer Entwicklung beeinflussen würden, wie die folgende Abbildung der drei Takte 39, 40 und 41 exemplarisch zeigt.[7]

[7] Das folgende Notenbeispiel wurde von Jonas Leopold gesetzt.

Wie beispielsweise in Takt 39 (siehe Abbildung) bringen die Perkussionsschläge einen deutlichen Kontrast, ohne etwas anzustoßen, ohne Bewegung im musikalischen Verlauf oder in der musikalischen Textur zu verursachen; sie verschwinden echolos: so entsteht ein Höreindruck der Vereinzelung. Zwei perkussionsartige Stöße der Bläser stechen dynamisch aus dem musikalischen Gesamtverlauf des Werkes heraus. Sie lassen den Hörer – indem sie dreifaches Forte in Takt 14 und einfaches Forte in Takt 30 über vier Viertel statisch halten – die Unerbittlichkeit und Schwierigkeit musikalischer Langsamkeit und Bewegungslosigkeit fast schmerzhaft spüren und erfahren. Denn sie reißen den Hörer aus dem feinen Wahrnehmungsmodus, minimale Veränderungen zu bemerken, heraus in einen groben Wahrnehmungsmodus.

Besteht die Gefahr der Langeweile beim Zuhören? Verhindert Nono – und wenn ja, wodurch verhindert er –, dass durch das hohe Maß an musikalischer Langsamkeit dem Werk in seinem Verlauf der innere Zusammenhalt abhanden geht? Trotz der vielen trennenden Klangeffekte – der Perkussionsschläge sowie der Pausen / Stillen – scheint im Höreindruck der innere Zusammenhalt des Werkes zu dominieren. Der Zusammenhalt verdankt sich einer – wenn auch immer wieder infrage gestellten und bis an ihre Grenze getriebenen – Einheit des harmonischen Materials. Die innere Spannung des Werkes scheint genau in diesem Widerstreben der zwei Tendenzen zu bestehen: Dem Fragmentarischen in der formalen Struktur, dem Auseinanderstreben der einzelnen durch Pausen getrennten Klangfelder einerseits und dem Einheit stiftende Wiederkehren der ähnlichen Töne andererseits.

Das harmonische Material bewegt sich im gesamten Werk in Viertel-, Achtel- und Sechzehntelmikrointervallen um die zwei Töne C und Es herum. Die ständige Wiederkehr der gleichen harmonischen Substanz trägt

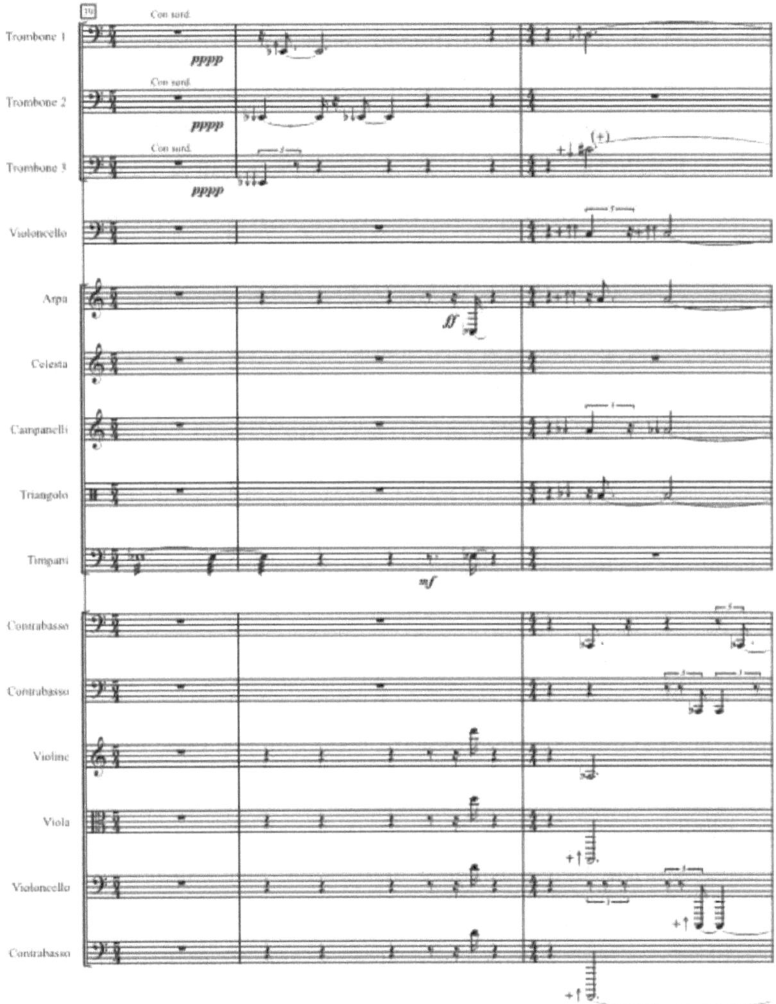
39
Con sord.
Trombone 1
pppp
Con sord.
Trombone 2
pppp
Con sord.
Trombone 3
pppp
Violoncello
Arpa
ff
Celesta
Campanelli
Triangolo
Timpani
mf
Contrabasso
Contrabasso
Violine
Viola
Violoncello
Contrabasso

entscheidend bei zu dem Höreindruck von Langsamkeit und Bewegungslosigkeit. Die mikrotonalen Klangflächen um das C und Es herum unterscheiden sich jeweils nur durch die Dichte ihres Satzes, die Oktavlage, in der – teils durch die jeweiligen Instrumente abhängigen – Klangfarbe und in ihrem emotionalen Gehalt, der durch variierende Spieltechniken der Instrumentalisten hervorgerufen wird. Gerade erst auf der Grundlage einer stetigen Wiederkehr des gleichen harmonischen Materials scheint Mutation, Veränderung, Differenzierung und Variation anderer musikalischer Parameter transparent im Hörerlebnis nachvollziehbar zu werden.

Durch das Zusammenspiel der Motivik mit der Harmonik komponiert Nono in *A Carlo Scarpa* Formen der Langsamkeit, die jedoch nicht an innerer Spannung einbüßen. Musikalische Langsamkeit schlägt sich je in beiden musikalischen Parametern für sich betrachtet nieder: sowohl in der Motivik – den beinahe statischen Klangtableaus – sowie in der Harmonik – in der Verarbeitung eines stark reduzierten harmonischen Materials. Im Zusammenkommen der beiden musikalischen Parameter jedoch entsteht eine Reibung, die dem Werk eine innere Spannung verleiht. Das Auseinanderstreben und die Vereinzelung in der Motivik verhalten sich ästhetisch gegenläufig zu dem Einheit stiftenden begrenzten harmonischen Material. Gerade dieser inneren Spannung verdankt es sich, bei diesem Phänomen musikalischer Langsamkeit von einer spezifischen Form ästhetischer Macht und Spannung zu sprechen.

Neben Motivik und Harmonik manifestiert sich musikalische Langsamkeit in *A Carlo Scarpa* in Nonos kompositorischem Umgang mit der Dynamik. Die vom Orchester gespielten Klangflächen sind nahezu alle in Piano-Lautstärken gefasst, innerhalb dieser aber in feinstufiger Ausgestaltung: Die dynamische Amplitude reicht bis zum siebenfachen Piano. Zum Eindruck der Langsamkeit trägt entscheidend bei, dass Nono fast vollständig auf Crescendi oder Decrescendi verzichtet. Stattdessen bleiben einzelne Klangtableaus in sich weitgehend dynamisch konstant, wie beispielsweise in der Klangfläche von Minute 0:13-0:19 und zahlreichen weiteren deutlich wird. Nono erreicht die Zu- oder Abnahme der Lautstärken aufeinander folgender Klangflächen lediglich über große zeitliche Distanzen hinweg und durch Reduktion oder Verdichtung des musikalischen Satzes; vergleiche hierzu die dynamisch sich steigernden und dann wieder abfallenden Klangflächen in der Zeitspanne von Minute 1:15-1:49 der Aufnahme. Die in Mezzoforte- oder Forte-Lautstärken plötzlich hereinbrechenden Perkussionsschläge im Werk schaffen in ihrer Punktualität und Unvorhersehbarkeit keinen Effekt musikalischer Geschwindigkeit und schmälern die vorherrschende Macht der Langsamkeit im Werk nicht.

Welche Wahrnehmungsart entspricht oben beschriebener musikalischer Langsamkeit? Die Reduktion des harmonischen, rhythmischen und dynamischen Materials und die Wiederkehr minimal variierter Momente in *A Carlo Scarpa* bewirken in der Hörerfahrung eine gesteigerte Aufmerksamkeit, eine tiefe Eindringung in das musikalische Jetzt und dessen Auslotung. Diese Reduktion ermöglicht die auditive Auskostung eines musikalischen Moments; musikalische Langsamkeit scheint zu ermöglichen und zu motivieren, ein gegenwärtiges musikalisches Geschehen zu ergründen und gänzlich zu erfassen. Vielleicht kann man es ein substantielles Hören nennen, das durch musikalische Langsamkeit ermöglicht und sogar eingefordert wird – substantiell in dem Sinne, den Rosa in seiner Schrift *Kapitalismus als Dynamisierungsspirale – Soziologie als Gesellschaftskritik* entwickelt und der im Folgenden neben Virilios Terminus der ‚Gewalt der Geschwindigkeit' als Deutungsgrundlage musikalischer Langsamkeit dient.[8]

Auskomponierte Langsamkeit erscheint im thematischen Zusammenhang dieses Kapitels als eine im musikalischen Ausdruck sublimierte Machtkritik, als ein ästhetisches Widersetzen gegen eine Macht sich beschleunigender außermusikalischer Prozesse auf die Wahrnehmungsweise von Subjekten. Musikalische Langsamkeit stellt sich als eine eindringliche Herausforderung und Schwierigkeit heraus für ein modernes / spätmodernes rezipierendes Subjekt, dessen Wahrnehmung an wachsender Geschwindigkeit in sozialen, kulturellen und technischen Prozessen angepasst ist. Rosas und Virilios Untersuchungen berücksichtigend, dürfte es genau diese menschliche Fähigkeit zur substantiellen Erfahrung und Wahrnehmung sein, die langsame musikalische Prozesse wie die in *A Carlo Scarpa* einfordern und die Subjekte in einer beschleunigten Welt tendenziell verlernen. Wenn Virilio den Terminus ‚Gewalt der Geschwindigkeit' analysiert und inhaltlich füllt, meint er zwar hauptsächlich Entwicklungen menschlicher Fortbewegung im Laufe der Kulturgeschichte und zunehmende Mobilisierung seit der Industrialisierung im 19. Jahrhundert. Doch lässt sich Virilios Definition der ‚Gewalt der Geschwindigkeit' auch auf andere relevante Formen sozialer und kultureller Beschleunigung in der Moderne/ Spätmoderne übertragen; sei es die Digitalisierung, die Forderung nach Flexibilität, das Streben nach ökonomischem Wachstum und anderes mehr.

Für Virilio besteht die Gewalt der Geschwindigkeit entscheidend darin, das der schnellen Bewegung ausgesetzte Subjekt zu einer ‚Wesenlosigkeit' zu

[8] Virilio beschreibt bezüglich des visuellen, nicht des akustischen Wahrnehmens eine Veränderung weg vom substantiellen Sehen und nennt es ein „Sehen ohne Blick", es „wird von einem substantiellen zu einem akzidentellen Sehen. Trotz der langen Debatte um das Problem der Objektivität von mentalen und instrumentalen Bildern ist die revolutionäre Veränderung des Sehens nicht klar erkannt worden, und die Fusion/Konfusion von Auge und Objektiv, der Übergang vom Sehen zur Visualisierung ist ohne Schwierigkeiten Bestandteil der Lebensgewohnheiten geworden." In: Paul Virilio, *Die Sehmaschine*, S. 41.

zwingen. Die Schnelligkeit verhindert die Unmittelbarkeit von sinnlicher Erfahrung, sie entleert und verflüchtigt die Wahrnehmung von konkreten Orten und Menschen. Dieser ‚sensorielle Entzug'[9] trennt die Subjekte von Lebendigkeit. Die Gewalt der Geschwindigkeit besteht für Virilio in einem vernichtenden Charakter, der in übertragenem Sinne einen Sterbevorgang bei Subjekten in Bezug auf dessen Wahrnehmungsweise in Gang setzt.

> „*Die Gewalt der Geschwindigkeit kommt einer Vernichtung gleich.* Der auf sein Reittier gestiegene, von seiner Schnelligkeit mitgerissene Passagier ist ein gleichzeitig erhabener und entführter Toter zu Pferd."[10]

Was dem der Geschwindigkeit ausgesetzten Subjekt abstirbt, könnte als das tiefe Eindringen in einen Wahrnehmungsgegenstand gedeutet werden, das innere Stehenbleiben bei ihm. Dass Virilio den Zustand eines in schnelle Bewegung versetzten Subjektes als ‚erhaben' bezeichnet legt die Begrifflichkeit romantischer Ästhetik nahe und charakterisiert diesen Zustand als einen künstlerischen und rauschhaften. Dem konträr gegenüber gestellt kristallisiert dieses Unterkapitel eine künstlerische Wahrnehmungsweise heraus, die sich nicht von Geschwindigkeit, sondern von musikalischer Langsamkeit her ableitet, sich aber auch auf die Wahrnehmung entsprechender außermusikalischer langsamer Prozesse auswirken kann.

Wenn Rosa den Einfluss kapitalistischen Wirtschaftens auf die Lebensführung des modernen Subjektes analysiert, konstatiert er als Folge ebenfalls einen Verlust an Substanz, Qualität und Präsenz in der Wahrnehmung und Erfahrung der Subjekte.

---

[9] Paul Virilio, *Der negative Horizont. Bewegung, Geschwindigkeit, Beschleunigung*, S. 34.

[10] Ebd.: S. 34, Hervorhebung: P. V.

> „Sie erzeugen ein kapitalistisches Produzentenethos, das auf Profitmaximierung und damit auf Wachstum und Beschleunigung gerichtet ist, ohne dass die faktische, individuelle, konsumtive Auskostung des Ertrages ein konstitutives Element der Konzeption gelingenden Lebens oder der Lebensführung würde.“[11]

Rosa kritisiert zunehmende Geschwindigkeiten, die sich um ihrer selbst willen verselbstständigen, ohne mehr Mittel zu einem Zweck zu sein, ohne ein bestimmtes menschliches Ziel oder Bedürfnis zu befriedigen, ohne mit erlebter Erfüllung und Erfahrung von Subjekten einher zu gehen.

> „Jedes Zehntel an Wachstumsraten wird unter Mobilisierung aller gesellschaftlichen Kräfte herbeigezwungen und politisch gefeiert, nicht um der Deckung eines konkreten materiellen Bedarfes willen, sondern als Selbstzweck […].“[12]

Die Fortschritte in der digitalen Technik in den 70er und 80er Jahren des 20. Jahrhunderts führen dazu, dass Geschwindigkeiten im Informationsfluss, in der Informationsbeschaffung der Subjekte und ihrem Kommunikationsverhalten rasant ansteigen. Dies potenziert den Verlust an sinnlicher Erfahrung erneut. Im digitalen Raum ist es dem surfenden Subjekt nicht möglich, die Entfernung von Orten sinnlich nachzuvollziehen; d. h. die Veränderungen z. B. von Landschaft, dem Aussehen der Menschen, ihrer Mentalität und Kultur usw. wahrzunehmen, die sich auf dem Weg von einem Ort zu einem weit entfernten beobachten lassen. Josef Nye widmet in seiner Machtanalyse ein Kapitel der Cybermacht und formuliert:

---

[11] Hartmut Rosa, *Kapitalismus als Dynamisierungsspirale – Soziologie als Gesellschaftskritik*, S. 95.

[12] Ebd.: S. 103.

„Elektronen lassen sich billiger und schneller um den Erdball schicken als große Schiffe, die gegen die Trägheit der Masse und die Reibung des Salzwassers ankämpfen müssen."[13]

Vor diesem Hintergrund scheint der ästhetische Wert eines Werkes wie *A Carlo Scarpa* zugleich eine spezifische kulturelle und soziologische Relevanz zu haben. Der musikalischen Langsamkeit – wie sie oben in *A Carlo Scarpa* analysiert wurde – wohnt eine ästhetische Macht inne, die sich verdeckt, erst auf den zweiten Blick zu konstituieren scheint. Denn auf den ersten Blick ist eine musikalische Sprache der Langsamkeit, Ruhe und Bewegungslosigkeit geradezu machtlos und unwirksam, sie droht unterzugehen, nicht wahrgenommen werden zu können vor dem Hintergrund soziokultureller Beschleunigungen. Doch auf den zweiten Blick birgt gerade die musikalische Langsamkeit die eigentümliche Macht, unterschiedliche Prozesse der Beschleunigung zu unterwandern und ihnen entgegenzuwirken.

Wurde Langsamkeit bisher auf der Ebene erklingender Musik untersucht, steht im Anschluss die Frage im Mittelpunkt, welche ästhetische Bedeutung den Stillen zukommt für den Effekt musikalischer Langsamkeit und deren Wahrnehmung. Verglichen wird die Wahrnehmung musikalischer Stillen im Anschluss mit der Wahrnehmung eines Nichts, das in Virilios Verständnis durch die Beschleunigung sozio-kultureller Prozesse zustande kommt. Was unterscheidet hier das Hören vom Sehen?

---

[13] Joseph Nye, *Macht im 21. Jahrhundert. Politische Strategien für ein neues Zeitalter*, München 2011, S. 190.

III. B. Ästhetik des Verschwindens: musikalische Langsamkeit als Annäherung an das Nichts

Das größte Maß an musikalischer Langsamkeit äußert sich in *A Carlo Scarpa* in gehaltenen Liegetönen und in den Stillen. Die ästhetischen Bedeutungen dieser Stillen sollen im Folgenden im Vergleich zu Virilios Verständnis des Nichts analysiert werden. In ihrem Verständnis von der Stille und dem Nichts scheinen Nono und Virilio zunächst sehr nahe beieinander zu liegen. Beide sprechen dem Nichts eine spezifischere und größere Aussagekraft zu als einer gemachten Äußerung. Sich auf Wittgenstein berufend, charakterisiert Nono ein „Unklangbares" als „viel gewaltsamer [...] als alles was gesagt wird."[14] Virilio schreibt:

> „Was haben wir, wenn man näher hinsieht, Originaleres, Spezifischeres hervorgebracht als diese Idee des Nichts, der Abwesenheit? Letztlich ist das unsere eindeutigste kulturelle Leistung. Genau diese *Abwesenheit* wollte ich befragen, wo befand sich diese Leere?"[15]

Wie manifestiert sich Stille und der Übergang von Klang in nicht-Klang in *A Carlo Scarpa*? Welche Bedeutung könnte einer solchen Stille zukommen vor dem Hintergrund von Virilios soziologischer Charakterisierung der Leere, des Nichts und des Verschwindens in der Wahrnehmung moderner Subjekte; worin liegen vor dem Hintergrund von Virilios Analyse die Gründe für dieses Verschwinden?

Das allmähliche Verschwinden von Klang, die Übergänglichkeit von Musik hin zu der Abwesenheit jeglichen Klanges – das sind wirksame

---

[14] Luigi Nono, *Incontri*, S. 30.

[15] Paul Virilio, *Der negative Horizont. Bewegung, Geschwindigkeit, Beschleunigung*, S. 10. Hervorhebung: P. V.

kompositorische Merkmale in *A Carlo Scarpa*, die musikalische Langsamkeit schaffen. Das Überschreiten von Grenzen – nicht nur der von Musik zum Nichts – sieht Stefan Drees in seiner Analyse als zentrales Merkmal auf unterschiedlichen Ebenen in *A Carlo Scarpa* und deutet dieses Überschreiten letztlich als Andeutung der Thematik des Todes:

> „Nono verwischt also nicht nur durch die Untergliederung in kaum wahrnehmbare Sechzehnteltonabstufungen die Grenzen zwischen exakter Tonhöhe und Klangfarbe, sondern auch – durch äußerst differenzierte Clusterbildungen – die zwischen Ton und Geräusch."[16]

Die Stillen treten zunächst in den zahlreichen Pausen in Erscheinung. Zu Beginn des Werkes haben die Pausen vermehrt einen klaren Anfang und ein klares Ende, da die Klangflächen in den Streichern oder den Flöten präzise wahrnehmbar einsetzen und abschließen. Sehr häufig verstärken perkussive Schläge noch zusätzlich die Eindeutigkeit der Grenze zwischen Musik und Nichts, wie zum Beispiel an den Stellen zu Ende des Taktes 7 und am Anfang des Taktes 5. Im weiteren Verlauf des Werkes nimmt jedoch mehr und mehr ein allmähliches Verschwinden durch abnehmende Pianolautstärken zu (siehe z. B. T. 17-19), ein langsames Übergehen von den Klangflächen in die Stillen. Nono beschließt das Werk, indem er den Streicherklang im siebenfachen Piano in die mit einer Fermate überschriebenen Pause übergehen lässt. Punktuell und plötzlich einsetzende Klangstöße im Forte dagegen, die oben in anderem Zusammenhang schon thematisiert sind, verselbstständigen sich im Laufe des Werkes gegenüber den Klangflächen, sind vermehrt vorher und nachher von Stillen umgeben,

---

[16] Sefan Drees, *Transformation des Todes. Luigi Nonos A Carlo Scarpa, architetto, ai suoi infiniti possibili. Per orchestra a microintervalli*, in: Musiktexte. Zeitschrift für Neue Musik 69/70, Köln 1997, S 32.

wie beispielsweise in den Takten 41, 42 und 50, 51. Dass diese Klangstöße und perkussiven Schläge vermehrt allein auftreten, verstärkt den Kontrast zu dem langsamen Verschwinden von Klangfeldern, wie in den Takten 14, 15 und 30, 31.[17]

Ein Beispiel für eine selten vorkommende Klangfläche, die allmählich aus der Stille heraus entsteht, findet sich in Takt 23. Diese Übergänglichkeit von Musik ins Nichts lässt – verstärkt durch einen brüchigen, zögerlichen, unsicheren Klanggestus einzelner Klangflächen – den Eindruck entstehen, das Nichts, die Stille durchziehe selbst den klingenden Teil des Werkes.

Mal sind es Tremoli in den Streichern oder ihr geschwindes Bogenspringen auf den Saiten, die eine gebrochene Atmosphäre schaffen (siehe Takte 27-30); mal die Wirbel der Triangel und Pauke, die die musikalische Textur kurz vor Ende des Werkes durchlässig gestalten (siehe Takte 59-66); oder das Weiterreichen eines Tones bzw. des angrenzenden Vierteltons von Instrument zu Instrument, welches innerhalb eines Klangfeldes zu einem kurzen Innehalten und Zögern führt. Diese genannten Klangqualitäten erwecken beim Hören den Eindruck, als breche die Stille innerhalb der musikalischen Textur immer wieder durch; als seien das Nichts und die Abwesenheit präsent auch in Passagen klingender Musik. Diese Durchlässigkeit im musikalischen Satz schafft eine Transparenz, die die feinen Ausdifferenzierungen im harmonischen, dynamischen und klangfarblichen Geschehen innerhalb der Klangflächen hörbar machen.

Diese wie oben beschriebenen Stillen und das musikalische Nichts in *A Carlo Scarpa* bedeuten keine Stille im Sinne von Leere oder Pause, sondern eine aufdeckende, Wahrnehmung ermöglichende Stille, die angefüllt ist mit musikalischem Gehalt und innerer Spannung. Musikalische Langsamkeit und leise Lautstärken bis hin zur Stille scheinen also in der Form,

---

[17] Siehe folgende Abbildung, die von Jonas Leopold gesetzt wurde.

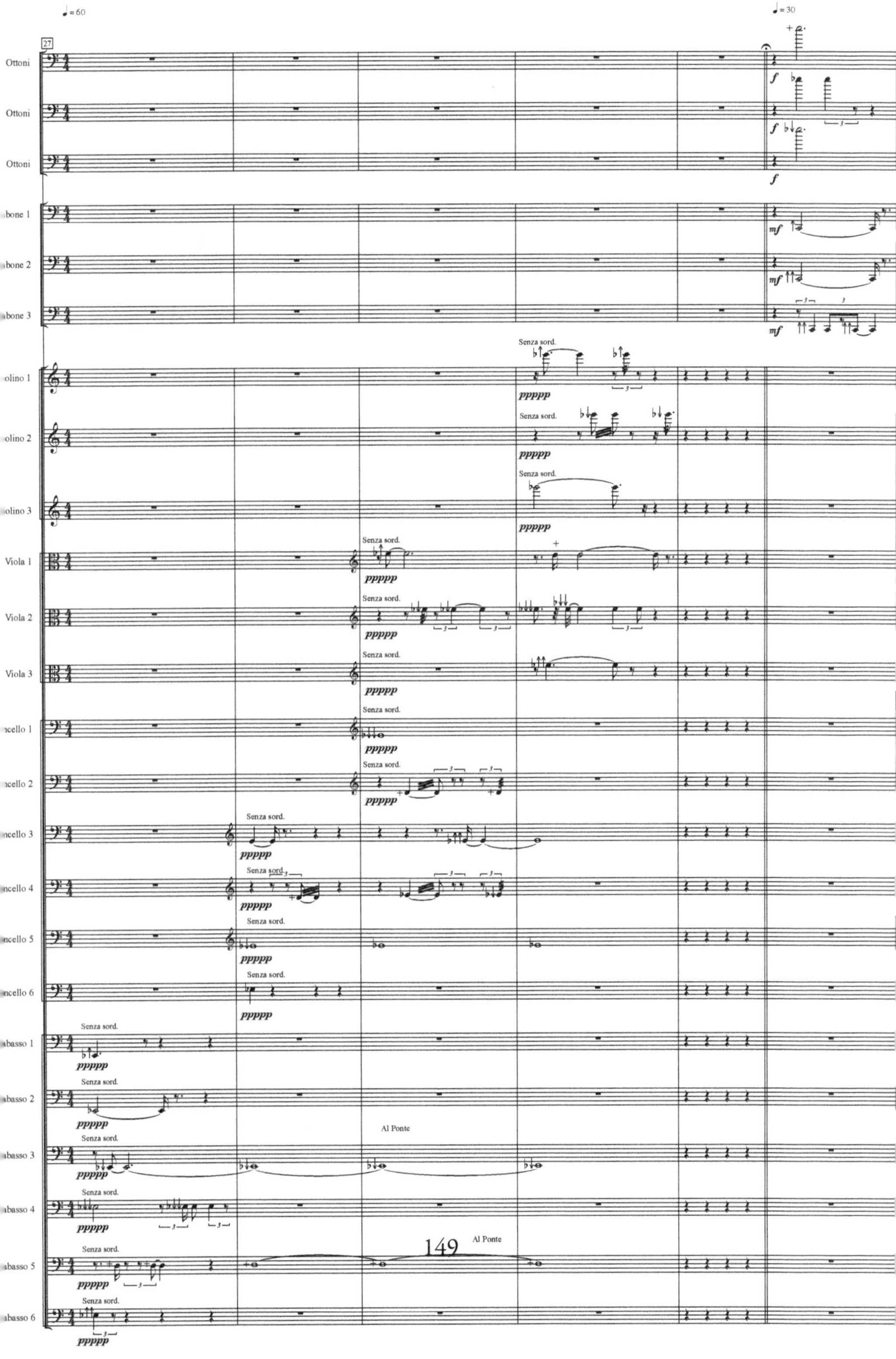
♩= 60
♩= 30
27
Ottoni
Ottoni
Ottoni
bone 1
bone 2
bone 3
olino 1
olino 2
olino 3
Viola 1
Viola 2
Viola 3
ncello 1
ncello 2
ncello 3
ncello 4
ncello 5
ncello 6
abasso 1
abasso 2
abasso 3
abasso 4
abasso 5
abasso 6
Senza sord.
pppppp
f
mf
Al Ponte

in der sie Nono einsetzt, einerseits Musik selber der Stille anzugleichen und umgekehrt die Stille als Musik wahrnehmbar zu machen. Ein weiterer Grund dafür, die Stillen in *A Carlo Scarpa* als volle und nicht als leere zu bezeichnen liegt darin, dass die Stillen mit musikalischen Mitteln gestaltet zu sein scheinen: ihr musikalischer Wert im Werkganzen hängt davon ab, durch welches musikalische Geschehen sie eingeleitet und durch welches sie beendet werden, wie lang sie sind und wie häufig sie innerhalb einer Zeitspanne vorkommen. In Nonos musikalischem Umgang mit den Stillen und dem Nichts manifestiert sich eine eigentümliche ästhetische Macht, die je in ihren ausdifferenzierten Gehalten und Aussagekräften besteht. In welchem Verhältnis steht Nonos ästhetische Ausgestaltung und Begriffsprägung des Nichts, Nonos musikalische Komposition von vollen Stillen zu Virilios Verständnis des Nichts? Kann neben der innerästhetischen Macht der Stillen eine Macht begründet werden, die sich auswirkt von den musikalischen Stillen auf die Wahrnehmung außermusikalischer Gegenstände?

Virilios Terminus der ‚Ästhetik des Verschwindens' hat mehrere Bedeutungsfacetten. Er beschreibt jedoch immer einen Verlust an Sichtbarkeit, ein Einbüßen von Wahrnehmungen eines Subjektes. Dass Geschwindigkeiten anwachsen, dass die Bewegungen der Wahrnehmungsgegenstände im Blickfeld der Subjekte in der Moderne / Spätmoderne zunehmen, und dass es ein Mehr an Ereignissen innerhalb einer Zeitspanne gibt, führt laut der Untersuchungen Virilios zu einem Verschwinden der individuellen Identitäten der Wahrnehmungsgegenstände; zu einem Verlust ihrer besonderen Einmaligkeit. Im schnellen Wechsel sinnlicher Eindrücke, im geschwinden Wandel sozialer Gegebenheiten nehmen die Gegenstände in der Wahrnehmung der Subjekte einen Charakter der Gleichförmigkeit und Uniformität an. Das Zuviel an Unterschiedlichkeit im Erfahrungskosmos führt zu der Ermüdung des Wahrnehmenden und der Ununterscheidbarkeit des

Wahrgenommenen. Virilio warnt vor diesem Blick, der an der ‚Überfülle' sinnlicher Eindrücke abstumpft und schließlich die Ausdifferenzierungen der Wirklichkeit verschleiert:

> „Sehen kann nicht ununterbrochen Wieder-Sehen bedeuten. Wir sind heute keine wahrhaft *Sehenden* mehr, sondern bereits *Wiedersehende*, die tautologische Wiederholung des Gleichen, die bei unserer Produktionsweise (der Industrie) Wirkung zeitigt, beeinflusst auch die Weise unserer Wahrnehmung. [...] Wir bauen Analoges oder Gleichartiges."[18]

Virilios Verständnis vom Nichts – dessen Auswirkungen auf das menschliche Wahrnehmen er gleichwohl beklagt – scheint einer Leere gleichzukommen, in der Unterschiede zum Verschwinden gebracht wurden. Dass Nonos musikalische Formulierung des Nichts und der Stille hingegen gerade Ausdifferenzierung, Verschiedenartigkeiten und Einmaligkeiten fein wahrnehmbar macht, wurde oben bereits angedeutet und soll durch die hier anschließenden Untersuchungen noch deutlicher gezeigt werden. Dass Sehen nach Virilio eigentlich, ursprünglich und im besten Falle ein Entdecken von Neuem sei, klingt ähnlich dem Anspruch, den Nono an das Hören stellt: nämlich beim Musikhören auf bisher „ungehörte Augenblicke" zu stoßen, die „neue Erinnerungen" entstehen lassen. Er schreibt: „da ascoltare per nuove memorie per istanti inauditi [...]"[19] Für Nono ist es gerade die "Neuheit der Suche", die Neuheit "des Schaffens" und die Neuheit von „Verwirklichung" in der Arbeit eines Künstlers, in der sein gesellschaftliches Engagement besteht, in der der Künstler seine eigene widerständige

---

[18] Paul Virilio, *Der negative Horizont. Bewegung, Geschwindigkeit, Beschleunigung*, S. 24, Hervorhebungen: P. V.

[19] Luigi Nono, *Verso Prometeo. Frammenti di diari*, hrsg. von Massimo Cacciari, Mailand 1984, S. 11.

Haltung gegen Formen gesellschaftlicher Macht für andere wahrnehmbar macht. Nur „Neuheit" vermag die „Vorstellungskraft, die rezeptive Intelligenz und das Bewusstsein" von Subjekten zu sensibilisieren, herauszufordern und zu erweitern; und so eine Voraussetzung zu schaffen für Akte der Befreiung.[20]

Nonos musikalisches Nichts widerspricht also geradezu der wahrnehmungsästhetischen Beschreibung des Nichts durch Virilio. Mündet bei Virilio ein Zuviel an Differentem im Blickfeld in ein leeres, indifferentes Nichts, führt umgekehrt Nonos musikalische Stille zum Gewahrwerden kleinster, feiner Differenzen. Nonos musikalischer Umgang mit Stillen ermöglicht es, minimale Differenzen innerhalb einer Klangfläche, sei es harmonisch, klangfarblich oder dynamisch, zu bemerken. Die minimale, mikrointervallische und glissandiartige Bewegung innerhalb einer der ersten Klangflächen des Werkes in Takt 3, 4 beispielsweise, die Nono in der Partitur durch kleine Pfeile aufwärts oder abwärts anzeigt, scheint erst im Nachhinein, in der an sie anschließenden Stille dem Rezipienten voll zu Bewusstsein zu kommen. Die leichte Transformation der Tonhöhe – zunächst in den hohen Bläsern Flöte und Klarinette aufwärts und dann in der tiefen Oktave durch Posaune und Kontrabass abwärts – ist auditiv in dem Moment selber, in dem diese feine Auf- und Abwärtsbewegung der Tonhöhe erklingt, kaum wahrnehmbar. In der anschließenden Stille aber klingt besonders die harmonische Abwärtstendenz, in dem Kontrabass und Posaune in die Stille münden, deutlich nach. Es gäbe etliche weitere Beispiele für die These, dass gerade Stillen und die Reduktion musikalischer Bewegung die Wahrnehmbarkeit von feinen Differenzen und Transformationen steigern.

---

[20] Luigi Nono, *Musik und Resistenza*, in: Luigi Nono, *Studien. Texte zu seiner Musik*, hrsg. von Jürg Stenzl, Zürich 1975, S.102.

Das Wesen der ‚Gewalt der Geschwindigkeit' und des mit ihr einher gehenden Verschwindens sieht Virilio im Kriegerischen und arbeitet es in seiner Analyse im Blick auf einzelne Kriegsschauplätze der Geschichte heraus. Er beobachtet ein Zunehmen an Geschwindigkeiten in den Kriegshandlungen im Laufe der Geschichte und das bewusste Einsetzen von teils durch Technik ermöglichter Schnelligkeit als Mittel, um die Wahrscheinlichkeit zu siegen zu optimieren. Geschwindigkeit gehe im Krieg, aber nicht nur im Krieg einher mit einem Akt, die eigene Identität, den eigenen Standpunkt vor dem feindlichen Gegenüber zu ‚tarnen', zu ‚verdecken' und zu ‚verstellen'.[21] Virilio beschreibt diesen Blick, der Unterschiedlichkeiten und Unverwechselbares in den wahrgenommenen Inhalten nivelliert, zugleich als einen Blick, der ursprünglich lebendige, vielschichtige und komplexe Prozesse rationalisiert, abstrahiert, und mechanisiert.

> „Die Schnelligkeit der mechanisierten Konflikte hat nicht nur das Gesicht des Kriegers, die Form der Waffen, den Umriss der Gebäude, sie hat die Front zum Verschwinden gebracht."[22]

Schnelligkeit bringe Subjekte in der Moderne / Spätmoderne dazu, unverwechselbare Wirklichkeit in ihrer Wahrnehmung auf einer abstrakten Ebene zu vereinheitlichen. Eine so wirkende Schnelligkeit schränkt Leben ein, führt zu einer ‚Entseelung'[23] von Subjekten und zerstört Lebendigkeit; ganz im Gegensatz zu dem kultur- und zivilisationsgeschichtlichen

---

[21] Paul Virilio, *Der negative Horizont. Bewegung, Geschwindigkeit, Beschleunigung*, S. 41ff. Dass Geschwindigkeit, wie sie im Kriegsgeschehen scheinbar ihr Wesen zum Vorschein bringt, eine ästhetische Macht und Faszination auf Künstler ausüben kann, zeigt die sich in ihrer Musik wieder spiegelnde Begeisterung der (italienischen) Futuristen um Marinetti für Kriegstechnologie und Geschwindigkeit. Siehe: ebd., S. 45.

[22] Ebd., S. 106.

[23] Ebd., S. 102.

Ursprung von Schnelligkeit, der einerseits in der menschlichen Regung besteht, bei Gefahr in Schrecken die Flucht zu ergreifen, andererseits in der Notwendigkeit zu jagen und Nahrung zu erbeuten. Beide dieser frühen Formen von Geschwindigkeit wirken nicht Leben und Lebendigkeit beeinträchtigend, sondern im Gegenteil: sie dienen der Sicherung des Überlebens.[24] Ästhetische Formen rasanter Geschwindigkeiten, die eine klare Erkenntnis des besonderen, unverwechselbaren Charakters eines künstlerischen Einzelereignisses verunmöglichen, gibt es zahlreich.

Ist Nonos musikalische Annäherung an das Nichts, sein Umkreisen der Stille als künstlerisch imitierender Ausdruck für außerkünstlerische Prozesse der Verflüchtigung und Entleerung zu deuten? Ist die Reduktion musikalischen Geschehens und die der musikalischen Ereignishaftigkeit ein künstlerisches Abbild dessen, was Virilio die „Liquidation der Menschheit“[25] innerhalb moderner Kultur und Gesellschaft nennt? Oder schafft das musikalisch-Weniger einen ästhetischen Raum, in dem der Rezipient eine Erfahrung von Substanz machen kann, von einer Bedeutung, die gerade erst durch musikalische Langsamkeit und durch Stille zum Vorschein kommt? Einer Bedeutung, die sich dem wahrnehmenden Subjekt bei hoher Geschwindigkeit seiner – künstlerischen oder außerkünstlerischen – Erfahrungswelt entzieht? Kann Nonos Musik seinem eigenen künstlerischen Anspruch nachkommen, „eine andere mögliche Wahrnehmung, von innen“ her zu ermöglichen;[26] mittels einer Musik, die Nonos eigenen Worten nach ein „akustisches Leben bis hin zu einer Stille“ ist, „die auch luftleer sein kann“?[27]

---

[24] Paul Virilio, *Der negative Horizont. Bewegung, Geschwindigkeit, Beschleunigung*, S. 41.

[25] Ebd.: S. 51.

[26] Luigi Nono, *Verso Prometeo. Frammenti di diari*, S. 16

[27] Ebd.: S. 14.

III. B. 1. Entleerte Wahrnehmung: Hören vs. Sehen

Prozesse musikalischer Langsamkeit sowie Nonos kompositorischer Umgang mit den Stillen in *A Carlo Scarpa* konnten je mit einer bestimmten Form der Wahrnehmung eines rezipierenden Subjektes in Verbindung gebracht werden: musikalischen langsamen Prozessen entsprach ein auf die vollständige Ergründung eines gegenwärtigen musikalischen Moments abzielendes Hören; das musikalische Nichts stellte sich für die Wahrnehmung als ein sagendes, aussagekräftiges heraus. Beide wahrnehmungstheoretischen Dispositionen nahmen eine gegenläufige, unterwandernde, oppositionelle Stellung ein gegenüber den Wahrnehmungsdispositionen, die Virilio und Rosa an einem Subjekt innerhalb beschleunigter sozio-kultureller Kontexte analysieren. Die Tatsache, dass musikalische Langsamkeit in *A Carlo Scarpa* das Hören herausfordert und nicht das Sehen, auf das sich Virilios Untersuchungen beziehen, scheint den Grad des Oppositionsverhältnisses noch zu potenzieren. Virilio stellt das Sehen in den Mittelpunkt seiner Analysen. Welche Herausforderung stellt dagegen musikalische Langsamkeit speziell an das akustische Wahrnehmen? In welchem Verhältnis steht das Hören zum Sehen und welche Auswirkungen dürften die Beschleunigungen im sozio-kulturellen Leben auf das Hören haben? Die anschließenden Überlegungen beziehen sich teils auf Virilios, teils auf Nonos eigene Aussagen.

Ähnlich wie Virilio innerhalb der visuellen Wahrnehmung eine hierarchische Abstufung feststellt, beschreibt Nono die Vorherrschaft der visuellen Wahrnehmung über die akustische. Virilio schreibt:

> „Solange wir die brutale Dichotomie, die missbräuchliche Hierarchie der Form über den Hintergrund im Auge haben, werden wir unserer Veranlagung

gemäß unserer Umwelt ausplündern und verschandeln und das Andere, Andersgeartete zurückweisen."[28]

Nono führt die Grobheit des Hörens auf die ‚Gewohnheit' zurück, Gehörtes automatisch mit Bildern in Verbindung zu bringen und beim Hören immer nur in die eine Richtung zu suchen, in die Richtung des das akustische Signal auslösenden Bildes. Nono kritisiert diese Gewohnheit, die „abitudine monodirezionali visualizzanti e selettive" des Ohres; und somit auch ein symbolisches, visualisierendes oder dechiffrierendes Hören.[29] Musikalisch entgegenwirken will Nono dieser Gewohnheit, indem er zum Beispiel in der Hörtragödie *Prometeo* die Eindeutigkeit, eine Klangquelle im Raum visuell bestimmen zu können, bis zur Unmöglichkeit erschwert, indem er beispielsweise Klangquellen vervielfältigt („Pluralitá delle fonti") oder durch live-elektronische Mittel den Entstehungsort eines Klanges im Raum verschleiert.[30] Vor dem Hintergrund dieser Abhängigkeit des Hörens vom Sehen und dem bildlichen Vorstellen müssten die qualitativen Einbußen, die Virilio dem visuellen Wahrnehmen als Folge zunehmender Geschwindigkeiten in sozio-kulturellen Prozessen zuschreibt, das Hören in noch entsprechend potenzierter und verstärkter Form betreffen. Ein Hören, das durch Werke wie *Prometeo* herausgefordert wird und die Schwierigkeit birgt, sich von der Führung durch das Visuelle loszulösen, muss im außermusikalischen Kontext beschleunigter Wahrnehmungsgegenstände deutlich mehr verunsichert und entwurzelt werden als das visuelle Wahrnehmen.

---

[28] Paul Virilio, *Der negative Horizont. Bewegung, Geschwindigkeit, Beschleunigung*, S. 25.

[29] Luigi Nono, *Verso Prometeo. Frammenti di diari*, S. 14, 27.

[30] Ebd.: S. 11.

Musikalische Langsamkeit, Mutation, Transparenz und Stille, wie Nono sie in *A Carlo Scarpa* komponiert, scheinen kompositorische Gestaltungsmittel zu sein, die zwar nicht so unmittelbar wie *Prometeo* die Abhängigkeit des Hörens vom Sehen ästhetisch erfahrbar machen; die aber das außermusikalisch entwurzelte Hören als solches zu stärken und zu einer Eigenständigkeit zu verhelfen scheinen. Musikalische Langsamkeit stellt sich als ästhetisches Mittel heraus, das das Hören nicht korrumpiert; das eine Unabhängigkeit des Hörens ermöglicht, indem es als ein Appell zum produktiven und aktiven Hören erscheint. Autonomie kann also in diesem Zusammenhang auch als eine Eigenständigkeit und Befreiung des Hörens gegenüber dem Sehen verstanden werden.

Das akustische Wahrnehmen ist direkter als das Sehen durch einen zeitlichen Verlauf und Prozess vermittelt. Eigenständigkeit des Hörens würde in diesem Zusammenhang heißen, gerade das Wie der Entwicklung, des Verlaufes der akustischen Eindrücke zu erfassen, ohne reflexhaft das Was des verursachenden Gegenstandes mitzudenken und vorzustellen.[31] Dieser Vergleich der akustischen Wahrnehmung und Vorstellung mit der visuellen zeigt den von Nono musikalisch formulierten Appell in noch verstärkter Dringlichkeit, als es die bloße Untersuchung des speziellen durch die Musik herausgeforderten Hörens tun würde. Dass das visuelle, bildliche Wahrnehmen und Vorstellen oft vermittelt zwischen einem akustischen Eindruck und dem Gegenstand, führt bei zunehmender Geschwindigkeit der Wahrnehmungsgegenstände im Blickfeld des Subjektes dazu, dass das Hören noch mehr in seiner Erkenntnis bringenden Funktion geschwächt wird und sich in Bezug auf den wahrgenommenen Gegenstand noch orientierungsloser verhält. Einer Musik, die aktives Hören einfordert und

---

[31] Luigi Nono, *Verso Prometeo. Frammenti di diari*, S. 35.

die Eigenständigkeit des Hörens fördert, kommt vor diesem Hintergrund eine brisante Relevanz zu.

III. B. 2. Leere und Bewegung als physikalische Phänomene

Bisher stand die musikanalytische Betrachtung von Langsamkeit und Stillen im Vordergrund und die Frage nach deren künstlerischer Widerstandskraft gegenüber dem modernen soziokulturellen Phänomen wachsender Geschwindigkeiten. In diesem Unterkapitel interessiert Bewegung als musikalisches und physikalisches Phänomen. Die wahrnehmungs- und sozio-ästhetische Untersuchungsebene, die Wahrnehmung des hörenden Subjektes mit einzelnen Wahrnehmungsdispositionen in beschleunigten außermusikalischen Kontexten zu vergleichen, fällt jedoch weg. Zwei Fragen sollen nacheinander behandelt werden: Wo nimmt eine Bewegung ihren Ausgang? Und: Nach welchen Gesetzen bewegt sich ein Phänomen auf etwas zu? Auf die Frage, ob eine Bewegung in der Leere oder der Fülle ihren Ausgang nimmt, formulieren Musik und antike Naturkunde je auf unterschiedliche Art Antworten. Gesetze, nach denen sich ein Phänomen in der Natur bewegt, scheinen in einer Musik wie *A Carlo Scarpa* zugleich widergespiegelt und gebrochen zu sein. Wie verhalten sich Bewegungsphänomene eines Musikwerks gegenüber einem physikalischen Verständnis von Bewegung als Naturgesetz? Bereichert oder vertieft ein physikalisches Wissen über Bewegung das Verstehen von musikalischen Bewegungen oder umgekehrt?

Folgende zwei Fragenkomplexe aus der griechisch-antiken naturkundlichen Debatte sollen dahingehend diskutiert werden, inwieweit Nonos musikalischem Umgang mit Bewegungsverläufen in *A Carlo Scarpa* ein

Aussagewert für sie zukommen kann: erstens die physikalische Frage, ob es eine Leere überhaupt gibt und damit verbunden die Frage, wo eine Bewegung ihren Ausgang nimmt; zweitens die Frage, inwieweit die Naturgesetze eines sich in Bewegung befindenden Gegenstandes den eigenen Bewegungsverlauf bestimmen.

Ist die antike naturkundliche Debatte, ob Leere oder das Nichts notwendige Voraussetzung ist für Bewegung, musikanalytisch und ästhetisch relevant?

> „Es gäbe (sonst) keine ortsverändernde Bewegung – das ist: Fortbewegung und Wachstum –; es scheine offenkundig Bewegung nicht geben zu können, wenn nicht Leeres wäre"[32]

> „*Medissos* jedenfalls führt seinen Nachweis, das All sei bewegender Veränderung nicht zugänglich, mit folgenden Sätzen durch: wenn es Bewegung darin gäbe, gäbe es notwendig – sagt er – darin auch Leeres, Leeres aber gehöre nicht zu dem, was ist."[33]

Aristoteles widerspricht dieser Beweisführung, zumindest was die Bewegung als Eigenschaftsveränderung betrifft:

> „Es gibt aber gar keine Notwendigkeit dazu, daß, wenn es Bewegung gibt, auch Leeres sein müßte. [...] Eigenschaften verändern kann auch ein Gefülltes."[34]

---

[32] Aristoteles, *Physik. Vorlesungen über Natur*, Buch I, hrsg. von Hans Günter Zeckl, Hamburg 1987, 213 b, Klammer: Herausgeber

[33] Aristoteles, *Physik. Vorlesungen über Natur*, Buch I, 213 b, Hervorhebung: Herausgeber.

[34] Ebd.: Buch I, 214 a, Hervorhebung: Herausgeber.

„Im Leeren muß notwendig (alles) zur Ruhe kommen. Es gibt ja nichts (darin, was etwas veranlassen könnte), sich eher oder weniger auf dieser oder jener Bahn zu bewegen."[35]

Aristoteles führt die Widersinnigkeit vor Augen, die Leere als Grund und Voraussetzung für Bewegung anzuführen, sei doch in ihr nichts vorhanden, das eine Bewegung anstoßen könnte. Zweierlei Gedanken kommen in der oben kurz zitierten antiken naturkundlichen Debatte zum Ausdruck, die auch musikanalytisch relevant sind: eine Bewegung entsteht aus dem betroffenen Phänomen selber als Eigenschaftsveränderung oder eine Bewegung wird durch eine Eigenschaft eines anderen Phänomens von außen angestoßen. Analog zu diesem naturkundlichen Zusammenhang, sind die Stillen in *A Carlo Scarpa* gedeutet nicht als ein leeres Nichts, sondern als volle Stillen insofern, als dass musikalische Eigenschaften als extreme Form musikalischer Langsamkeit und Reduktion präsent und wirksam bleiben. Vor dem Hintergrund der obigen Analyse der Stillen wäre eine absolute Leere in der Musik höchstens denkbar als eine Stille, die auf einen eigenschaftslosen Ton folgt und ebenso einem solchen vorangeht. Eine Bewegung in Korrespondenz zu Eigenschaften umliegender Phänomene liegt in *A Carlo Scarpa* überall da vor, wo musikalische Bewegungsverläufe als eine Entwicklung kategorisiert werden können. Die Veränderung der Klangcharakteristik der perkussiven Schläge beispielsweise steht in enger Wechselwirkung zu den Klangfarben und Lautstärken der sie umgebenden Klangflächen.

Abgesehen von äußeren Ursachen für Bewegung, liegt in Aristoteles' Physik der Grund für spezifische Bewegungsformen in der Beschaffenheit des sich bewegenden Gegenstandes selber und in den durch sie greifenden

---

[35] Aristoteles, *Physik. Vorlesungen über Natur*, 214 b, Klammern: Herausgeber.

Naturgesetzen.[36] Dass ein schwerer, dichter Gegenstand die natürliche Bewegungstendenz nach unten innehat und langsamer ist als ein leichter, lockerer Gegenstand, der eher zur Bewegung nach oben fähig ist, ist nur eines von vielen möglichen Beispielen.

> „Wir sehen ja, ein und dieselbe körperliche Gewichtsmasse kann schneller bewegt werden, aus zwei Ursachen: entweder durch den Unterschied (des Körpers), durch welchen (sie bewegt wird), (...); oder durch den Unterschied beim fortbewegten Körper (selbst), wenn alles übrige gleich bleibt, in Bezug auf Überwiegen von Schwere oder Leichtigkeit."[37]

Analysiert man, wie sich eine spezifische Bewegung in Raum und Zeit verhält; das heißt, analysiert man zum Beispiel, wie und in welcher Zeit ein Gegenstand eine bestimmte Strecke zurücklegt (Geschwindigkeit), werden Rückschlüsse auf die Beschaffenheit des sich bewegenden Gegenstandes möglich. Dass der Wahrnehmung von Bewegung immer die Zeit als ein Maßstab dient – egal ob der sich bewegende Gegenstand ein musikalischer oder ein außermusikalischer ist –, verknüpft dieses Kapitel III mit dem anschließenden Kapitel IV, in dem musikalische Zeitlichkeit genauer analysiert wird.

Betrachtet man die Länge der Strecke in übertragenem Wortsinne, die die sich bewegenden musikalischen Phänomene in *A Carlo Scarpa* zurücklegen und versucht, sie in Zusammenhang mit der Beschaffenheit des musikalischen Phänomens zu sehen, wird schon deutlich, dass das Werk (vielleicht Musik allgemein) zwar nicht wie Naturphänomene den Naturgesetzen gehorchen, aber dennoch auch nicht frei sind von letzteren. Das ästhetische

---

[36] „Sodann (gilt): Jeder Bewegungsvorgang (vollzieht sich) entweder unter Einwirkung *äußeren Drucks* oder *naturgemäß*." Aristoteles, *Physik*, 215 a.

[37] Aristoteles, *Physik*, 215 a, Klammern: Herausgeber.

Empfinden scheint Naturgesetze verinnerlicht zu haben und sie beim Wahrnehmen und Beurteilen eines Werkes als Maßstab mit anzusetzen, was als stimmig oder verwirrend eingestuft wird. Die zurückgelegte Strecke der harmonischen Bewegungen in den Klangflächen ist ausgesprochen klein, der Rückschluss auf ein tiefes, schweres und dichtes musikalisches Phänomen, das Träger dieser harmonischen Bewegungen ist, müsste zunächst nahe liegen. Tatsächlich sind es aber sowohl massige, tiefe, im Satz dichte Forte-Klangflächen wie ebenso filigrane, zarte, luftige und in hohen Tonregistern gehaltene Klangflächen, die diese minimalen harmonischen Bewegungen ausführen. Beurteilt das ästhetische Empfinden die tiefen, schweren Klangflächen mit ihren minimalen harmonischen Bewegungen eher als richtig, angemessen und stimmig als die hohen, feinen?

> Eine Musikanalyse vor dem Hintergrund der Aristotelischen Naturlehre erscheint Erkenntnis bringend für den Machtzusammenhang der Arbeit zu sein. Eine Musik, je mehr sie Naturgesetzen widerspricht, scheint mit einem großen Kraftaufwand in der kompositorischen Phantasie sowie im rezipierenden Bewusstsein verbunden zu sein, einer Anstrengung und Überwindung von Seiten sowohl des Komponisten wie auch des rezipierenden Subjekts.

III. C. Beschleunigung und der Verlust von autonomen Gestaltungsräumen

Ein weiterer Machtaspekt musikalischer Langsamkeit und des Nichts, der einen ästhetischen Gegenpol zu den Auswirkungen wachsender Geschwindigkeiten sozio-kultureller Lebens konstituiert, liegt in der Frage nach der Aktivität und Produktivität des Rezipienten begründet.

III. C. 1. Musikalische Langsamkeit und der Charakter des Selbstbezüglichen

Musikalische Bewegungslosigkeit, Ruhe und Stille scheint ein ästhetisches Empfinden nahe zu legen, das im Jetzt selbstgenügsam ist und nicht etwa auf ein in der Zukunft liegendes Ziel sich zubewegt. Musikalische Langsamkeit und Stille verleihen *A Carlo Scarpa* den Charakter, auf sich selbst zu verweisen in zweierlei Hinsicht: einerseits das musikalische Geschehen auf seine Gegenwärtigkeit und andererseits der wahrnehmende Rezipient auf sich. Musikalisch ausgestaltet scheint das zu sein, was Aristoteles als ‚Muße' bezeichnet:

> „Muße enthält dagegen, wie man glaubt, Vergnügen, Glück und glückseliges Leben in sich selber. Dieser (Segnungen) erfreut sich aber (nur), wer in Muße lebt, nicht dagegen die, die arbeiten müssen. Wer arbeitet, müht sich ja um eines Zweckes willen ab, der noch nicht erfüllt ist; Glück ist dagegen Ziel selber […]."[38]

Auf den Charakter des Selbstbezüglichen und Selbstgenügsamen baut die anschließende Analyse von Autonomie und Selbstbestimmung im Hören von *A Carlo Scarpa* auf.

III. C. 2. Musikalische Langsamkeit und selbstbestimmte Aktivität

Können musikalische Langsamkeit, Reduktion des Materials und die musikalische Stille als ein Wahrnehmungsraum gedeutet werden, der

---

38 Aristoteles, *Politik*, 1338 a., Klammer: Herausgeber.

Möglichkeiten der Selbstbestimmung und -gestaltung des Rezipienten eröffnet? Oder ist vielmehr durch das Weniger an musikalischem Geschehen und äußeren akustischen Anregungen auch die produktive Phantasie des Rezipienten eingeschränkt? Die Antwort auf diese Frage nimmt ihren Ausgang von einem Gedanken, mit dem Stefan Drees seine Analyse von *A Carlo Scarpa* abschließt; von dem Gedanken, „[...] daß nämlich Nonos Musik ein Hören im Sinne einer aktiv-schöpferischen Potenz des Menschen erfordert," dies werde „vom Komponisten am Ende von ‚*A Carlo Scarpa*' im Kommentar zur Fermate explizit angesprochen."[39] Nono schreibt über die das Stück beendende Fermate: „Tenere corona lunga (come) per continuare a ascoltare presenze – memorie – colori – respiri"; das Hören soll dieser Anweisung nach über das Ende hinaus anhalten. Dies legt die Auffassung einer ästhetischen Stille nahe, in die nach dem Verklingen der Musik mit der Wahrnehmung eingedrungen werden soll; die Auffassung einer ästhetischen Stille, die rezeptionsästhetisch nicht zu Passivität sondern der Steigerung von produktiver, aktiver Wahrnehmung führen soll.

Je mehr musikalische Ereignisse innerhalb einer Zeitspanne stattfinden, je schneller harmonische, rhythmische, klangfarbliche Veränderungen stattfinden, desto mehr scheint Eigenwahrnehmung und -tätigkeit des rezipierenden Subjektes in den Hintergrund zu treten. Je weniger an akustischer Fülle, desto mehr Raum scheint zu entstehen, die eigene produktive Phantasie mit dem Wahrzunehmenden in Verbindung zu bringen, innere Zusammenhänge innerhalb der Werkstruktur auszumachen oder das Gehörte zu verknüpfen mit anderem Wissen oder Erfahrungen. Nono selber spricht gerade den Stillen die Qualität zu, Subjekte an der Musik beteiligen zu lassen:

---

[39] Stefan Drees, *Transformation des Todes...*, S. 34.

> „die Pausen-Takte, die normalerweise nicht respektiert werden, führen eine plötzliche Stille ein, die keine Pause ist, sondern ein dichtes Schweigen aus anderen Klängen, die dem Gedächtnis entspringen, dem Ohr, einem plötzlichen Zusammentreten akustischer Signale".[40]

Das künstlerische Wahrnehmungsobjekt scheint in dem, was es ist, mit davon abzuhängen, was das jeweilige rezipierende Subjekt an Zusammenhängen, Querverbindungen, an Klangfarbenvielfalt, emotionalen Gehalten usw. im Werk erkennt und erfährt.

Oben analysierte musikalische Langsamkeiten und Stillen sind also die Voraussetzung für ein selbstbestimmtes Hören des Werkes. Das Weniger an musikalischen Ereignissen bringt mit sich, dass im rezipierenden Bewusstsein mehr Raum für individuelle Phantasie bleibt, den Hörprozess aktiv mitzugestalten. Man könnte so weit gehen, zu behaupten, dass die Gestalten, die das Werk je im individuellen Hörprozess annimmt, vielfältiger sind, als bei Werken, in denen durch mehr musikalische Reize das rezipierende Bewusstsein mehr unmittelbare Prägung erfährt. Musikanalytisch seien hier einige Beispiele gegeben, wie unterschiedlich die Gestalten in einem selbst bestimmten Hörprozess ausfallen könnten, ohne hier den Anspruch auf Vollständigkeit stellen zu können. Herausgegriffen sei hier die Werkpassage von Takt 49-56, in der Extreme in mehrerlei Hinsicht zusammen kommen.[41]

Allein stehende, von Stillen umgebende und in der Folge in ihrer Lautstärke bis zum Fortissimo sich steigernde perkussive Schläge gehen einer Klangfläche voraus, die aus mehreren Gründen im gesamten Werk heraus sticht. Sie setzt nach einer langen Pause von drei Viertelschlägen ein, dauert drei Takte an und ist eine der wenigen Klangflächen mit vollem Satz,

---

[40] Luigi Nono, *Incontri*, S. 29.

[41] Das Notenbeispiel wurde gesetzt von Jonas Leopold.

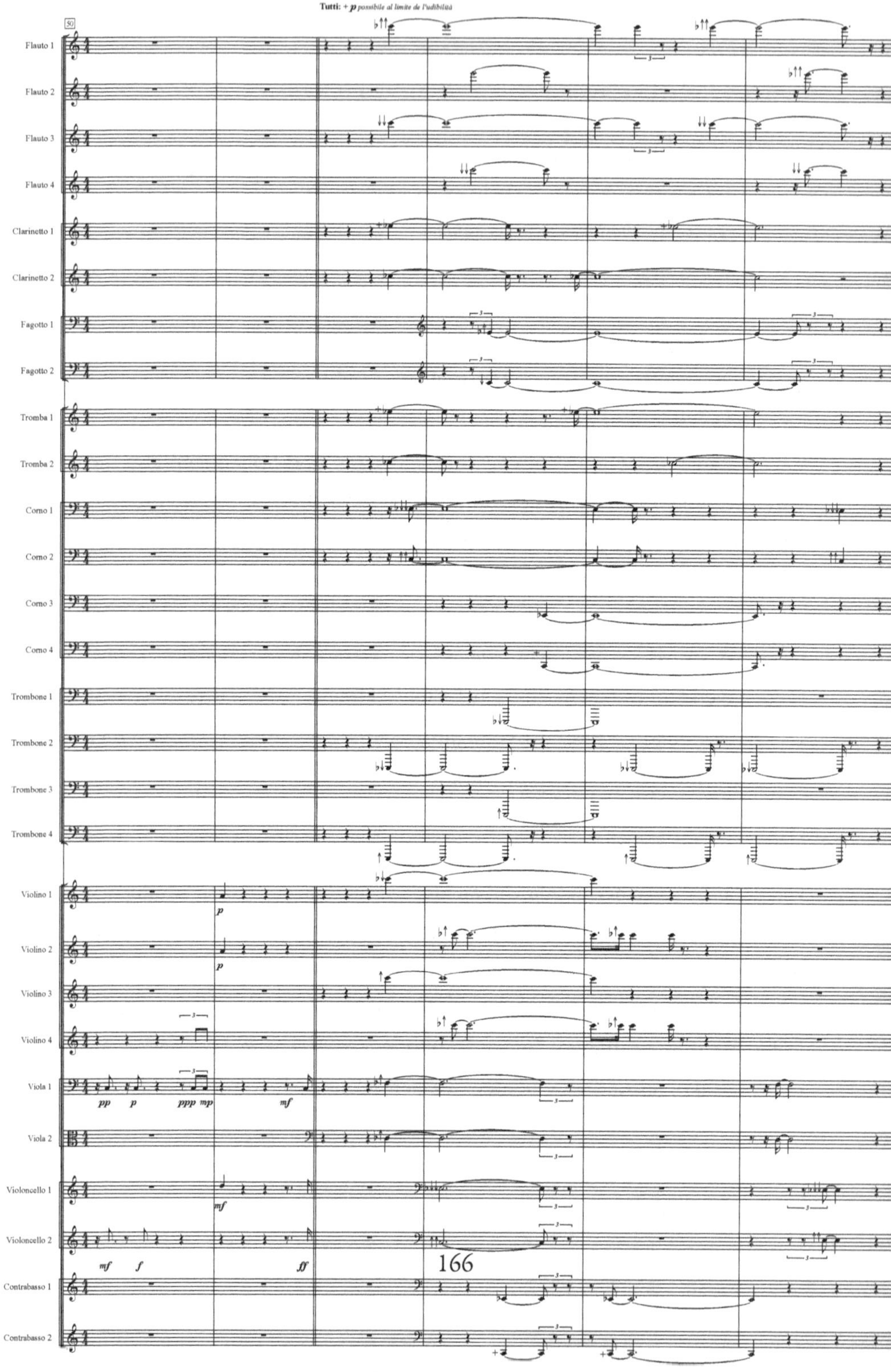

Tutti: + p possibile al limite de l'udibilità
50
Flauto 1
Flauto 2
Flauto 3
Flauto 4
Clarinetto 1
Clarinetto 2
Fagotto 1
Fagotto 2
Tromba 1
Tromba 2
Corno 1
Corno 2
Corno 3
Corno 4
Trombone 1
Trombone 2
Trombone 3
Trombone 4
Violino 1
Violino 2
Violino 3
Violino 4
Viola 1
Viola 2
Violoncello 1
Violoncello 2
Contrabasso 1
Contrabasso 2

an der zeitweise alle Instrumente beteiligt sind. In ihr ballen sich musikalische Elemente, die zuvor im zeitlichen Nacheinander vereinzelt schon vorgeführt wurden: Klangfarben, langsame, mikrointervallische Glissandi, der clusterartige Satz und die zarten Brüche innerhalb der Klangfläche durch versetztes Ansetzen der Töne einzelner Instrumente, meist in einem Vierteltonabstand zu den bereits erklingenden. In der an diese Klangfläche anschließenden Stille, die sich über eine Dauer von 16 Sekunden bzw. sechs Viertel erstreckt, klingen die musikalischen Extreme zwischen den allein stehenden punktuellen Schlägen und der vollen Klangfläche nach und es besteht der Raum, der Fülle an oben aufgezählten musikalischen Elementen nachzugehen. Gleichzeitig dauert die Stille jedoch so lange an, dass der akustische Eindruck im rezipierenden Bewusstsein allmählich verblasst, keine unmittelbare zwingende Prägung da ist, die die Wahrnehmung des folgenden musikalischen Geschehens mitbestimmen würde. Die große Bandbreite an musikalischen Elementen in Verbindung mit der langen Stille scheinen dem Rezipienten die Möglichkeit zu bieten, seinen Fokus der Wahrnehmung frei zu wählen, welchem oder welchen der musikalischen Elemente er nachspüren will im weiteren Verlauf des Werkes sowie im Rückblick auf vorangegangenes Geschehen. Je nachdem, auf welchem musikalischen Element der Fokus des Rezipienten liegt, erhält das Werk im weiteren Verlauf eine andere Prägung im Hörerlebnis. Es kann hier von einem selbst bestimmten Hören innerhalb eines durch das Werk gegebenen musikalischen Rahmens gesprochen werden.

Insofern kann von einer aktiven Partizipation des rezipierenden Subjekts am musikalischen Kunstwerk gesprochen werden, davon, dass das Subjekt an dem wahrzunehmenden Gebilde mit gestaltet. Diese mitgestaltende Partizipation des rezipierenden Subjekts am musikalischen Werk birgt bestimmte Anteile von Autonomie und Selbstbestimmung: Ob und wie ein rezipierendes Subjekt die freien Gestaltungsräume nutzt, liegt allein an seiner Entscheidung. Autonomie und Selbstbestimmung sind hier verstanden als eine Freiheit des rezipierenden Subjekts, sich dafür entscheiden zu können, sich in die vorgefundenen Bahnen eines Kunstwerkes hinein zu begeben und durch eine selbst gewählte Eigenbeteiligung zu einer substanziellen Erfahrung des Werkes selber zu kommen. Der hier zum Ausdruck kommende Machtaspekt musikalischer Langsamkeit und der Stillen in *A Carlo Scarpa* stellt sich zunächst als ein rein innerästhetischer und schaffenspoetischer dar; er besteht in der künstlerischen Gestaltungsmacht des Rezipienten, die in den durch musikalische Langsamkeit und Stille ermöglichten ästhetischen Freiräumen entsteht. Erst in der interpretatorischen Konfrontation dieses Machtaspektes mit den sozio-kulturellen Untersuchungen Rosas, welche Auswirkungen zunehmende Geschwindigkeiten für das autonome Wahrnehmen und Handeln moderner Subjekte haben, wächst diesem Machtaspekt eine erweiterte inhaltliche Konnotation zu: musikalische Langsamkeiten und Stillen wie die in *A Carlo Scarpa* bergen – sofern sie selbstbestimmtes Wahrnehmen fördern – eine Widerstandskraft gegenüber dem mit Beschleunigung einhergehenden Verlust von Autonomie.

Im Kontext sozio-kultureller Beschleunigungen der Moderne konstatieren Rosa und Virilio die Gefährdung des Subjekts in seiner Fähigkeit zu autonomem Handeln. Sowohl Rosa als auch Virilio betrachten Autonomie und Selbstbestimmung im Bereich kultureller und künstlerischer Tätigkeiten in direktem Zusammenhang mit ökonomischen, wirtschaftlichen Systemen und deren beschleunigenden Auswirkungen auf die Gesellschaft im Ganzen sowie auf einzelne Subjekte. Virilio sieht die Dromokratie parallel zur Ökonomie. In der westlichen Moderne erkennt er „...eine Gesellschaft, in der die Vermögensklassen lediglich Tarnung von Geschwindigkeitsklassen sind"; Oder im Hinblick auf kultur- und zivilisationsgeschichtlich frühe Formen von Ökonomie:

> „Die Erhöhung von Geschwindigkeit ist im Grunde Freisetzung von Gewalt, wir haben gesehen, dass Viehzucht und Abrichtung ökonomische Formen der Gewalt waren, oder, wenn man so will, Mittel, ihr Dauer und unbegrenzte Reichweite zu geben."[42]

Versteht man mit Virilio unter dem Terminus ‚Gewalt der Geschwindigkeit' eine Kraft, die in oben bestimmtem Sinne Lebensqualität zerstört, hat man eine Einteilung unternommen, die schon Aristoteles vorschlägt und der eine moralische Komponente innewohnt; nämlich bei der Beurteilung von Kraft zu unterscheiden, ob sie Leben fördernd, Leben hemmend wirke oder das Wie des Lebens betreffe. Je größer die Leben zerstörende Kraft von außen ist, desto mehr scheint ein moralisches Bewusstsein des Subjektes herausgefordert zu sein; ein erkennendes Bewusstsein, das sich der Fremdbestimmung seiner eigenen Wahrnehmungs- und Verhaltensweise zum Beispiel durch wachsende Geschwindigkeiten gewahr wird. Es fordert vom Subjekt einen Willen zur Selbstbestimmung, Wahrnehmungsräume zu wählen oder sich diese zu schaffen, in denen Geschwindigkeitsgesetze durch die Subjekte selber gestaltet werden können oder so geartet sind, dass sie den individuellen Wahrnehmungsweisen eines Subjektes entsprechen.

Ähnlich wie Virilio wachsende Geschwindigkeit in frühen Kulturen als Leben fördernd und sogar lebensnotwendig betrachtet, in der Moderne hingegen als Leben beeinträchtigend, sieht Rosa den ‚ethischen Kern' des Kapitalismus und die ihm eingeschriebene Beschleunigungslogik in seinen Anfängen als Bedingung für freie Lebensentfaltung, für kulturelle

---

[42] Paul Virilio, *Der negative Horizont. Bewegung, Geschwindigkeit, Beschleunigung*, S. 37.

und künstlerische Autonomie, in der Spätmoderne jedoch als Hinderung derselben:

> „Bemerkenswert daran ist, dass in nahezu allen früheren Gesellschaftsformationen ein solch einseitiger Wachstumstotalitarismus undenkbar war, während ausgerechnet dasjenige System [des Kapitalismus], dessen kulturelle Legitimationsbasis auf dem Versprechen der Überwindung materieller Zwänge beruht, ihn erzeugt, und zwar so aus sich selbst erzeugt, dass der Wachstumszwang sich von allen materiellen Bedürfnissen löst und völlig unabhängig von der tatsächlichen Größe des Sozialproduktes *niemals an ein Ende kommen kann.*“[43]

Da die Subjekte dem Mehr nichts Eigenes entgegensetzen können, das Mehr aber auch nicht zu ihrem Eigenen machen können, nimmt das Maß an Eigeninitiative, Aktivität und Gestaltung ab:

> „Unter den Bedingungen eines intra-generationalen Tempos des sozialen Wandels verlieren indessen sowohl die Politik als auch die Subjektivitätsformen ihren in der ‚klassischen Moderne' gewonnenen Gestaltungs-, Entwicklungs- und damit ihren Autonomieanspruch.“[44]

Natürlich spielt in die Entwicklung sozialer Beschleunigung ab Ende des 19. Jahrhunderts weit mehr hinein als die innere Logik des Kapitalismus. Rosa nennt die Urbanisierung, Rationalisierung, Individualisierung und Differenzierung als weitere Faktoren, die die Lebensführung der Subjekte in der Moderne beeinflussen. Doch betont Rosa die Wachstums- und Beschleunigungslogik des Kapitalismus als zentrales Phänomen, das den Selbstbestimmungs- und Autonomieimpuls der Subjekte

---

[43] Hartmut Rosa, *Kapitalismus als Dynamisierungsspirale – Soziologie als Gesellschaftskritik*, S. 98f., eckige Klammer: K. H.; Hervorhebung: H. R.

[44] Ebd.: S. 109, Markierungen: H. R.

untergräbt.[45] Der kapitalistische Gedanke endloser Steigerung prägt sich als irrationaler, emotionaler Leitsatz in die Lebensführung der Subjekte ein, nach dem Muster von ‚Angst' und ‚Verheißung', das früher Heilsversprechen durch Religionen bedienten. Es seien zum einen die „Angst vor dem Verlust der Wettbewerbs- und Anschlussfähigkeit", zum anderen die „Verheißung immerwährender Prosperität, wachsende Potenz, endlose Autonomiesteigerung", die zu einer „kulturellen Triebfeder" der Subjekte gewordenen sei; die aber das Einlösen ihrer Versprechen ewig in die Zukunft verschiebt und die Subjekte in einer andauernden Abhängigkeit hält.[46]

Was Rosa ‚kulturelle Triebfeder' nennt, den Einfluss ökonomischer Beschleunigung auf Kultur und kulturelle Tätigkeiten von Subjekten oder Gesellschaften, das beobachtet Virilio als eingeschränkte Wahrnehmungs- und Anschauungsart von Subjekten in der Moderne. Die durch Technik und Medien verursachte Schnelligkeit von (visuellen) Eindrücken verhindert in den Betrachtungen Virilios die Freiheit von Subjekten; eine Freiheit, die Virilio als eine Freiheit in der Anschauungs- und Wahrnehmungsweise der Subjekte versteht. Frei kann nur eine nicht vermittelte, nicht gelenkte, nicht täuschende Anschauung oder Wahrnehmung sein, die Unvorhersehbares erkennt und aufschlüsselt. Durch ein Zuviel an optischen Eindrücken und ihren medialen (Re-)Produktionen sei Freiheit in Anschauung und Wahrnehmung verhindert. Virilio spricht von sich selbst als jemandem,

> „für den Sehen gerade ununterbrochenes Entdecken, Entlarven bedeutete... Nicht mehr zu entdecken hieß geblendet, verblendet zu sein durch Überbelichtung und nicht, wie im Falle der Körperbehinderung, Unterbelichtung, ich kam in der Folge auf zahlreiche Gemeinsamkeiten zwischen der einen und der

[45] Hartmut Rosa, *Kapitalismus als Dynamisierungsspirale – Soziologie als Gesellschaftskritik*, S. 88ff.

[46] Ebd.: S. 94.

> anderen Blindheit: Im Falle der Behinderung wurden einem die Bilder direkt vorenthalten, im Falle des Sehenden wurde ihm dagegen die Freiheit vorenthalten, wirklich neue Bilder zu entdecken; die üblichen Bilder, die sich in Hülle und Fülle einstellten, waren lediglich Bildschirme, die dazu bestimmt waren, das Erscheinen neuer Formen zu verhüllen, das Leben, den Fluxus der Erneuerungen, den Wechsel der Formen zu verstecken."[47]

Aus der musikalischen Struktur der Langsamkeiten in *A Carlo Scarpa* selber lässt sich kein wertendes Urteil ableiten: ob Geschwindigkeiten oder Langsamkeiten im Wahrnehmungsumfeld eines Subjektes förderlich oder zerstörerisch auf das letztere einwirken, lässt sich nicht aus der musikalischen Struktur heraus lesen. Erst die reflexive Kontextualisierung musikalischer Langsamkeitsstrukturen in das Themenfeld sozio-kultureller Geschwindigkeitsanalysen wie die Rosas oder Virilios lässt der musikalischen Struktur eine wertende, urteilende gehaltliche Tendenz zuwachsen. Vor dem Hintergrund der Auswirkungen sozio-kultureller Beschleunigungen scheint eine langsame musikalische Struktur eine positive Wertung zu erfahren, sofern sie potenziell den Auswirkungen wachsender Geschwindigkeiten auf das Subjekt, dessen Fähigkeit zu autonomem und selbstbestimmtem Wahrnehmen zu zerstören, entgegenwirkt. Nonos ästhetisches Konstrukt der vollen oder angefüllten Stille beispielsweise scheint ein Doppeltes in diesem Zusammenhang zu bewirken: zum einen die Herauslösung des rezipierenden Subjektes aus überfordernder Fremdbestimmung durch äußere akustische Eindrücke; zum anderen daraus folgend den Raum für freie Eigeninitiative.

---

[47] Paul Virilio, *Der negative Horizont. Bewegung, Geschwindigkeit, Beschleunigung*, S. 22f.

III. D. ‚rasender Stillstand': nur Veränderung oder auch Entwicklung?

In einer beschleunigten Welt komme es zu mehr Wechsel in Lebensverläufen der Subjekte; Sie eigneten sich situative Identitäten an, so lautet einer der soziologischen Befunde Rosas. Es fehle die Zeit zu wirklicher Entwicklung von Identitäten; Identitäten der Subjekte zum einen, aber auch der Gesellschaft im Ganzen. Zunehmende Veränderung führe zur Abnahme von Entwicklung, was Rosa in dem paradox erscheinenden Terminus ‚Rasender Stillstand' zusammenfasst; „Die Dinge ändern sich aber entwickeln sich nicht."[48] Wie lässt sich ein ästhetisches Gebilde wie *A Carlo Scarpa*, eine spezifische musikalische Manifestation von Entwicklung und Veränderung, zu obigem kulturellen, soziologischen Befund positionieren?

Wie oben angedeutet, ermöglicht gerade musikalische Langsamkeit den auditiven Nachvollzug von Entwicklung, Transformation und Veränderung. Hier soll der Blick noch detaillierter auf die Frage geworfen werden, wie Nono Entwicklung, Transformation, musikalisch Anderes und Neues hörbar macht. Aristoteles unterscheidet in seiner Physik drei Arten der Bewegung: die Ortsveränderung, die Eigenschaftsveränderung und schließlich das Wachstum bzw. die Schrumpfung.[49] Hier geht es um die zweitgenannte Art, die Eigenschaftsveränderung. Ortsverändernde Bewegung kann in Musik höchstens in übertragenem Sinne angedeutet werden, indem die Eindrücke von Nähe und Ferne dynamisch dargestellt werden. Musikalische Bewegung in *A Carlo Scarpa* als Eigenschaftsveränderung zu untersuchen, ist insofern nahe liegend, als dass dem Werk ein begrenzter Materialbestand, ein begrenzter Bestand an Klangfarben,

[48] Hartmut Rosa, *Kapitalismus als Dynamisierungsspirale – Soziologie als Gesellschaftskritik*, S. 110.

[49] Aristoteles, *Physik*, 214a.

Tonhöhen und rhythmischen Motiven zugrunde liegt. Diese qualitative Art der Veränderung überwiegt in *A Carlo Scarpa* gegenüber einer quantitativen Art der Veränderung, die in Wachstum oder Schrumpfung bestünde. Durch das begrenzte harmonische Material ist die Amplitude von vornherein in engen Schranken gehalten, die Spannweite, innerhalb derer quantitativer Wachstum oder quantitative Schrumpfung denkbar wäre.

Das diesem Kapitel zugrunde liegende Werk ist ein künstlerisches Gedenken an Nonos Freund, den im Jahr 1978 verstorbenen venezianischen Architekten Carlo Scarpa. Zwar beschäftigt Nono der Zusammenhang zwischen Musik und Architektur auch in anderen seiner Werke wie zum Beispiel im *Prometeo*. Doch scheint die musikalische Struktur in *A Carlo Scarpa* in spezifischer Weise architektonischen Gesetzmäßigkeiten nachempfunden zu sein. Erstens reduziert Nono – wie schon herausgearbeitet wurde – dasjenige Kennzeichen, das die Musik von der Architektur am stärksten unterscheidet: nämlich in der Zeit sich bewegende Form zu sein. Die für sich stehenden Perkussionsschläge strukturieren wie statische Säulen den Klangraum; der Klangraum wiederum ist gebildet durch die ausgehaltenen Klangflächen, deren Satz durch das gesamte Werk hindurch sehr transparent ist; sie scheinen sich so in ihrer Reduktion von Bewegung einer architektonischen Statik anzunähern. An *A Carlo Scarpa* lassen sich hinsichtlich des Bezuges zur Architektur zwei Erfahrungen machen: erstens dass Architektur keine bewegungslose Statik ist, sondern in der Wahrnehmung von Subjekten durchaus fließende, sich entwickelnde Form; zweitens dass sich musikalische Bewegung nicht in rasanten Geschwindigkeiten an musikalischen Oberflächen zeigt sondern in der minimalen Transformation eines klanglichen Kerns besteht.

Die drei Begriffe Entwicklung, Transformation und Veränderung müssen bei der Beschreibung der musikalischen Phänomene der

Eigenschaftsveränderung in *A Carlo Scarpa* unterschieden werden. Entwicklung impliziert, dass in einem bestimmten musikalischen Phänomen schon ein Potenzial enthalten ist, das nur noch entfaltet und veräußert werden muss. Ähnlich dem Terminus Werden soll etwas hervorgeholt werden, das schonpotenziell vorhanden ist, aber noch nicht wahrnehmbar war. Entwicklung entspricht somit einer gewissen Ordnung und Sinnhaftigkeit, sie ist nicht willkürlich oder chaotisch. Transformation hingegen bezeichnet das Überführen einer Form in eine andere; ein und derselbe Inhalt tritt in unterschiedlichen Gestalten in Erscheinung. Oder anders formuliert: Während eine Eigenschaft bei der ‚Transformation' gleich bleibt, wird eine weitere Eigenschaft zu einer anderen. Veränderung schließlich birgt ‚anders' und beschreibt einen Prozess, an dessen Ende ein Neues gegenüber dem Ausgangsbestand steht, und zwar betrifft das Neue alle Eigenschaften des Phänomens.

Mit oben genanntem musikalischen Kern ist hier in Bezug auf *A Carlo Scarpa* der reduzierte harmonische und rhythmisch-motivische Bestand des Werkes gemeint. Dieser reduzierte Bestand ist das gesamte Werk über präsent und schafft die Transparenz, die nötig ist, um die feinen Entwicklungs-, Veränderungs- und Transformationsprozesse des harmonischen und motivischen Kernbestands auditiv nachvollziehbar zu machen.

Die minimalen harmonischen Bewegungen innerhalb einer Klangfläche sind ein musikalisches Beispiel für Transformation. Das harmonische Material erreicht generell im Werk *A Carlo Scarpa* innerhalb der geringen Spannweite einer großen Terz durch die Sechzehnteltonabstände eine maximale Ausdifferenzierung. Die harmonische Mutation innerhalb eines Klangfeldes, die wie zum Beispiel von Ende des Taktes 5 bis 9 um die Note C herum gehalten ist, kommt entweder zustande dadurch, dass eine einzelne Stimme während des Spielens ihre Tonhöhe allmählich um

Achtel- oder Sechszehnteltöne nach unten oder oben verschiebt; oder aber dadurch, dass diese feinen Klangcluster auf die einzelnen Stimmen aufgeteilt sind. Eine erhöht oder vermindert zu spielende Note kennzeichnet Nono mit nach oben oder unten zeigenden einfachen oder doppelten Pfeilen. Hier schieben sich durch die Viertel- oder Achtelpausen einzelner Stimmen jeweils andere Tonhöhen zeitweise in den Vordergrund. Auf diese Weise entsteht eine ständige Mutation und Bewegung des minimalen harmonischen Bestandes innerhalb des Satzes. Transformation trifft insofern auf diese harmonische Bewegung zu, da sich einzelne Eigenschaften des musikalischen Phänomens ändern, nämlich die Tonhöhen, andere hingegen gleich bleiben: der rhythmisch-motivische Rahmen der Klangfläche sowie die durch die Instrumente bedingten ebenso bestehen bleibenden Klangfarben, die durch hohe Geigen- und Flötentöne geprägt sind.

Im Zusammenspiel von Rhythmik und Klangfarben lassen sich die zwei Begriffe Veränderung und Entwicklung veranschaulichen. Der rhythmisch-motivische Bestand in *A Carlo Scarpa* ist stark begrenzt. Klangflächen und Perkussionsschläge ziehen sich durch das gesamte Werk. Überall dort im Werk, wo diese zwei rhythmisch-motivischen Gegensätze in der zeitlichen Folge des Werkes unvermittelt aufeinander treffen, scheint die Bezeichnung Veränderung zuzutreffen, gibt es doch dort nur voneinander unterschiedene Eigenschaften und trennende Elemente in der Bewegung von dem einen zum anderen rhythmischen Motiv. Bei starker Reduktion motivischer Figuren kommt es zu einer Fülle an Klangfarbenveränderung. Die Klangfelder in *A Carlo Scarpa* ändern ihre klangfarbliche Substanz und innere Strukturierung sowie ihre Dauern. Die Perkussionsschläge variieren die Abstände zueinander und den Grad ihrer Härte; bedrohliche Wucht der Pauken unterscheidet sich von holziger Durchlässigkeit der Bogenschläge und von der hellen Zartheit der Triangel. Die begriffliche

Unterscheidung, bei dieser Bewegungsart der Klangqualität der Perkussionsschläge von Entwicklung und nicht bloß von Transformation oder Veränderung zu sprechen, stützt sich auf den folgenden musikanalytischen Befund: Die Änderung der Härte und Klangcharakteristik der Perkussionsschläge scheint nicht zufällig und beliebig zu sein, sondern steht in einem Zusammenhang zu den sie jeweils umgebenden musikalischen Ereignissen. Der dezente, zarte Triangelschlag in Takt 10 taucht auf in einem musikalischen Umfeld, das in Pianolautstärken erklingt und auch schon in der ihn umgebenden Klangfläche durch die Tremoli der Geigen in den hohen Oktavlagen eine gebrechliche, durchlässige Atmosphäre erzeugt. Der ff-Paukenschlag in Takt 14 beendet eine im Fortissimo der Bläser gehaltene schrille Klangfläche. Dass Nono in *A Carlo Scarpa* musikalische Bewegung in so fein ausdifferenzierten Nuancen komponiert und die Unterscheidung zwischen Veränderung, Transformation und Entwicklung hörbar macht, scheint eine Wahrnehmung einzufordern, die für ähnliche Unterscheidungen auch in außermusikalischen, beispielsweise sozialen Prozessen sensibilisiert ist.

Welche Art der Wahrnehmung sozialer Prozesse könnte angestoßen sein durch Nonos musikalische langsame Bewegungen in *A Carlo Scarpa*, die die Unterscheidung zwischen Veränderungen und Entwicklungen hörbar machen? Nono selber war der Überzeugung, dass eine bestimmte musikalische Struktur immer in engem Verhältnis zu einer sozialen Aussage gesehen werden könne. Die langsame musikalische Struktur in *A Carlo Scarpa* scheint sich auf den ersten Blick in einer Wiederkehr von Ähnlichem und Gleichen zu manifestieren. Erst auf den zweiten Blick wird deutlich, dass die langsamen musikalischen Prozesse minimale Veränderungen und Entwicklungen aufdecken, die Neues präsentieren. Die Unterstellung, die Schwierigkeit dieser Entdeckung des Neuen sei kompositorisch gewollt und entspringe einer machtkritischen Haltung Nonos, legt dieser in seinen eigenen Texten nahe. Scheint er doch eine kompositorische Entscheidung für eine bestimmte musikalische Struktur immer aus einer sozialen Reflexion heraus zu entwickeln.

> „Worauf stützt sich und woran misst sich die Bedeutung eines Musikers? Sicherlich nicht ausschließlich auf technisch-sprachliche Argumente. Sicher auch auf sie, aber vor allem im Hinblick auf eine neue strukturelle soziale Beziehung."[50]

Die Wahrnehmung von Veränderung und Entwicklung in *A Carlo Scarpa* steht dem gegenüber, was Virilio an modernen Subjekten als Wahrnehmung sozialer Prozesshaftigkeiten beschreibt. Es scheint auf den ersten Blick ein Paradox zu sein, dass gerade Langsamkeit und die Reduktion musikalischer Ereignisse, also tendenziell Gleichbleibendes im musikalischen Hörerlebnis die Voraussetzung dafür ist, eine Wahrnehmungssensibilität für Abweichungen, für Unterschiede und Anderes zu entwickeln. Die Analysen Virilios beschreiben denjenigen Sinn der Subjekte als gefährdet, der Bewegungen und Entwicklungen (optischer) Eindrücke über längere Zeit hin verfolgen kann, das „Erscheinen neuer Formen", „den Fluxus der Erneuerungen, den Wechsel der Formen" wahrnehmen kann.[51] Obwohl der Wechsel und die Bewegung der Erscheinungen im Blickfeld der modernen Subjekte zunehmen, müsse der Blick für wirkliche Entwicklung verloren gehen. Hinter der Oberfläche rascher Änderung berge sich für das Subjekt gleich Bleibendes, was Virilio als ‚rasenden Stillstand' bezeichnet. Für den sozio-kulturellen Kontext der Moderne gilt also nach Virilio diejenige

---

[50] Luigi Nono, *Antworten auf fünf Fragen*, in: *Studien. Texte zu seiner Musik*, S. 196.

[51] Paul Virilio, *Der negative Horizont. Bewegung, Geschwindigkeit, Beschleunigung*, S. 22f.

Wahrnehmungsart, die viel Veränderung wahrnimmt, aber keine Entwicklung. Musikalisch scheint sich eine Wahrnehmungsart zu manifestieren, die im sozio-kulturellen Kontext gefährdet ist. Wie gegenüber zuvor betrachteten sozio-ästhetischen Überlegungen Virilios auch, scheint sich Nonos Musik gegenüber dem analog betrachteten sozialphilosophischen Terminus des ‚rasenden Stillstands' oppositionell und nicht übereinstimmend zu verhalten. Ist doch die musikalische Langsamkeit in *A Carlo Scarpa* – sofern sie die Wahrnehmung von feinen Transformationen und Entwicklungen ermöglicht – geradezu als ästhetischer Gegenpol zu diesem Terminus zu deuten.

Abschließend hingegen soll ein Blick geworfen werden nicht auf Bewegung und Veränderung innerhalb musikalischer oder sozialer Prozesse, sondern auf Bewegung und Veränderung in der Beziehung der beiden Ebenen Musik und Gesellschaft zueinander; Bewegung und Veränderung als Einwirkung oder Einflussnahme der Musik auf Gesellschaft. Worin besteht das Potenzial einer wie oben beschriebenen Musik, Gesellschaft zu verändern? Mehrere Aspekte, wie Musik nach Nono radikal verändernd auf Gesellschaft einwirken kann, müssen unterschieden werden.

In Nonos Verständnis von Revolution ist das Ideal im Mittelpunkt, Gesellschaft als ein Lebendiges, Entstehendes, sich Transformierendes und Gestaltbares zu begreifen. Eins der wichtigsten Mittel, um Gesellschaft zu verändern, sieht Nono in Kunst und Musik und ästhetischen Fertigkeiten des Subjekts. Theater sei nur dann avantgardistisch, wenn es sich in einen revolutionären Prozess einfügt, es gilt hierfür der

> „Grundsatz, nach dem die Revolution als Wandlungs- und Wachstumsprozess das eigentliche Prinzip des historischen Werdens einer Gesellschaft, der

> Verwirklichung ihres Schicksals, ihrer Existenz als lebendiger Organismus darstellt."[52]

Musik stifte bei einzelnen Subjekten Bewusstsein und Erkenntnis über eventuelle Starrheit ihrer eigenen gesellschaftlichen Situation oder gesellschaftlicher Strukturen in ihrem Lebensumfeld; die Voraussetzung dafür, die oft mit hierarchischen Ordnungen einher gehenden Starrheiten aufzubrechen, um ein Stück weit Selbstbestimmung zurück zu erlangen. Die Radikalität der Einflussnahme von Musik und musikalischen Fähigkeiten auf gesellschaftliche Verhältnisse, liegt entscheidend darin begründet, dass Musik über ein hohes Maß an Dynamik, Bewegungs- und Mobilisierungskraft verfügt. Dem gegenüber steht die Zähigkeit, die durch Bürokratie geschaffene Starrheit und Festigkeit vieler außermusikalischer, politischer und bürgerlicher Initiativen für Veränderung.

> „Ein Programm ohne jeden konstruktiven Schwung, wie er dem Revolutionär eigen ist, der, im klaren Bewusstsein um die Situation, den Zusammenbruch schon bestehender Strukturen herbeiführt, um neuen, sich entwickelnden Strukturen Platz zu schaffen."[53]

In diesem Kunstanspruch Nonos, mittels Musik grundlegende und breitflächige gesellschaftliche Veränderungen bewirken zu wollen, liegt einer der zahlreichen Widersprüchlichkeiten in Nonos sozio-ästhetischem Denken begründet; die unüberbrückbar scheinende Kluft zwischen dem Ziel, musikalisch einem breiten Publikum verständlich zu sein, Menschen aus

[52] Luigi Nono, *Möglichkeit und Notwendigkeit eines neuen Musiktheaters*, in: *Studien. Texte zu seiner Musik*, S. 88.

[53] Luigi Nono, *Geschichte und Gegenwart in der Musik von heute*, in: *Studien. Texte zu seiner Musik*, S. 34.

den verschiedenen gesellschaftlichen Schichten, mit unterschiedlicher Bildung, verschiedener kultureller Prägung usw. zu erreichen einerseits und seiner diffizilen, anspruchsvollen und komplexen Musiksprache andererseits, die sich zunächst gegen ein allgemeines, unausgebildetes Musikverständnis zu sperren scheint. Heinz-Klaus Metzger untermauert dieses Argument biografisch:

> „Denn Nono war doch eine Blüte der Oberklasse. Es war ihm keine genuine Volkstümlichkeit eigen. Seine Einwurzelung auf der Giudecca, [...] wo Venedig auch heute noch ein wenig volkstümlich ist und damals Hafenarbeiter, arme Fischer und Deklassierte hausten, war eine innere Transportleistung. Nono stammt von gegenüber, von den Zattere, dem schönen Gestade des sestiere dorsoduro [...]."[54]

Lässt man Nonos eigenen gesellschaftspolitischen Ziele seiner Musik unberücksichtigt, kann aus einer Musik wie der des Werkes *A Carlo Scarpa* keine inhaltlich spezifische Beeinflussung bestimmter gesellschaftspolitischer Strömungen, Positionen oder Bewegungen formuliert werden. Nonos eigener künstlerischer Anspruch, besonders Menschen bestimmter gesellschaftlicher Schichten – zum Beispiel Arbeiter – mit seiner Musik tatsächlich und nachgewiesen zu Einsichten in die eigene soziale Unterdrückung zu verhelfen, kann unmittelbar aus Werken wie *A Carlo Scarpa*, aber auch aus früheren wie *La fabbrica illuminata* nicht bestätigt werden. Der verhaltene Gestus des Werkes *A Carlo Scarpa* steht sogar dem Charakter eines Apells konträr entgegen. Die ästhetische Komplexität, Ausdifferenzierung und der Grad an Sublimität ist zu groß, als dass sich anhand musikalischer Struktur eine inhaltlich so präzisierte Aussage ableiten ließe.

---

[54] Heinz-Klaus Metzger, *Nono und der musikalische Fortschritt*, in: *Luigi Nono. Dokumente. Materialien*, hrsg. von Andreas Wagner, Saarbrücken 2003, S. 140f.

Hierin scheint ein grundsätzlicher Widerspruch zu bestehen zwischen einigen der verbal formulierten Kunstansprüche Nonos und der Sprache, die seine Musik selber spricht. Seine Musik kann keine Massen mobilisieren oder einer gesellschaftlichen Bewegung ihre Ziele vorgeben und zu ihrer Durchsetzung motivieren. Die Entwicklung, die diese Musik gesellschaftlich bewirkt, nimmt ihren Ausgang in einer Veränderung der Wahrnehmungsweise einzelner Subjekte unabhängig von ihrer sozialen Schicht oder parteilpolitischen Zugehörigkeit. Die in diesem Kapitel analysierten musikalischen Bewegungsverläufe, die langsame Prozesshaftigkeit in *A Carlo Scarpa* und die mit ihnen einher gehenden Wahrnehmungsarten scheinen jedoch auf die Gesellschaft bezogen mehr einen Prozess der Reform als einen solchen der Revolution darzustellen.

III. E. Schlussbetrachtung

Während dieses Kapitel langsame musikalische Bewegung in Opposition zu wachsenden Geschwindigkeiten in soziokulturellen Kontexten der Moderne untersuchte, betrachtet das anschließende Kapitel musikalische Zeitlichkeit analog zu einem entsprechenden Geschichtsbegriff.

IV. Musikalische Zeitstruktur und ihre sozialphilosophischen Dimensionen.

Luigi Nonos *Fragmente – Stille, an Diotima*

Nonos Streichquartett *Fragmente – Stille, an Diotima* von 1979/80 eignet sich zur Analyse musikalischer Zeitlichkeit, sofern die zahlreichen Stillen im Werk je unterschiedliche ästhetische Funktionen haben und anhand der Stillen herausgearbeitet werden kann, welche Auswirkungen musikalisch Vergangenes je auf den gegenwärtigen musikalischen Moment und welche Auswirkungen das musikalische Jetzt auf das zukünftig zu erwartende musikalische Geschehen hat. Der aus der musikalischen Zeitstruktur des Streichquartetts heraus entwickelte Machtbegriff scheint einem Verständnis von Freiheit nicht diametral gegenüber zu stehen, sondern es in sich einzuschließen. Als ästhetische Erfahrung musikalischer Zeitlichkeit sowie sozialphilosophisch im Geschichtsverlauf gälte: bestimmt zu sein durch das gegebene Vergangene, dennoch im Jetzt selbstbestimmt autonom zu sein, um wiederum Zukunft zu bestimmen. Nono selber formuliert passend hierzu:

> „als reagierendes Bewusstsein, das sich am Kontakt mit dem Phänomen Wirklichkeit belebt und das, sich selbst bestimmend, bestimmt. Vor allem eine Art, in der Wirklichkeit zu sein."[1]

---

[1] Luigi Nono, *Notizen zum Musiktheater heute*, in: *Luigi Nono, Studien. Texte zu seiner Musik*, hrsg. von Jürg Stenzl, Zürich 1975, S. 61.

Man kann in diesem Zitat Nonos die drei Zeitebenen Vergangenheit, Gegenwart und Zukunft enthalten sehen.

Die Analyse musikalischer Zeitlichkeit kristallisiert zunächst ein wahrnehmungsästhetisches und erkenntnistheoretisches Verständnis von Macht heraus. Worin besteht die ästhetische Macht eines musikalisch Vergangenen auf die Wahrnehmung und Erkenntnis des Gegenwärtigen und worin die ästhetische Macht des musikalisch Gegenwärtigen auf die Wahrnehmung und Erkenntnis des Zukünftigen? Konfrontiert man die Rezeptionshaltung, die musikalischer Vergangenheit, Gegenwart und Zukunft im Streichquartett entspricht, mit außermusikalischen z. B. geschichtlichen Zeitlichkeitsvorstellungen, deutet sich ein anderer Machtaspekt an: die Macht einer ästhetischen Disposition von Zeitlichkeit auf Wahrnehmung und Gestaltung von Zeitverläufen z. B. gesellschaftsgeschichtlicher Art. Die musikalische Analyse ist weitestgehend eine Höranalyse, da neben den musikalischen Fakten des Streichquartetts die durch die musikalische Zeitlichkeit ausgelöste Rezeptionshaltung zentraler Gegenstand der Untersuchung ist.[2]

Die musikalischen Stillen sind aus drei Gründen geeignet, musikalische Zeitlichkeit im Streichquartett zu untersuchen und daraus einen entsprechenden Machtaspekt abzuleiten: erstens sind sie bewusste Abwesenheiten, gestaltete Abwesenheiten von musikalischen Setzungen, von bestimmten musikalischen Phänomenen, sodass hier diejenigen in der Wahrnehmungshaltung entstehenden Freiräume in den Blick genommen werden können, die in den jeweiligen Stillen ihren Ausgang nehmen. Zweitens sind es gerade die musikalischen Stillen, in denen, da sie frei

---

[2] Die Höranalyse arbeitet mit folgender Einspielung des Streichquartetts: Members of Chamber Orchestra; Orchestra ‚Collegium Musicum', Moscow; col legno 1990, auf: *Luigi Nono (1924-1990); orchestra & chamber works*. Partiturangaben beziehen sich auf: *Fragmente - Stille, an Diotima (1979-1980) per quartetto d'archi*, Ricordi, Milano.

sind von klanglichen Setzungen, das Nachklingen des musikalisch Vorangegangenen und die Vorahnung des zukünftig musikalisch Eintretenden erfasst werden können. Es stellt sich die Frage, wie jeweils in den unterschiedlichen Stillen Objekt und Subjekt eine Verbindung eingehen: das einer Stille vorangehende objektive musikalische Faktum und die in der Stille Raum greifende subjektive Phantasie des Rezipienten, den zukünftigen musikalischen Verlauf betreffend. Drittens sind die musikalischen Stillen deshalb relevant, weil die an sie geknüpften, oben angedeuteten Aspekte eines Freiheitsbegriffes mit einem bestimmten Verständnis von Macht kompatibel sind: Macht als determiniert- oder bestimmt-Sein durch eine Vergangenheit, sowie Macht als Aktivität des Bestimmens in die Zukunft hinein.

Als theoretische Bezugsrahmen dienen in diesem Kapitel einzelne Reflexionen Walter Benjamins und Ernst Blochs. Benjamins Geschichtsverständnis soll mit den Ergebnissen der musikalischen Analyse dieses Kapitels in Verbindung gebracht werden. Dieses Geschichtsverständnis folgt dem Grundsatz, dass Geschichte durch Erkenntnis in der Gegenwart, oder genauer in gegenwärtigen Momenten des Bruches und der Diskontinuität erst geformt und gebildet wird und kein zwingendes lineares Faktum ist. Die musikanalytisch an den Stillen heraus gearbeitete Rezeptionshaltung soll außerdem in Bezug gesetzt werden zu Blochs Verständnis des utopischen Bewusstseins; konzipiert er dieses doch als einen Zwischenraum zwischen einem nicht-Mehr und einem noch-Nicht.

IV. A. Musikalische Zeitlichkeit und ihre Deutung durch Benjamins Geschichtsverständnis sowie Blochs Utopiekonzept

Die musikalische Analyse setzt mehrere Schwerpunkte. Zunächst soll untersucht werden, wie der Zeit- oder Verlaufcharakter, wie verschiedene Geschwindigkeiten der Musik im Streichquartett durch rhythmische Gestaltungen je unterschiedlich geformt und betont werden. Das erste Unterkapitel analysiert Nonos kompositorischen Umgang mit linearen Verläufen und vergleicht die Befunde mit Aristoteles' Ausführungen zu Zeit und Bewegung sowie Benjamins Verständnis von Geschichte als ‚gebrochener Linearität'. Diese Analyse der Zeitgestaltungen soll im weiteren Verlauf des Kapitels für die Analyse der Stillen erneut fruchtbar gemacht werden. Obwohl die Stillen ihrer stofflichen Substanz nach immer gleich geartet sind, nämlich durch das abhanden-Sein von akustisch-physikalischen Signalen geprägt, sollen die unterschiedlichen Charakteristika der verschiedenen Stillen herausgearbeitet werden, die zustande kommen durch die voran gehenden und nachfolgenden je besonderen musikalischen Zeitgestaltungen. An die Analyse musikalischer Linearität schließt im nächsten Unterkapitel die Untersuchung musikalischer Räumlichkeit an: die bruchstückhafte formale Struktur des Streichquartetts führt dazu, dass sich ein Netz von Bezügen vom gegenwärtigen musikalischen Ereignis zu voran gehendem rhythmischen, klangfarblichen oder harmonischen Geschehen bilden lässt, das der ästhetischen Struktur des Streichquartetts eine räumliche Komponente verleiht. Welche Art der ästhetischen Macht übt das musikalisch Vergangene in dieser Formstruktur auf die Gegenwart aus? Benjamins kunst- und erkenntnistheoretischen Überlegungen zur Montagetechnik werden hier zur machttheoretischen Deutung hinzugezogen. Es geht hier lediglich um die Frage, inwieweit die musikalischen Beziehungsnetze im Streichquartett eine lineare musikalische Zeitlichkeit aufbrechen. Das anschließende Unterkapitel untersucht die Macht des gegenwärtigen musikalischen Moments auf die Rezeption des zukünftigen Geschehens. Es nimmt Blochs Vorstellung vom utopischen Bewusstsein mit in den Blick. Nachfolgendes Unterkapitel geht musikanalytisch und parallel dazu sozialphilosophisch gedacht der Frage nach, welchen Unterschied es für die Erkenntnis eines gegenwärtigen musikalischen Moments macht, ob das rezipierende Subjekt diesen gegenwärtigen Moment eingebettet in einen musikalischen Zeitverlauf wahrnimmt oder aber diesem letzteren enthoben, für sich stehend, vom vergangenen und zukünftigen musikalischen Geschehen losgelöst. Das letzte Unterkapitel vertieft diejenigen Freiheitsaspekte, die die Analyse der musikalischen Zeitstruktur im Streichquartett schon angedeutet hat: eine erkenntnistheoretische Facette von Freiheit, platziert auf der Schwelle von Stofflichkeit zur nicht-Stofflichkeit, musikanalytisch herausgearbeitet an einem möglichen stofflichen Charakter von musikalischen Stillen sowie dem nicht-stofflichen von erklingender Musik. Ein weiterer Freiheitsaspekt ergibt sich unmittelbar aus der Zeitstruktur: die Frage nach freier Bestimmung in die Zukunft hinein, bei gleichzeitiger Prägung durch die Vergangenheit.

IV. A. 1. Musikalischer Zeit- und Verlaufcharakter und Geschichtsbewusstsein

Wie komponiert Nono im Streichquartett unterschiedliche musikalische zeitliche Verlaufsformen? Ohne zu behaupten, dass Nono durch das musikalisch-ästhetische Gestalten von zeitlichem Verlauf einen bestimmten Geschichtsbegriff zum Ausdruck bringen wollte, liegt der Deutung der Musikanalyse folgende Hypothese zugrunde: die Erfahrung und Wahrnehmung von musikalischer Zeitlichkeit durch ein rezipierendes Subjekt könnte dessen Blick auf außermusikalische Zeitverläufe, wie gesellschaftliche Entwicklungen und die Geschichte prägen und beeinflussen. Und andersherum: die Auseinandersetzung mit der Beschaffenheit von Geschichtsverläufen könnte die Wahrnehmung und das Verständnis von bestimmten ästhetischen Zeitgestaltungen bereichern.

Die Passagen unterschiedlicher Zeitverläufe und ihrer je eigenen Geschwindigkeiten gestaltet Nono zunächst durch eine spezifische Rhythmik und Motivik. Lange Liegetöne, die entweder ohne jegliche dynamische Entwicklung statisch erklingen oder aber als Decrescendo verschwinden bzw. im Crescendo anschwellen, erwecken den Eindruck eines nahezu still stehenden Zeitverlaufes mit dynamisch angedeuteten minimalen Veränderungen in der Geschwindigkeit. Diese liegenden Klänge sind entweder gestrichene Einzeltöne (vergleiche ab Minute 0:34) oder aber Akkorde (siehe zum Beispiel ab Minute 25:00). Kommt es zu einer Folge von unterschiedlichen Liegetönen nacheinander – seien sie durch eine kurze Stille voneinander getrennt oder nicht – erhält die Musik einen allmählich schreitenden Charakter, wie zum Beispiel ab Minute 23:45. Je kürzer die aufeinander folgenden Töne und je drängender sie in schnellen Crescendi gespielt sind, desto eiliger wirkt das in der Zeit vorwärts Gehen des musikalischen Geschehens (vergleiche dazu ab Minute 24:49).

Verschiedene Zeitgestaltungen im Streichquartett sind auditiv von einander zu unterscheiden erstens durch die musikalisch herbeigeführten divergierenden Geschwindigkeiten und zweitens durch das spezifische musikalische Mittel, durch das eine bestimmte Geschwindigkeit hergestellt wird – das musikalische Mittel kann etwa eine besondere Spieltechnik oder eine dynamische Gestaltung sein. Zum Beispiel kann ein und dieselbe musikalische Geschwindigkeit von unterschiedlichen musikalischen Mitteln herbeigeführt sein und somit dieser Geschwindigkeit einen eigenen Charakter aufprägen. Zunehmende Geschwindigkeit kann entweder durch sich verkürzende Notenwerte suggeriert sein (siehe beispielsweise in Minute 3:05); sie kann aber auch durch ein impulsives Crescendo innerhalb einer einzelnen Klangfläche erzeugt sein (wie z. B. in Minute 5:24), sei dieser Klang nun ein längerer oder kürzerer; oder drittens erscheint schnellere Geschwindigkeit durch das Tremolo der Streicher, das einen widersprüchlichen Klangeindruck erzeugt; einerseits eine Aneinanderreihung sehr vieler sehr kurzer Notenwerte zu sein, aber gleichzeitig –sofern die Tonhöhe gleich bleibt – ein in sich, in seiner Unruhe gleich bleibender Klang (vergleiche z. B. Minute 7:07-7:10). Ab Minute 5:40 baut sich einer der Geschwindigkeits-Höhepunkte des Streichquartettes auf, bei dem sich das Tremolo-Spiel der Streicher mit dem Wechsel der Tonhöhen verbindet. Nono formt im Streichquartett durch eine Reihe von verschiedenen kompositorischen Mitteln eine Vielzahl unterschiedlicher musikalischer Charakteristika der musikalischen Verläufe und Prozesse in der Zeit.

Das Streichquartett beginnt mit dem rhythmischen Motiv der Liegetöne, wobei im Verlaufe des Werkes allmählich eine Steigerung in der Geschwindigkeit der Zeitgestaltungen zu beobachten ist. Tremolo, lautes, wildes gestrichenes Staccato, das Schlagen mit dem Bogen auf das Griffbrett treten nach und nach zu den Liegetönen hinzu. Diese accellerierenden Spieltechniken haben grundsätzlich auf die Geschwindigkeit des musikalischen Verlaufes eine beschleunigende Wirkung. Der Grad und Charakter dieser Beschleunigung hängt von der Lautstärke und der Spielweise ab, von denen das Streichquartett eine breite Palette anbietet. Ab Minute 6:30 setzt ein von mehreren Streichern gespieltes Tremolo ein, das einen nervös bedrängten Charakter hat. Diese rhythmisch-motivischen Charakteristika sind hier als solche beschrieben, heraus genommen aus den vielfältigen Verbindungen, die sie untereinander eingehen. Die Vielfalt an musikalischen Geschwindigkeiten macht es nicht nur unmöglich, ein durchgehendes Metrum im Streichquartett wahrzunehmen, sondern auch die in der Partitur vermerkten, teils mehrmals innerhalb eines Taktes sich ändernden Tempoangaben hörend nachzuvollziehen. Die ersten fünf Takte der ersten Violine umfassen sieben Tempoangaben.

Nono gibt diesen unterschiedlichen rhythmisch-motivischen Zeitgestaltungen jeweils nur eine geringe zeitliche Dauer, sodass wegen der vielen Wechsel und unterbrechenden Pausen höchstens von in sich kohärenten oder einheitlichen Zeitgestaltungen in Bruchstücken, innerhalb bestimmter Zeitfenster gesprochen werden kann. Versteht man unter einem linearen Verlauf eine stete, gerade, kontinuierliche und gleichmäßige Entwicklung, können diese kurzen musikalischen Passagen einer einheitlichen Zeitgestaltung und Geschwindigkeit je als lineare musikalische Verläufe bezeichnet werden. Diese bruchstückhafte Linearität im Streichquartett zeigt sich sowohl in rhythmischen, als auch in dynamischen und klangfarblichen Episoden. Musikalische Linearität äußert sich entweder in einem gleich bleibenden Klangzustand mit der Änderungsrate Null oder in einem Entwicklungsprozess, in dem die Änderungsrate konstant bleibt. Zwar kann es bei der Linearität im Streichquartett nicht um mathematische Genauigkeit und Präzision gehen, doch soll dieser Terminus Änderungsrate entlehnt werden, um den musikalischen Unterschied zwischen einer konstanten Änderung und einem gleich bleibenden Zustand zu verdeutlichen.

Die oben beschriebenen rhythmischen Zeitgestaltungen und Geschwindigkeiten unterscheiden sich untereinander stark und führen im klanglichen Gesamtbild über das ganze Werk hinweg zu einem bewegten musikalischen Verlauf, doch sind diese rhythmischen Einheiten in sich auffallend ebenmäßig, wenn nicht gar gleich bleibend; gemeinsam ist den meisten von ihnen das innere rhythmische Ebenmaß: Die Notenwerte des dreistufigen aufsteigenden oder absteigenden gebrochenen Akkordes (aufsteigend z. B. in Minute 0:27 bis 0:31; in Minute 2:22 oder eine vierstufige Variation in Minute 13:15; absteigend von Minute 2:04 bis 2:12) sind gleichbleibend; ebenso die Notenwerte vieler perkussiver Passagen, in denen die Streicher mit dem Bogen auf das Griffbrett schlagen (siehe z. B. Minute 10:28; oder die schnellere Variante in Minute 11:14); Kurze, einige Sekunden andauernde Passagen, in denen wie in obigen Beispielen die rhythmischen Werte gleich bleiben, prägen das Streichquartett, sind aber durchmischt von Episoden, deren rhythmische Änderungsrate zwar nicht Null beträgt, aber dennoch konstant bleibt, sodass auch hier noch von Linearität gesprochen werden kann. Das rhythmische Motiv des dreistufigen gebrochen Akkordes hat an vielen Stellen nach hinten die Tendenz eines Diminuendos. Natürlich zeigt das Streichquartett keine konsequente Anwendung musikalischer Linearität und das betrifft alle hier zu analysierenden musikalischen Parameter, das Rhythmische, Dynamische und Klangfarbliche.

Dynamische Linearität in Form einer gleich bleibenden Änderungsrate zeigt sich beispielsweise in gleichmäßigen Crescendi (vergleiche die sehr schnellen Crescendi in Minute 17:48 und Minute 17:57 mit dem langsamen von Minute 0:18 bis 0:25) oder in gleichmäßigen Decrescendi (wie das langsame von Minute 0:33 bis Minute 0:40 und die beiden schnellen, dicht auf einander folgenden in Minute 0:48 und Minute 0:52).

Musikalische Linearität mit der Änderungsrate Null, die sowohl rhythmische, dynamische als auch klangfarbliche Bewegungslosigkeit aufweisen, sind statisch liegende Klänge ein- oder mehrstimmiger Art (siehe Minute 17:49 bis 17:57 ein Beispiel für mehrstimmige; siehe von Minute 1:22 bis Minute 1:28 als Beispiel für einen einstimmigen Liegeklang).

Die oben beschriebenen in sich linearen, von ihrer musikalischen Umgebung aber unterschiedenen Zeitgestaltungen führen dazu, dass der Hörer ein hohes Maß an Flexibilität aufbringen muss, um neben dem objektiven Verlauf von Zeit die Vielzahl von abweichenden musikalischen Geschwindigkeiten und Verlaufsformen relativ, also in Bezug zueinander wahrzunehmen und zu erkennen; und zwar diese unterschiedlichen Charakteristika und Geschwindigkeiten musikalischer Zeit im raschen Wechsel und plötzlicher unvermittelter Aufeinanderfolge auditiv zu identifizieren.

Musik ist konkrete, sinnlich wahrnehmbare Zeitgestaltung, die Stillen hingegen nach innen gar nicht geformt. Wird Musik in einem linearen Fortschreiten in der Zeit wahrgenommen und erkannt, sind die Stillen hingegen viel weniger als ein Verlauf, denn als Zustand erfahrbar und wahrnehmbar. Die fragmentarische Struktur im Streichquartett hat zur Folge, dass die Stillen die je unterschiedlichen rhythmisch-motivischen Zeitgestaltungen immer wieder abrupt unterbrechen und abreißen und dass nach einer Stille unvermittelt wie mitten in eine andere Zeitgestaltung hineingesprungen wird. Es entsteht so ein mosaikartiges Bild der rhythmisch-motivischen Struktur. Den Stillen scheint nach den obigen Befunden der Analyse die ästhetische Funktion zuzukommen, ein Zeitfenster zu eröffnen ohne linearen, gestalteten musikalischen Zeitverlauf, in dem für den Rezipienten die Möglichkeit besteht, in seinem Bewusstsein das gerade Gehörte mit verwandten, zeitlich zurück liegenden rhythmisch-motivischen Zeitgestaltungen zu verknüpfen. Besonders in den langen Stillen, in denen der Nachklang des gerade Gehörten verschwindet und die Erfahrung von nicht-Musik durchkommt, eröffnet sich ein Zeitraum, in dem sich musikalisch weiter zurück Liegendes im rezipierenden Bewusstsein neu formt und neue Bezüglichkeiten aufgesucht werden können. So ist der Rezipient angehalten, beim Hören nicht allein in linearer Prozesshaftigkeit zu denken, sondern räumlich verknüpfend.

Welche erkenntnistheoretischen Voraussetzungen sieht Aristoteles, die überhaupt ermöglichen, verschiedene Zeitverläufe und Geschwindigkeiten wahrzunehmen, und die zugleich Akkumulationspunkt sind für musikalische und außermusikalische Zeitgestaltungen? Die verschiedenen musikalischen Zeitgestaltungen setzen sich durch die unterschiedlichen Tempi der musikalischen Bewegung voneinander ab. Schnelle oder langsame Bewegung vermittelt dem Rezipienten einen subjektiven Eindruck darüber, wie viel Zeit vergangen sein muss. Musikalischer Stillstand im Bewegungsablauf legt die Annahme nahe, es sei kaum oder nur sehr langsam Zeit vergangen. Wie verhalten sich Aristoteles' Anmerkungen über Zeit und Bewegung in der Physik zu den musikanalytischen Befunden?

> „Daß sie [die Zeit] also nicht mit Bewegung gleichzusetzen ist, ist offenkundig; (...) Aber andererseits ohne Veränderung (ist sie) auch nicht: wenn wir selbst in unserem Denken keine Veränderung vollziehen, oder nicht merken, daß wir eine vollzogen haben, dann scheint uns keine Zeit vergangen zu sein, so wie ja Mythen erzählt werden von denen, die auf Sardinien bei den Heroen schlafen: Ihnen fehlt auch die Zeit, wenn sie wieder aufgewacht sind; sie verknüpfen nämlich mit dem früheren Jetzt das spätere und machen daraus ein einziges (...)."[3]

[3] Aristoteles, *Physik*, 218 b.

Der Gedanke Aristoteles', bei Abwesenheit von Bewegung und Veränderung komme es subjektiv zu einer Verschmelzung von der Vergangenheit in einem einzigen Jetztzustand soll als Frage mit in die Deutung musikalischer Befunde durch Benjamins Mosaik- und Konstellationsbegriff im anschließenden Unterkapitel hineingenommen werden.

Das physikalische Verfahren, „Bewegungsvergleiche" anzustellen, um auf Zeitdauern und Geschwindigkeiten zu schließen, scheint sich als Versuch im Szenario musikalischer Wahrnehmung besser exemplifizieren zu lassen, als in dem einer Wahrnehmung oder Erfahrung des alltäglichen Lebens; seien es menschliche oder tierische physiologische Bewegungen, sei es ein „Wetter- oder Jahreszeitenumschlag" oder mechanisch-technische Bewegungsabläufe verschiedener Gerätschaften.[4] Ist doch innerhalb eines Musikwerks wie Nonos Streichquartett möglicherweise eine komplexere Vielzahl an unterschiedlichen Geschwindigkeiten innerhalb kürzester Zeit komprimiert; eine Komplexität von Geschwindigkeiten, deren Beobachtung im Alltagsleben durch die Entzerrung in größere zeitliche und räumliche Distanzen erschwert erscheint.

In Peter Janichs Untersuchungen des Aristotelischen Zeitbegriffes wird deutlich, dass eine absolute Zeit und ein subjektives inneres Zeitmaß als Voraussetzungen dafür angenommen werden, verschiedene Geschwindigkeiten von Bewegungsverläufen in der Welt wahrnehmen und erkennen zu können. Dass der mittelalterliche Begriff einer absoluten Zeit – der letztendlich auf die Vorstellung von der Allgegenwart Gottes zurückgehe – noch bis in Gegenwart seinen Wahrheitswert nicht eingebüßt hat, sieht Janich darin begründet,

---

[4] Peter Janich, *Geschwindigkeit und Zeit*, in: *Zeit Bewegung, Handlung. Studien zur Zeitabhandlung des Aristoteles*, Hrsg. von Enno Rudolph, Stuttgart 1988, S. 181ff.

„dass praktisch alle Bewegungen von alltäglichem oder technischem Interesse im kinematischen Bezugssystem Erde stattfinden, wo die Rotation der Erde gegen den Fixsternhimmel ein auf der ganzen Erde verfügbares Zeitmaß gibt."[5]

Bei der Beurteilung, welche Bewegung schneller oder langsamer ist, reicht der Vergleich der Bewegungen untereinander aus, das innere System von Relationen. Dass aber überhaupt verschiedene Geschwindigkeiten wahrgenommen und voneinander unterschieden werden können, scheint einen „inneren Zeitsinn" vorauszusetzen, die Verinnerlichung des absoluten Zeitmaßes durch das wahrnehmende Subjekt. Janich betont, dass

„wir eine Veränderung pro Zeit auf unseren inneren Zeitsinn beziehen. Für die am häufigsten vorkommenden Veränderungen [...] haben wir aus der Alltagserfahrung gleichsam einen Standard der Normalgeschwindigkeit erlernt, auf den bezogen einzelne beobachtete Bewegungen als schnell oder langsam beurteilt werden."[6]

Alles menschliche Wahrnehmen, Erkennen und Tun vollzieht sich in der Zeit. In Folge wird ein Bereich außermusikalischen Zeitverlaufes herausgegriffen und mit den musikanalytischen Befunden verglichen: der der Geschichte.

Dass Nono – wie oben herausgearbeitet – zeitliche Linearität in Bruchstücken komponiert, steht in gedanklicher Analogie zu Benjamins Kritik an einem kontinuierlichen, linearen Geschichtsverständnis. Hier kommt den Brüchen innerhalb geschichtlicher Kontinuität eine so große Bedeutung zu, dass sie dem geschichtlichen Fortschreiten geradezu den

---

[5] Peter Janich, *Geschwindigkeit und Zeit*, S. 170.

[6] Ebd.: S. 181.

Charakter einer Rückschau, einer Bewegung entgegen der Zukunft verleihen.

> „Er [der Engel der Geschichte] hat das Antlitz der Vergangenheit zugewendet. Wo eine Kette von Begebenheiten vor uns erscheint, da sieht er eine einzige Katastrophe [...]. Dieser Sturm [vom Paradiese her] treibt ihn unaufhaltsam in die Zukunft, der er den Rücken kehrt, während der Trümmerhaufen vor ihm zum Himmel wächst. Das, was wir den Fortschritt nennen, ist dieser Sturm."[7]

Benjamins Geschichtsbegriff thematisiert nicht das lineare Fortschreiten hin zu einem immer weiter vervollkommneten und optimierten Zustand sondern die ihm im Wege stehenden Niederlagen, Fehltritte und Katastrophen. Zum einen scheinen die unterbrechenden Fehltritte in der Geschichte den sonst unaufhaltsamen Fortschritt, den Sturm in die Zukunft zu bremsen. Zum anderen scheint in den diskontinuierlichen Momenten selber schon Zukunft enthalten zu sein. Dass in den Umbrüchen – musikalisch dargestellt durch die Wechsel an musikalischen Geschwindigkeiten und Zeitverläufen sowie durch die Stillen – Geschichte wahrheitsgetreuer zum Vorschein kommen kann als in einem fortlaufenden linearen Prozess von Geschehnissen und dass ohne dieses Geschichts- oder Traditionsbewusstsein der Lauf in die Zukunft in Benjamins Verständnis ein blinder sein muss, findet im Streichquartett einen musikalischen Ausdruck.

Das Geschichtsverständnis, in dem gerade die gewaltigen Einbrüche den Geschichtsverlauf voranzutreiben scheinen, ist bei Benjamin dennoch nicht lediglich der Vergangenheit zugewendet. Der schlaglichtartige Blick

---

[7] Walter Benjamin, *Über den Begriff der Geschichte*, in: *Walter Benjamin. Gesammelte Schriften I.2*, hrsg. von Rolf Tiedemann und Hermann Schweppenhäuser, Frankfurt am Main 1974, S. 697, eckige Klammern: K. H.; Hervorhebung: W. B.

auf ‚Bilder' aus der Geschichte ist zugleich ein Akt der Vergegenwärtigung und Aktualisierung, um ein neues Verständnis der Gegenwart zu schaffen.

> „Es kann als eines der methodischen Objekte dieser Arbeit angesehen werden [des Passagen-Werkes], einen historischen Materialismus zu demonstrieren, der die Idee des Fortschritts an sich annihiliert hat. [...] Sein Grundbegriff ist nicht Fortschritt sondern Aktualisierung."[8]

Die musikalischen Zeitgestaltungen in Nonos Streichquartett können zwar gedanklich parallel zur gebrochenen Linearität in Benjamins Geschichtsverständnis gelesen werden, ihnen jedoch eine fortschrittskritische Wertung zuzugestehen, würde die musikalische Struktur eindeutig unangemessen überfrachten. Wertende Urteile stehen nicht in unmittelbarem Zusammenhang zur musikalischen Struktur; Urteile wie: eine lineare Entwicklung sei eine Optimierung hin zu einem vollkommenen Zustand; oder aber die verneinende Kritik dieses Fortschrittsdenkens; ebenso die Auffassung, erst in diskontinuierlichen Momenten einer Entwicklung liege ein Vorankommen; sowie deren Negation. Wertungen dieser Art gehen aus der musikalischen Zeitlichkeitsstruktur des Streichquartettes nicht direkt hervor. Zwar findet sich die Kategorie der Vervollkommnung im romantischen Kunst- und Musikbegriff: der Kunstanspruch, durch ästhetische Bildung die Entwicklung hin zur Reife des Geistes und der Empfindung, oder hin zu einem idealen Gesellschaftszustand erreichen zu können. Jedoch innerhalb eines musikalischen Werkes bei linearer Entwicklung von Vervollkommnung zu sprechen entbehrt jeder Stichhaltigkeit; ebenso, bei den musikalischen Einbrüchen und Unterbrechungen von Katastrophen zu sprechen. Dennoch ist es nicht abwegig,

---

[8] Walter Benjamin, *Das Passagen-Werk. Aufzeichnungen und Materialien*, in: *Walter Benjamin, Gesammelte Schriften V.1*, Frankfurt am Main 1982, S. 574, eckige Klammer: K. H.

Nonos musikalischen Umgang mit Linearität und deren Unterbrechungen im Streichquartett als ästhetisches Gedankenmodell in Zusammenhang mit Benjamins Geschichtsdenken zu bringen. Eine ästhetisch geschulte Wachheit für unterschiedlich geartete Kontinuitäten und Diskontinuitäten, für deren ästhetische Funktion innerhalb der gesamten Werkentwicklung und die Wachheit für deren vielschichtige komplexe Überlagerung und Verkettung im Werk erschließt möglicherweise dem Geschichte betrachtenden Subjekt Entwicklungsstrukturen und -bewegungen der verschiedenen gesellschaftlichen Bereiche und die jeweiligen Geartetheiten und Qualitäten der entsprechenden gesellschaftlichen Strömungen, die einem nicht derart geschulten Blick verborgen blieben.

Nonos Komponieren linearer Zeitgestaltungen in Bruchstücken sowie sein Umgang mit Stillen im Streichquartett deuten eine fragmentarische formale Struktur an, die im weiteren Verlauf des Kapitels noch genauer analysiert und an dieser Stelle nur kurz erwähnt wird. Denn diese fragmentarische Struktur kann als gedankliche Ähnlichkeit gelesen werden zu zwei weiteren inhaltlichen Aspekten, die innerhalb der Benjaminschen Geschichtsauffassung mit dessen Kritik am Fortschrittsdenken einhergehen: zum einen scheint sich eine fragmentarische musikalische Struktur gegen ein kausales Verhältnis zwischen zwei zeitlich aufeinander folgende musikalische Ereignisse zu sperren, entsprechend der Benjaminschen Kritik an einem eindeutigen Zusammenhang von Ursache und Wirkung zwischen geschichtlichen Ereignissen. Zum zweiten impliziert der Begriff des musikalischen Fragments eine Unvollständigkeit, ein noch nicht zu Ende Gebrachtes, das auf musikalisch-ästhetischer Ebene einer Vorstellung widerspricht, die in der geschichtlichen Entwicklung letztendlich eine Totalität erblickt; einer Vorstellung, die Benjamin vehement zurückweist. Er schreibt:

> „Die höchste Kategorie der Weltgeschichte, um die Einsinnigkeit des Geschehens zu verbürgen ist die Schuld. Jedes weltgeschichtliche Moment verschuldet und verschuldend. Niemals können Ursache und Wirkung für die Struktur der Weltgeschichte entscheidende Kategorien sein, denn sie können keine Totalität bestimmen. [...] Es ist ein Fehler der rationalistischen Geschichtsauffassung, irgendeine historische Totalität (d. h. einen Weltzustand) als Ursache oder Wirkung anzusehen. Ein Weltzustand ist aber immer nur Schuld (mit Beziehung auf irgend einen spätern)."[9]

Die pauschalen Kurzschlüsse, ein Fortschrittsdenken und ein steter linearer Geschichtsverlauf, ein ‚blinder Sturm' in die Zukunft komme einer unfreien Entwicklung gleich; ein geschichtsbewusster Verlauf hingegen ermögliche eine freie Entwicklung und beides könnte an der musikalischen Struktur des Streichquartetts festgemacht werden, sollen hier entschieden vermieden werden. Folgender Gedanke soll in den Worten Aristoteles' nur angedeutet und mehr als Frage aufgeworfen werden, ob das Hören des Streichquartetts durch ihn bereichert werden könnte: dieser Gedanke setzt das Wissen, die Kenntnis von allem für eine Handlung Relevanten, also auch von Geschichte, voraus für ein freies, freiwilliges Handeln.

> „Freiwillig ist dementsprechend ein Handeln, dessen Anfang im Handelnden liegt und bei dem der Handelnde alle zur Handlung gehörigen Momente weiß."[10]

---

[9] Walter Benjamin, *Fragmente vermischten Inhalts*, in: *Walter Benjamin. Gesammelte Schriften VI*, Frankfurt am Main 1985, S. 92. Klammer: W. B.

[10] Margot Fleischer, *Ethische Trefflichkeit – Freiwilligkeit und Entscheidung – Einsicht*, in: *Menschliche Freiheit – Ein vielfältiges Phänomen. Perspektiven von Aristoteles, Augustin, Kant, Fichte, Sartre und Jonas*, 2012, S. 16.

Ein spezifischer Machtaspekt, der von den musikalischen Zeitgestaltungen Nonos im Streichquartett ausgeht, kann vor dem Hintergrund des Benjaminschen Geschichtsbegriffes darin gesehen werden: ein gezieltes Wahrnehmen musikalischer Zeitgestaltungen kann sich auswirken auf das Erkennen, Reflektieren und Gestalten geschichtlicher Verläufe. Im anschließenden Unterkapitel bewegt sich die musikalische Analyse des Streichquartetts weg vom Gegenstand der linearen musikalischen Zeitgestaltungen hin zur Frage nach räumlichen Aspekten in der Musikstruktur. Welche Rückschlüsse von diesen ästhetischen Dispositionen lassen sich auf einen möglichen Blick auf Geschichte ziehen?

IV. A. 2. Musikalische Zeit-, Raumstruktur und ihre Relevanz für die Erkenntnis von Geschichte

Die unterschiedlichen ästhetischen Funktionen der Stillen im Streichquartett scheinen auf einen räumlichen Anteil in der musikalischen Struktur zu verweisen. Stellt eine musikalische Stille nicht nur objektiv sondern auch subjektiv erlebt im rezipierenden Bewusstsein eine Freiheit von physikalisch-akustischer Prägung dar, bleibt zu untersuchen, welche Möglichkeiten sich auftun für die aktive Phantasie des Rezipienten, tätig zu werden. Entweder wird die gehörte Musik in den Stillen im Bewusstsein linear fortgeführt und weiter entwickelt; oder im rezipierenden Bewusstsein entsteht ein von zeitlicher Chronologie losgelöstes netzartiges Gebilde von Zeit übergreifenden Verknüpfungen gehörter musikalischer Elemente, was nicht mehr zeitlich linear, sondern räumlich geartet ist. Wie das rezipierende Bewusstsein tätig wird, lässt sich zwar nicht definitiv theoretisch-wissenschaftlich festlegen und definieren.

Doch sind durch die konkrete Komposition des musikalischen Geschehens im Streichquartett objektive Anhaltspunkte gegeben, in dessen Grenzen das rezipierende Bewusstsein sich in den Stillen bewegt, will es nicht willkürlich und beliebig tätig sein. Wie unterschiedlich können Stillen und das rezipierende Bewusstsein geprägt sein durch die je voran gegangene musikalische Zeitgestaltung?

Die ästhetische Wahrnehmung einer Stille hängt – abgesehen von ihrer eigenen Dauer – von der Art der unmittelbar vorausgehenden musikalischen Zeitgestaltung und ihres Überganges in die Pause ab. Ein in seinem rhythmisch-motivischen Gestus und seiner Dynamik schon an eine Stille erinnerndes musikalisches Motiv scheint dem Rezipienten zu ermöglichen, eine Stille schneller als eine solche, als ein nicht mehr in musikalisch linearem Prozess begriffenes musikalisches Phänomen wahrzunehmen, sondern als ein solches, das aus dem zeitlichen Fortlauf des Geschehens heraus tritt und damit räumlichen Charakter anzunehmen scheint. Thema der Analyse dieses Unterkapitels ist es, die Stillen in ihrer Eigenschaft zu betrachten, dem ästhetisch erkennenden Bewusstsein einen Raum zu eröffnen, aus dem vorwärts gerichteten linearen zeitlichen Verlauf der Musik herauszutreten und zeitübergreifend zurück zu blicken.

Die fragmentarische Formstruktur des Streichquartetts, die in der obigen Beschreibung musikalischer Linearität von Rhythmik, Dynamik und Klangfarbe schon thematisiert wurde, scheint das räumliche Wahrnehmen in den Stillen mit hervorzurufen. Scheinen die Stillen auf den ersten Blick den diskontinuierlichen und bruchstückhaften Charakter des Streichquartetts – genauer dessen formaler Struktur und der rhythmisch motivischen Beschaffenheit – zu verstärken, scheinen sie auf den zweiten Blick durch ihren räumlichen Charakter gerade das Einheit stiftende Moment des Werkes zu sein; Einheit stiftend insofern, als dass in den Stillen der Zeitraum besteht, Verknüpfungen und Bezüge des gerade Gehörten mit weiter zurück liegenden verwandten oder ähnlichen musikalischen Ereignissen im rezipierenden Bewusstsein zu bilden.

Vor allem die Verknüpfung von markanten rhythmisch-motivischen Ähnlichkeiten auch über größere Zeiträume hinweg fällt ins Gewicht. In Minute 3:37, in der der dreitönige Sprung – bestehend aus einer großen Septime und anschließendem Tritonus – nach oben zum zweiten Mal vorkommt, wird die Erinnerung an das ca. drei Minuten zurück liegende ähnliche intervallische und rhythmische Motiv wach gerufen; welches allerdings aus einer kleinen Terz und darauf folgendem Tritonus besteht und im Unterschied zu dem erstgenannten nicht einstimmig sondern zeitweise zweistimmig gesetzt ist (siehe Minute 0:28). Zwar wird der Blick in die musikalische Vergangenheit durch eine musikalische Setzung, nämlich das erneute Erscheinen des verwandten Motivs, ausgelöst; doch ist es gerade die an das zweite Motiv anschließende Stille, in der diese Erinnerung Raum greifen und die Erfahrung gemacht werden kann, wie Vergangenes, nach dem es vorübergehend in den Hintergrund der Wahrnehmung gerückt war, nun wieder gegenwärtig wird und sich als ein dem Werk Form gebendes Element konstituiert. Bruchstücke dieses Motivs finden sich eingestreut über das ganze Streichquartett verteilt, so zum Beispiel der nur das eine Intervall der großen Septime umfassende Sprung nach oben in Minute 1:32 oder der in Minute 1:58. An anderen Stellen folgt als weitere Variation des Motivs auf die dreistufigen Intervallsprünge nach oben ihre Umkehrung in denselben, diesmal jedoch absteigenden Tonhöhen (vergleiche Minute 2:25). Oder aber die aufsteigenden Tonsprünge weiten sich zu vierteiligen aus und der Spielgestus transformiert sich wie zum Beispiel in Minute 9:40 in einen robusten, energisch expressiven Habitus. Die Kürze und Punktualität dieses Motivs könnte zur Folge haben, in der

Wahrnehmung immer nur flüchtig und kurzweilig zu erscheinen. Dem wirkt Nono entgegen und verleiht dem Motiv Gewicht durch die häufigen umliegenden Stillen. Zwei Beispiele für das Sprungmotiv sind die folgenden:[11]

Takt 1

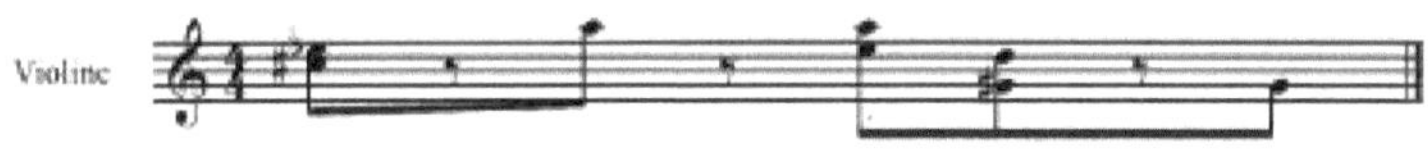

Takt 35

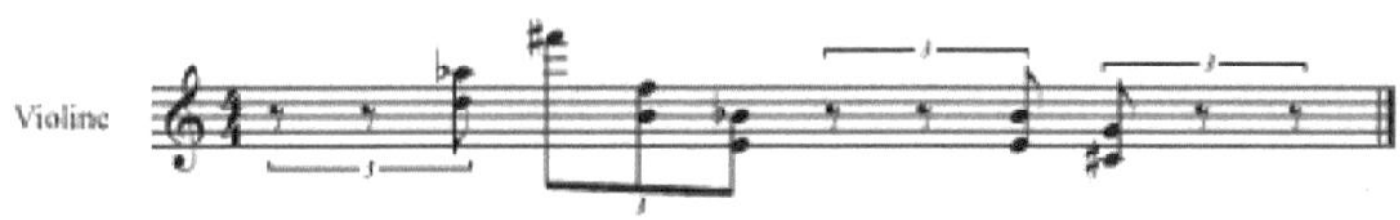

Ein weiteres rhythmisch-motivisches Element im Streichquartett, das sich im Rückblick für das rezipierende Bewusstsein als Form gebendes herausstellt, hat einen vom obigen dreitönigen Sprung stark unterschiedenen Charakter und Ausdruckswert: es sind die meist von Pausen umgebenen einzelnen Liegetöne, die in ihrem aufs Äußerste reduzierten Materialbestand und die minimal eingesetzten Gestaltungsmittel gerade durch ihre Schlichtheit und Einfachheit auffallen. Im Unterschied zu dem oben thematisierten dreistufigen Sprungmotiv sind es jetzt weniger die umliegenden Stillen, die den Raum eröffnen für den Blick auf das vergangene musikalische Geschehen. Vielmehr nähern sich die liegenden

[11] Die Notenbeispiele wurden von der Verfasserin selber gesetzt.

langen Töne in ihrem eigenen ruhigen Charakter dem Gestus der Stille schon selber an, sodass in dieser musikalischen Reduktion schon die Möglichkeit besteht, Vergangenes zu vergegenwärtigen. Durch dieses Vergegenwärtigen wird der Rezipient bei der Wiederkehr des Motivs seiner feinen Unterschiede und Transformationen im Zeitverlauf gewahr. Der Liegeton erscheint in Minute 1:00 als ein einzelner, statischer, ebenso wie zum Beispiel in Minute 2:50 oder 8:36, lediglich in der Tonhöhe variierend. Zwischendurch jedoch nimmt das Motiv unterschiedlichste Ausgestaltungen an. In Minute 4:10 sowie 7:20 beispielsweise erklingen von zwei Streichern unisono gespielte Liegetöne; in einer musikalischen Umgebung, die charakterlich sehr verschieden, nämlich bewegt ist. In Minute 6:10 erscheint ein lang ausgehaltener Klang als mehrstimmiger Akkord, der aber in sich statisch ist. In Minute 7:50 dagegen befinden sich ebenfalls liegende Akkorde, die aber als begleitendes musikalisches Hintergrundgeschehen neben rhythmisch bewegteren Motiven erklingen. In Minute 9:03 transformiert sich dieser liegende Akkordklang minimal in sich selbst. Gerade der musikalische Minimalismus dieses Motivs ermöglicht es, das, was an Transformationen über die Zeit hinweg geschieht, voll wahrzunehmen. Nur durch die Erinnerung an zurückliegende Liegetöne, durch erneute Vergegenwärtigung des vergangenen Tons in der eigenen Vorstellung stellt sich diese Einsicht in diese zeitlich größeren musikalischen Entwicklungen ein.

Ein drittes markantes rhythmisches Motiv, das vereinzelt auftritt und über die Zeit hinweg im Rückblick Querbezüge nahe legt, ist das unruhig drängende Tremolo, wie zum Beispiel in Minute 8:13.

Dieses musikalische Netz von rhythmisch-motivischen und klangfarblichen Beziehungen, das in einem gegenwärtigen musikalischen Moment wahrgenommen werden kann, deutet auf eine Disposition hin, die

Benjamin dem Erkennen von Geschichte zugrunde legt: einer Disposition von Montage, Konfiguration und Aktualisierung. Der durch die Stillen im Streichquartett gegebene räumliche Aspekt zeigt also nicht nur eine inner-ästhetische Macht, die im geprägt-Sein der Stillen durch vorangegangene musikalische Ereignisse besteht. Der räumliche Aspekt erfordert auch eine Art der Wahrnehmung und des Erkennens, die einem bestimmten Blick auf Geschichte entspricht.

Dass Nono das Streichquartett so komponiert, dass die Vergegenwärtigung und Aktualisierung von musikalisch Vergangenem nahe liegen, lässt die Parallelsetzung zu einer Denkfigur Benjamins zu – einer Denkfigur, mit der Benjamin das Erkennen von Geschichte in der Gegenwart und das Erkennen von Gegenwart durch den Blick auf Geschichte beschreibt. Der erkennende Blick muss nach Benjamin auf eine Montage aus Vergangenem und Gegenwärtigem gerichtet sein, um der wahren und nicht der mythischen Geschichte gewahr zu werden.[12]

Für Benjamin sind die Konstellation und die Konfiguration diejenigen Form- oder Strukturelemente, in denen sich Ideen in der phänomenologischen Welt und somit auch künstlerisch im Bereich des Empirischen überhaupt manifestieren können:

> „Indem die Rettung der Phänomene vermittels der Ideen sich vollzieht, vollzieht sich die Darstellung der Ideen im Mittel der Empirie. Denn nicht an sich selbst, sondern einzig und allein in einer Zuordnung dinglicher Elemente im Begriff stellen die Ideen sich dar. Und zwar tun sie es als deren Konfiguration."[13]

---

[12] Vergleiche hierzu: Susan Buck-Morss, *Dialektik des Sehens. Walter Benjamin und das Passagen-Werk*, Frankfurt am Main 1993.

[13] Walter Benjamin, *Ursprung des deutschen Trauerspiels*, in: *Walter Benjamin. Gesammelte Schriften I.1*, Frankfurt am Main 1974, S. 214.

Die Konfiguration oder Konstellation ist somit eine Beziehungsstruktur innerhalb sinnlich wahrnehmbarer Dinge der phänomenologischen Welt; eine Beziehungsstruktur, die aber als solche nicht der phänomenologischen Welt angehört, sondern erst im Begriff hergestellt wird und als eine Erkenntnisleistung angesehen werden kann.

> „Diese Arbeit muß die Kunst, ohne Anführungszeichen zu zitieren, zur höchsten Höhe entwickeln. Ihre Theorie hängt aufs engste mit der der Montage zusammen."[14]

Es ist eine spezifische Erkenntnisleistung, die herausgefordert wird durch eine montageartige Anordnung des sinnlich wahrnehmbaren, in diesem Falle des musikalischen Geschehens im Streichquartett. Nicht über die Wahrnehmung einer Musikstruktur sondern über die der architektonischen Form des Eiffelturms schreibt Benjamin:

> „So schweigt hier die plastische Bildkraft zugunsten einer ungeheuren Spannung geistiger Energie, welche die anorganische stoffliche Energie in die kleinsten wirksamsten Formen bringt und diese miteinander in der wirksamsten Weise verbindet."[15]

> „Ja in der Analyse des kleinen Einzelmomentes den Kristall des Totalgeschehens zu entdecken. [...] Die Konstruktion der Geschichte als solche erfassen. In Kommentarstruktur."[16]

---

[14] Walter Benjamin, *Das Passagen-Werk. Aufzeichnungen und Materialien*, in: *Walter Benjamin. Gesammelte Schriften V.1*, S. 572.

[15] Ebd.: S. 223.

[16] Ebd.: S. 575.

In seiner Erläuterung seines Geschichtsverständnisses formuliert Benjamin:

> „Es kann als eines der methodischen Objekte dieser Arbeit angesehen werden [des Passagen-Werkes], einen historischen Materialismus zu demonstrieren, der die Idee des Fortschritts an sich anuhiliert hat. [...] Sein Grundbegriff ist nicht Fortschritt, sondern Aktualisierung."[17]

Am wahrzunehmenden Fragment muss ersichtlich sein, dass sein Anfang und Ende nicht die tatsächlichen sind; dass der eigentliche Anfang, das eigentliche Ende phänomenologisch nicht gegeben sondern verborgen sind. An dieser fragmentarischen Struktur des Streichquartetts lässt sich am besten die gedankliche Parallele zum oben beschriebenen Benjaminschen Blick auf Geschichte ablesen.

An dieser Stelle soll ein anderer Aspekt von musikalischer Räumlichkeit angedeutet werden; eine Räumlichkeit, die sich nicht an zeitlich weit zurück liegenden musikalischen Ereignissen festmacht, sondern die durch unterschiedliche Lautstärken den Eindruck von Nähe und Ferne erweckt. Mit Blick auf die Dynamik ergibt sich ein sehr facettenreiches Bild verschiedener vielfältiger Schattierungen, die teils stufenweise, teils kontinuierlich ineinander übergehend verlaufen, teils zeitlich sukzessive nacheinander, teils gleichzeitig im Mehrklang erscheinen. Ab Minute 2 beispielsweise eröffnet sich im Streichquartett ein mehr-sekündiges Spiel mit Lautstärken, das sich stufenweise und in der Zeit nacheinander entfaltet. Geigen spielen das dreiteilige Tritonus-Motiv abwärts, dabei nimmt die Lautstärke sukzessive mit jedem Ton ab. Wenige Noten später nimmt das dreistufige Motiv erneut seinen Ausgang, diesmal aber aufwärts

---

[17] Walter Benjamin, *Das Passagen-Werk. Aufzeichnungen und Materialien*, in: *Walter Benjamin. Gesammelte Schriften V.1*, S. 574, eckige Klammer: K. H.

steigend und wiederum nimmt die Lautstärke mit jedem der drei Töne ab. Diese Lautstärkenstruktur – zusammen gedacht mit den Tonhöhenbewegungen – nimmt der Hörer als eine in sich gegenläufige, als widerstrebende wahr. Aristoteles beschreibt das Phänomen, in einer objektiven, tatsächlichen Zweidimensionalität den Eindruck von Dreidimensionalität beim rezipierenden Subjekt zu erwecken, am Beispiel der Malerei:

> „Wie auf einem Gemälde, wenn der Maler mit den Farben dem einen das Aussehen von nahen, dem andern das von fernen Gegenständen gibt, das eine auf dem Bilde zurückzutreten scheint, das andere hervorzutreten, obwohl beides auf derselben Bildebene liegt, so ist es auch bei den Geräuschen und Stimmen, falls das eine bereits in Auflösung begriffen ist, wenn es unser Ohr erreicht, das andere jedoch noch gesammelt. Und obwohl beide Wirkungen an derselben Stelle ankommen, so scheint doch hier ihre Quelle weitab zu liegen, dort ganz in der Nähe zu sein, weil die eine einem Klang aus der Ferne, die andere einem aus der Nähe gleicht."[18]

Dass dem künstlerischen Wahrnehmungs- und Erkenntnisgegenstand räumliche Eigenschaften zukommen, steigert seinen Grad der Erkennbarkeit. Er prägt sich tiefer in das rezipierende Bewusstsein ein, er wird in übertragenem Sinne greifbar, anschaulich, ja haptisch.

IV. A. 3. Musikalische und geschichtliche Gegenwart

Die Bedeutung des musikalisch Gegenwärtigen hat vor dem Hintergrund des oben Analysierten im Streichquartett mindestens zwei Facetten: zum

[18] Aristoteles, *Kleine Schriften zur Physik und Metaphysik*, S. 801.

einen kommen die Stillen in Betracht, sofern sie aus der zeitlichen Prozesshaftigkeit musikalischen Geschehens heraustreten, nahezu einen Stillstand musikalischer Zeit darstellen und somit das rezipierende Bewusstsein von vergangenen und zukünftigen Wahrnehmungsgegenständen löst. So entsteht die Möglichkeit einer ausschließlichen Gerichtetheit des rezipierenden Bewusstseins auf Gegenwärtigkeit und Jetzt. Ähnlich wie die Stillen, scheinen auch die statischen Liegetöne aus der Zeitlichkeit eines unablässigen Entstehens und Vergehens im musikalischen Geschehen auszubrechen und ein Verweilen der Wahrnehmung auf dem gerade gegenwärtigen Gegenstand oder Zustand zu ermöglichen. Es scheint, als sei gerade dies die zentrale ästhetische Absicht Nonos gewesen: mit dem Streichquartett eine Wahrnehmung und Erkenntnis von musikalischer Gegenwärtigkeit herauszufordern. Durch eine solche Erkenntnis von Gegenwärtigkeit in den gegebenenfalls mit musikalischen Erinnerungen angefüllten Stillen scheint die konkret erklungene Musik erst zu der eigentlichen Gestalt zu kommen oder zu finden, die sie als Erkenntnisgegenstand für den Rezipienten ist. Benjamin arbeitet diese Abhängigkeit des Erkenntnisgegenstandes – in unserem Falle der Musik – von der Erkenntnishaltung selber in seiner Abhandlung über das Trauerspiel heraus:

> „Erkenntnis ist ein Haben. Ihr Gegenstand selbst bestimmt sich dadurch, daß er im Bewußtsein […] innegehabt werden muß. Ihm bleibt der Besitzcharakter. Diesem Besitztum ist Darstellung sekundär."[19]

Der zweite hier relevante Gesichtspunkt betrifft nicht die gegenwärtigen Stillen als vielmehr eine gegenwärtige Musik. Hier muss die Abhängigkeit der Erkenntnis der gegenwärtigen Musik von der

---

[19] Walter Benjamin, *Ursprung des deutschen Trauerspiels*, S. 209.

Wahrnehmung des musikalisch Vergangenen betrachtet werden. Ein musikalisches Gegenwärtiges stellt sich im rezipierenden Bewusstsein als ein Unterschiedliches dar, je nach dem, ob der Rezipient es als eine Folge aus dem unmittelbar voran gehenden musikalischen Geschehen hört, als einen Zusammenhang mit zeitlich weiter zurück liegenden musikalischen Ereignissen oder aber für sich stehend als neue musikalische Setzung. Ab der Minute 6:16 ca. beginnt ein über mehrere Minuten anhaltender musikalischer Prozess, in dem sich mehr und mehr zwischen allmähliche lang anhaltende Akkordschritte das Tremolo bis hin zum Staccato mischt. Die immer länger werdenden Tremolo-Intermezzi erhalten einen ganz unterschiedlichen ästhetischen Wert und Charakter, abhängig von der Entscheidung des Rezipienten, sie in verschiedene Zusammenhänge zu stellen. Hört man sie in unmittelbarem Vergleich mit den vorangehenden ruhigen Liegeakkorden, stehen beim Hören die plötzliche Geschwindigkeit und Beschleunigung der rhythmischen Gestaltung der Tremoli im Vordergrund; die Tremoli enthalten jedoch auch motivische und harmonische Anspielungen auf weiter zurück liegendes musikalisches Geschehen. Das in den Tremoli in zeitlich verdichteter und gedrängter Form anklingende aufsteigende (dreiteilige) Sprungmotiv regt an, ein vielfältiges Beziehungsnetz zu den zahlreichen punktuellen Variationen des Sprungmotivs in der Vergangenheit herzustellen. Die in den Tremoli erkennbaren Intervalle der Septime und des Tritonus deuten auf die zahlreichen liegenden Akkordtöne mit besagten Intervallen zurück; die dritte Möglichkeit, diese Tremoli-Intermezzi zu hören, besteht darin, die Aufmerksamkeit auf das Neue an diesem Motiv zu richten: die rhythmische Schnelligkeit, die Robustheit im Spielgestus etc.

Entsprechend des musikalischen Gegenstandes, auf den sich das rezipierende Bewusstsein richtet sowie dem im vorangehenden Unterkapitel

Herausgearbeiteten, gibt es mehrere Arten, wie das ästhetische Subjekt – analog zum sozialen Subjekt – Gegenwart erfasst; entweder als ein in der Zeit immer weiter fortlaufendes kontinuierliches Jetzt, das nur auf sich gerichtet ist; oder aber als Bruch eben einer solchen Kontinuität, in dem Beziehungen zu Vergangenheit und Zukunft aufkommen.

Ein ästhetisches Vermögen, das wie oben heraus gearbeitet Gegenwärtigkeit wahrnimmt und erfasst, auch in seinen Bezügen zu vergangenen und zukünftigen Entwicklungen, kann vor dem Hintergrund von Nonos Texten, Blochs Utopiekonzept sowie Benjamins Begriff der Montage und Konstellation nicht nur musikspezifisch gedacht werden. Die Fähigkeit, eine aktuelle soziale Situation, eine gegenwärtige soziale Lage in ihren Bezügen zur Vergangenheit zu erkennen und daraus eine Vision für die Zukunft zu entwickeln, ist hier durch Nono musikalisch mitgedacht. Für die Frage nach Nonos utopischer Musikkonzeption können aber noch andere Anknüpfungspunkte aus dem Zusammenhang der Blochschen Auffassung von sozialer Utopie fruchtbar gemacht werden. Kann der Stellenwert, den Bloch dem Gegenwartsbewusstsein eines Subjektes für eine Zukunftsgestaltung zuspricht, mit der herausgearbeiteten ästhetischen Disposition in Verbindung gebracht werden? Eine gedankliche Parallele zu Blochs Utopiekonzept könnte darin bestehen, dass er das utopische Bewusstsein in enger Verzahnung mit der Erkenntnis von sozialer Gegenwart konzipiert. Für die musikalische Zeitstruktur im Streichquartett fruchtbar gemacht werden kann Blochs Beschreibung eines Wechselverhältnisses zwischen Utopie und einer konkreten gegenwärtigen sozialen Situation, in der die neuen Ideen durch Subjekte zur Wirkung gelangen können. Der herrschende Zeitgeist, der Stand der Wissenschaften und soziale Entwicklungen müssen so geartet sein, dass die Subjekte aufnahmebereit sind für eine bestimmte Utopie.

„Die Zündungsgegend der Inspiration liegt in der Zusammenkunft einer spezifischen genialen, das heißt schöpferischen Anlage mit der Anlage einer Zeit, den spezifischen Inhalt zu liefern, der für die Aussage, die Formulierung, Durchführung spruchreif geworden ist."[20]

Subjekte müssen gewissermaßen im Vorhinein darauf hingearbeitet haben und vorbereitet sein, dass eine Utopie in den Blick genommen und durch Subjekte verwirklicht werden kann. Sozial verwirklichen kann sich eine Utopie nur, wenn das entsprechende Subjekt eine seiner Zeit angemessene Sprache findet, eine Ausdrucksweise, die von seinem mitmenschlichen Umfeld angenommen und verstanden wird.

Wie ein rezipierendes Bewusstsein durch musikalische Vergangenheit bestimmt werden kann, war Analysegegenstand des letzten Unterkapitels. Hier hingegen war die musikalisch herbei geführte Rückbesinnung des rezipierenden Bewusstseins auf sich selbst Thema. Die Erkenntnis von Gegenwärtigkeit und Jetzt scheint eine Voraussetzung zu sein dafür, ein sinnvolles in die Zukunft gerichtetes Bewusstsein zu entwickeln, das von Vergangenem nicht losgelöst ist? Wie kann musikalische Zukunft durch das rezipierende Bewusstsein bestimmt werden?

Eine möglichst präzise Wahrnehmung und Erkenntnis von einer musikalischen Gegenwärtigkeit ist die Voraussetzung dafür, im rezipierenden Bewusstsein eine Vorstellung von musikalisch Zukünftigem zu entwickeln, die sich in den ästhetisch angelegten Tendenzen des Werkes einfügt, im ästhetischen Werkganzen aussagekräftig ist und nicht willkürlich oder im beliebigen Widerspruch zu ihm steht. Eine so verstandene Wahrnehmung oder Erkenntnis von musikalischer Gegenwärtigkeit kann eine gewisse Umfassendheit oder Totalität für sich beanspruchen; in dem Sinne, als

[20] Ernst Bloch, *Das Prinzip Hoffnung*. Kapitel 1-32, Frankfurt am Main 1985, S. 139f.

dass potenziell in einem gegenwärtigen Moment zeitgleich die Ganzheit einer musikalischen Entwicklung überblickt werden kann und in ihm enthalten ist. Benjamin führt in seinen Untersuchungen diese Eigenschaft in der Darstellung von Ideen auf den Gleichnischarakter zurück, der künstlerischen empirischen Phänomenen zukomme:

> „Der letztere [der Künstler] entwirft ein Bildchen der Ideenwelt und eben darum, weil er es als Gleichnis entwirft, in jeder Gegenwart ein endgültiges."[21]

Die vielen Stillen im Streichquartett sowie eine annäherungsweise Statik in seiner rhythmisch-motivischen Struktur ermöglichen dem Rezipienten insofern, in einem einzelnen Bruchstückhaften gegenwärtigen Moment das Abbild eines Endgültigen, Totalen zu erkennen, um in Benjamins Worten zu sprechen, als dass so ästhetisch ein Raum geschaffen ist, zurück blickende und vorausschauende Werkzusammenhänge zu erkennen; sei dies linear-kontinuierlich oder gebrochen-diskontinuierlich.

Dem Erkennen eines Jetzt – sowohl eines musikalischen bei Nono als auch einem geschichtlichen bei Benjamin – scheint ein multiperspektivischer Blickwinkel zugrunde zu liegen. Benjamin schreibt:

> „Man kennt eine Gegend erst, wenn man sie in möglichst vielen Dimensionen erfahren hat. Auf einen Platz muß man von allen vier Himmelsrichtungen her getreten sein, um ihn inne zu haben, ja auch nach allen diesen Richtungen ihn verlassen haben."[22]

---

[21] Walter Benjamin, *Ursprung des deutschen Trauerspiels*, S. 212.

[22] Walter Benjamin, *Gesammelte Schriften VI*, S. 306.

Die bruchstückhafte, fragmentarische Struktur des Streichquartetts scheint ein multidirektionales Hören des Jetzt nahe zu legen.

IV. A. 4. Ästhetische und geschichtliche Gestaltung von Zukunft

Die Abwesenheit von Musik und akustischen Sinnesreizen in den Stillen eröffnet den Raum, Musik nicht mehr konkret, sondern als Bewusstseinsgegenstand zu verfolgen. Beeinflusst davon, wie die einer Stille voraus gehende Musik gestaltet war, bewegt sich die Musik als Bewusstseinsgegenstand zwar innerhalb bestimmter Grenzen; doch fordert die Abwesenheit unmittelbarer akustischer Sinneseindrücke den Rezipienten zu verstärkter schöpferischer Aktivität und hervorbringender Tätigkeit an. Wie also die Musik als Bewusstseinsgegenstand genau aussieht, hängt bis zu einem bestimmten Grad von der Tätigkeit des Rezipienten ab. In jedem Fall aber dehnt sich Musik als Bewusstseinsgegenstand nicht in linearer und objektiver Zeitlichkeit. Sondern ein großer Musikverlauf kann in wenigen Momenten objektiver Zeit im Bewusstsein vorgestellt oder gedacht werden.

Ist das Wahrnehmungs- und Erkenntnisvermögen eines Rezipienten derart geschult, dass vielfältige Auswirkungen und Folgen von Vergangenheit für die Gegenwart nachvollzogen werden, muss gleichzeitig die Möglichkeit bestehen, musikalische Entwicklungen im Bewusstsein in die Zukunft hinein voraus zu denken oder sich vorzustellen. Das rezipierende Bewusstsein in seiner Einstellung gegenüber dem musikalisch Zukünftigen muss in mindestens zwei Szenarien verdeutlicht werden. Das erste betrifft das Voraussehen musikalischer Abläufe ohne Kenntnis derselben. Nur hier kann die Sicherheit bestehen, dass das Vorausdenken von musikalischem

Zukünftigen sich nicht einfach auf die Erinnerung und das Wissen über den musikalischen Fortgang stützt, sondern wirklich aus dem Vergangenen und Gegenwärtigen unter Gebrauch eigener schöpferischer Phantasie aktiv abgeleitet wurde. Da der Analysierende seine Kenntnis des Werkes nicht auslöschen oder ignorieren kann und nicht vor sein Wissen über die musikalischen Abläufe und Zusammenhänge zurückkehren kann, bliebe für die Beschreibung dieses ersten Szenarios eines Bewusstseins von musikalischer Zukunft nur ein spekulativ reflexives Entwerfen. Dieses Gedankenexperiment, das nicht empirisch beweisbar ist, kann seine Relevanz und sein Zutreffen nur durch innere, gedankliche Stimmigkeit und Logik bezeugen. Das zweite Szenario dagegen betrifft die Haltung gegenüber musikalisch Zukünftigem mit ausführlichem Wissen über das Werk und Verständnis desselben. Dieses Szenario fragt nach denjenigen formalen und kompositionstechnischen Besonderheiten des Streichquartetts, die ein in die Zukunft gerichtetes rezipierendes Bewusstsein herausfordern; und danach, wie konkret tatsächlich aus einem musikalisch Vergangenen und Gegenwärtigen sich eine Vorstellung von dem Zukünftigen bilden lässt.

Eine Entwicklungstendenz in dem gesamten großen Verlauf des Streichquartetts ist, dass die Kontraste in mehreren musikalischen Parametern zunehmen: zum einen verstärken sich dynamische Extreme. Sie äußern sich in auf zunehmend kurzem zeitlichen Raum einander abwechselnden leise verhaltenen Motiven und expressiv- intensiven, akzentuierten und lauten Passagen. Zum Zweiten treten die rhythmischen Kontraste mehr und mehr hervor. In ihrer Dauer tendenziell zunehmende lange Liegetöne stehen ohne Überleitung unmittelbar neben abrupten rhythmisch sehr bewegten, schnellen und markanten Tonfiguren. Diese Entwicklungstendenz der größer werdenden Kontraste hat zur Folge, dass sich latent ein großer Spannungsbogen über das gesamte Streichquartett erstreckt. Innerhalb dieses Rahmens der zunehmenden Extreme im großen Verlauf des Werkes sowie seiner fragmentartigen formalen Struktur scheint in den Pausen eine spezifische Erwartungshaltung des Rezipienten Raum greifen zu können; eine Haltung gegenüber dem musikalisch zu Erwartenden: die musikalischen Extreme können im rezipierenden Bewusstsein fortgedacht werden; die Tremoli zum Beispiel in verstärkter Intensität, in akzentuierter, expressiverer Spielart oder auch rhythmisch beschleunigt oder aber als zart verhaltener zitternder Klangeffekt; der häufig in Septimen oder Tritonus erfolgende mehrteilige Intervallsprung in Forte-Lautstärken oder Crescendi; die Liegeklänge in intensiver Spielweise, in seinen Dauern gedehnt oder aber in leisen Piano-Lautstärken, als Hintergrundgeschehen, das den Stillen nahe kommt. Geschieht dieses aktive Antizipieren und Entwerfen im rezipierenden Bewusstsein ohne Kenntnis des weiteren Werkverlaufes, scheint in der Charakteristik der beschriebenen Motive eine große Vielfalt und Offenheit zu herrschen, dies jedoch innerhalb der Grenzen des schon erklungenen harmonischen, rhythmischen und motivischen Materials.

Die Zeitstruktur des Streichquartetts eröffnet dem Rezipienten eine komplexe Vielfalt an Möglichkeiten, aktiv an dem mitzugestalten, was zukünftig an Musik gehört wird, und dies je nachdem, auf welches musikalische Element der Vergangenheit oder Gegenwart der Fokus der Aufmerksamkeit gelenkt ist. Die fragmentarische Struktur scheint per se dem Rezipienten nahe zu legen, das Bewusstsein mehr auf die Komplexität verschiedener künstlerischer Möglichkeiten zu richten denn auf die in ihrer Realisation festgelegte und beschränkte konkret erklingende Variante. In der fragmentarischen Struktur des Streichquartetts zeigt sich also Nonos Nähe zu der Forderung Robert Musils, dem Wirklichkeitssinn einen Möglichkeitssinn zur Seite stellen zu müssen, um Zukunft zu gestalten. Nono schreibt: „Die Fragmente, die nicht in sich selber zu Ende gehen, die nicht nachher durch ein synthetisches Moment nivelliert werden. Aber die Fragmente zeigen besondere Momente vom Potential des Lebens [...]."[23] Diese Art der ästhetischen Produktivität, des künstlerischen Erschaffens von Zukunft durch den Rezipienten kann als eine Einübung einer bestimmten Wahrnehmung, eines bestimmten Handelns gesehen werden, die ein Subjekt auf außermusikalische Vorgänge von Zeitgestaltungen beziehen und anwenden kann.

Ein Wahrnehmen und Handeln, das eine außermusikalische Zukunft gemäß des vergangen und gegenwärtig Gegebenen gestaltet – analog zu einem wie oben beschriebenen ästhetischen Verhalten – legt den Begriff der Verantwortung nahe. Ein Subjekt, das die Zukunft seines eigenen oder die des gesellschaftlichen Lebens aus einer Geschichtskenntnis heraus gestaltet, handelt verantwortungsvoll. Sofern das handelnde Subjekt dem zukünftig Eintretenden nicht kenntnislos, sozusagen offen und leer gegenüber tritt, sondern ein aus der Vergangenheit abgeleitetes Zukunftsszenario in seinem Bewusstsein mit dem tatsächlich eintretenden Geschehen abgleicht, kann das Subjekt in seiner Haltung gegenüber der Zukunft als verantwortungsvolles bezeichnet werden. Eine offene kenntnislose Haltung wäre naiv und beliebig. Frei ist die kenntnisreiche Haltung (bezüglich des Erkennens sowie der Handlung), da sie dem Subjekt eine reflexive Distanz und Unabhängigkeit gegenüber dem phänomenologischen Geschehen verschafft und verhindert, dass er diesem Geschehen handlungs- und gestaltungsunfähig ausgeliefert sein könnte.

---

[23] Luigi Nono, in: *Luigi Nono. Dokumente. Materialien*, hrsg. von Andreas Wagner, Saarbrücken 2003, S. 159.

Ein so verstandenes verantwortungsvolles Gestalten von Zukunft leitet über zu einem Aspekt des Blochschen Utopieverständnisses. Bloch formuliert sein Verständnis von Utopie, indem er ausdrücklich darauf hinweist, dass die Ahnung einer Möglichkeit, einer Utopie deutlich unterschieden ist von Tagträumen, illusionärem Wunschdenken und Phantasterei; und zwar sofern das utopische Bewusstsein eine „real-objektive Möglichkeit" zum Inhalt hat. Der Ausgangspunkt des utopischen Bewusstseins ist eine konkrete gegenwärtige Wirklichkeit, die ein Subjekt in die Zukunft hinein bestimmten Idealen gemäß fort denkt. Utopie nimmt zwar ihren Ausgang bei einem Wirklichen, greift dann aber verändernd in dieses ein, formt es zu einem Neuen um.

> „Und auch die Phantasievorstellungen sind hier nicht solche, die sich aus Vorhandenem lediglich zusammensetzen, auf beliebige Weise [...], sondern die Vorhandenes in die zukünftigen Möglichkeiten seines Andersseins, Besserseins antizipierend fortsetzen."[24]

Die Aktivität des rezipierenden Bewusstseins, zukünftige musikalische Verläufe aus dem Vergangenen heraus weiter zu denken, müsste darauf abzielen, zu einer Vervollständigung und Vervollkommnung des musikalischen Ganzen beizutragen. Dem musikalisch Vergangenen wird der Charakter eines noch nicht zu Ende Gebrachten, Vorläufigen und Optimierungswürdigen unterstellt.

---

[24] Ernst Bloch, *Das Prinzip Hoffnung.* Kapitel 1-32, S. 163f.

IV. B. Aspekte eines Freiheitsbegriffes

Im Folgenden soll eine weitere ästhetische Bedeutung der Stillen im Streichquartett herausgearbeitet werden, die die Grundlage bildet für ein Freiheitsverständnis, das mit dem aus musikalischer Zeitlichkeit abgeleiteten Aspekt von Macht in engem inhaltlichen Verhältnis steht: die Stillen kommen nun in Betracht in ihrer Eigenschaft, auf der Schwelle zwischen phänomenologisch, akustisch Gegebenem einerseits (Vergangenheit) und einem Ideengehalt im Bewusstsein des Rezipienten (Zukunft) andererseits angesiedelt zu sein.

IV. B. 1. Freiheit: auf der Grenze zwischen Stofflichkeit und Unstofflichkeit. Musikanalytische und sozialphilosophische Befunde

Zunächst vertieft die musikalische Analyse einen innerästhetischen Machtaspekt, der sich mit folgender Frage andeuten lässt: ist ein bloßes da-Sein eines akustischen Faktums, seine Wahrnehmbarkeit, schon Macht, egal wie es im Einzelnen beschaffen sein mag? Während das nicht da-Sein eines akustischen Faktums, die Stille, die Abwesenheit von Macht bedeutet? Musikalische Stillen scheinen eine transzendente Dimension zu eröffnen. Das rezipierende Bewusstsein ist nicht durch unmittelbar und gegenwärtig einwirkende akustische Sinneseindrücke bestimmt, es ist auf sich selbst zurückgeworfen. Da das rezipierende Bewusstsein in den Stillen nicht zwingend von außen bestimmt wird, scheint in den Stillen ein gewisser Frei- oder Spielraum zu entstehen, wie mit dem musikalisch Vorangegangenen und dem musikalisch Erwartbaren in der eigenen Vorstellung umgegangen werden kann.

Dass eine Stille im Streichquartett dem Rezipienten als eine Leere, als ein abhanden-Sein oder frei-Sein von Musik erscheint, trifft auf die wenigsten Pausen zu. Die meisten Stillen hingegen stellen sich als konstitutives Element der Musik selber da, als ein strukturierendes Geschehen, das direkt in die musikalische Entwicklung eingebunden ist. Sie unterbrechen musikalische Abläufe nicht zwingend und sind so nicht notwendig ein diskontinuierliches Moment, sondern erfüllen eine kompositorisch exakt bestimmte ästhetische Funktion innerhalb der unterschiedlichen musikalischen Prozesse. Dies gilt für all diejenigen Werkpassagen, wo sich ein dynamischer, klangfarblicher, rhythmischer oder harmonischer Spannungsbogen über mehrere Stillen hinweg fortsetzt und hält. Von Minute 9:30 bis 9:43 zum Beispiel erstreckt sich eine musikalische Steigerung, deren Spannung durch die drei ca. ein- bis zwei-sekündigen Stillen noch intensiviert wird. Das Crescendo in den Lautstärken, die rhythmische Dynamisierung von einzelnen lang gestrichenen Noten hin zu kurzen Staccati sowie die aufwärts gerichtete Bewegung der Tonhöhen werden durch die Stillen nicht unterbrochen. Vielmehr vergrößert das kurze Innehalten der Musik die Spannung und steigert die Erwartung des Rezipienten.

Ein weiteres Beispiel für Stillen, die kein Nichts oder kein abhanden-Sein von Musik oder musikalischer Energetik aufzuweisen scheinen, ist der Werkausschnitt von Minute 11:12 bis 12:24. In dieser Zeitspanne wechseln sich die zwei in ihrer Klangfarbencharakteristik sehr unterschiedlichen Spieltechniken ab: lang angehaltene Töne der Geige oder Bratsche als Ein- oder Mehrklang einerseits, die in ihrem Flautando-Charakter zart und zerbrechlich wirken und statisch sind, und schnelle, kurze Schläge des Bogenholzes auf Griffbrett und Saiten andererseits, welche hingegen geräuschhaft und energisch klingen. Die Stillen, die im Wechsel von der einen Spieltechnik zur anderen, vermehrt jedoch im Übergang von dem Bogenschlagen hin zu den Liegetönen eingesetzt sind, sind insofern keine leeren, als dass sie eine spezifische ästhetische Funktion oder einen bestimmten ästhetisch-musikalischen Gehalt haben: nämlich die Gegensätzlichkeit in der Klangfarbencharakteristik der zwei Spieltechniken zu verstärken bzw. ihnen Raum zu geben, ihre jeweilige Charakteristik erst zur vollen Wirkung kommen zu lassen.

Wie oben an einzelnen Beispielen veranschaulicht, stellen sich die meisten Stillen im Streichquartett dem rezipierenden Bewusstsein also als keine nicht-Musik dar, obwohl in ihnen physikalisch kein akustisches Geschehen stattfindet. Die konkrete Musik ist insofern nicht abhanden sondern präsent, als dass das rezipierende Bewusstsein die Stillen mit kompositorisch einkalkulierten ästhetisch- dramaturgischen Gehalten anfüllt. Anders verhält es sich mit langen Stillen, die entweder tatsächlich eine objektive Zeitlänge von mindestens vier Sekunden andauern oder aber subjektiv als lang empfunden werden aufgrund des vorangehenden und nachfolgenden musikalischen Geschehens. In Betracht kommen hier insbesondere diejenigen Stillen, die durch die ihnen voran gehende Musik schon antizipiert werden. So kündigt zu Beginn des Werkes der ab Minute 0:33 sieben Sekunden lang ausgehaltene einzelne Flageolett-Liegeton die anschließende Stille schon an. Sein ruhiger Charakter, sein dreifaches Piano ermöglicht ein beinahe unmerkliches Übergehen in die Stille und die kompositorische Vermeidung von jeglicher rhythmischer Bewegung führen im Hörerlebnis schon zu einem Eindruck von angekündigtem Stillstand. Die nun beginnende tatsächliche Stille von sechs Sekunden scheint im Verlauf ihrer Dauer als solche erkennbar und erlebbar. Die Abwesenheit von Musik tritt sehr deutlich hervor, nicht nur weil ein Nichts vorher schon anklang, sondern auch weil das Minimum an voran gehendem musikalischen Geschehen im rezipierenden Bewusstsein nicht stark und lange fortzuwirken scheint. Die Erinnerung an das musikalisch unmittelbar Vorangehende verblasst, ohne dass neue Musik einsetzt; so wird sich das rezipierende Bewusstsein der Stille gewahr. Dass nach dieser Stille dieselbe Tonhöhe diesmal nur im zweifachen Piano, eindringlich, intensiv und lauter gestrichen von beiden Violinen und der Viola einsetzt, verstärkt diesen Eindruck des Nichts rückwirkend, war es doch nicht die vor der Stille exponierte ästhetische Tendenz, die sich in den Sekunden der Stille im ästhetischen Bewusstsein hätte fortentwickeln können, um schließlich im erneuten Einsatz der Musik zu münden. Das nach der Stille einsetzende musikalische Geschehen widerspricht der der Stillen voraus gehenden ästhetischen Tendenz; ihm kommt etwas Unerwartetes, Plötzliches zu. So erhält die Stille nachträglich den Charakter eines Aussetzens von Musik, eines Diskontinuierlichen.

Noch deutlicher als ein abhanden-Sein von Musik ist die Stille in den Minuten 12:21 bis 12:31 zu erfahren. Vorher erstreckt sich über 25 Sekunden ein hoher Geigenton, der sich langsam und minimal in seiner Tonhöhe transformiert und gegen Ende leiser wird. Die konkrete Erinnerung an diesen Klang und diese musikalische Tendenz scheint im rezipierenden Bewusstsein während der zehn-sekündigen Pause nahezu zu erlischen, sodass im Zeiterleben des Rezipienten etwas wie ein Innehalten, Stolpern und Unterbrechen durch die Stille bewirkt wird. Im Gegensatz zu der statischen ruhigen Tonbewegung vor der Stille folgt nach letzterer ein in sich sehr bewegtes Spiel der Streicher, was die Rhythmik und die Tonhöhen betrifft.

In den Stillen bündelt und konzentriert sich das, was man ‚an einem Stoff vollzogene Erkenntnis' nennen könnte. Musikalisch vorangegangenes und bevorstehendes Geschehen ist nicht mehr bzw. noch nicht in physikalisch- akustischer Form gegeben, sondern als Bewusstseinsinhalt oder musikalische Imagination. Dass Nono im Streichquartett in seinem Umgang mit den Stillen mit dieser Grenze spielt – der Grenze zwischen Stillen, in denen musikalisches Geschehen präsent zu sein scheint und Stillen, in denen das abhanden-Sein von Musik deutlich wird – eröffnet in der Deutung mindestens drei Perspektiven: erstens hängt die Frage nach einer leeren oder vollen Stille mit der antiken griechischen naturkundlichen Debatte um die Leere zusammen. Zweitens scheint Nonos eigene Ansicht darüber, inwieweit die durch Musik zum Ausdruck kommende Schwelle zwischen Physik und Metaphysik erkenntnistheoretisch relevant ist, ausschlaggebend zu sein. Drittens schließlich kann dem Analogieverhältnis zwischen musikalisch-ästhetischer Konzeption und dem Utopieverständnis Blochs nachgegangen werden.

Die Wirkungsmacht einer musikalischen Stille ist eine fundamental andere – je nachdem, ob sie als eine leere oder volle musikalische Stille bewertet wird. Leere bzw. leere Stille einerseits hat die notwendige Funktion, eine Setzung, das Dasein von etwas und deren Entwicklung zu ermöglichen; eine solche Setzung und Entwicklung erst als solche als das, was sie ist, zur Geltung und zur Wahrnehmung kommen zu lassen. Leere wäre somit nicht Nichts. Die Existenz und Funktion der leeren Stillen innerhalb des Streichquartettes sind verwandt mit der antiken naturkundlichen Meinung über Leere im Universum überhaupt.

> „Es gäbe (sonst) keine ortsverändernde Bewegung – das ist: Fortbewegung und Wachstum –; es scheine offenkundig Bewegung nicht geben zu können, wenn nicht Leeres wäre“[25]

---

[25] Aristoteles, *Physik*, 213 b, Klammer: Herausgeber.

Ebenso analog zur musikalischen Analyse zu denken wäre der Zweifel Aristoteles', ob totale Leere, absolutes Nichts überhaupt existierten.

> „Medissos jedenfalls führt seinen Nachweis, das All sei bewegender Veränderung nicht zugänglich, mit folgende Sätzen durch: wenn es Bewegung darin gäbe, gebe es notwendig – sagt er – darin auch Leeres, Leeres aber gehöre nicht zu dem, was ist."[26]

> „Es gibt aber gar keine Notwendigkeit dazu, daß, wenn es Bewegung gibt, auch Leeres sein müßte. [...] Eigenschaften verändern kann auch ein Gefülltes."[27]

Aristoteles sieht in den Phänomenen der Bewegung, Verwandlung und Entwicklung in der Natur als Eigenschaftsveränderung den Beweis dafür, dass es eine totale Leere, ein absolutes Nichts nicht geben kann.

> „Im Leeren muß notwendig (alles) zur Ruhe kommen. Es gibt ja nichts (darin, was etwas veranlassen könnte), sich eher oder weniger auf dieser oder jener Bahn zu bewegen."[28]

Die musikästhetische Frage, wie sich die Wirkungsmacht einer leeren Stille von der einer vollen Stille unterscheidet, ließe sich auch vor dem Hintergrund der oben angerissenen antiken naturkundlichen Debatten um die Existenz einer Leere diskutieren und deuten.

Nonos Anspruch an Musik umfasst die zwei weit voneinander entfernt liegende Pole: einerseits empirisches Phänomen zu sein, andererseits eine Plattform für Ideen, Ideale und Gedanken. Musik scheint für Nono eine

---

[26] Aristoteles, *Physik*, 213 b.

[27] Ebd.: 214 a.

[28] Ebd.: 214 b, Klammern: Herausgeber

Kunst zu sein, die die trennende Gegenüberstellung von Physik und Metaphysik, von empirisch- Physischem und gedanklich- Geistigem aufhebt. Er schreibt:

> „Es kommt mir ein Satz Giorgio Agambens aus dem Buch ‚Stanze' in den Sinn: ‚Dem Unkörperlichen einen Leib geben, das Leibliche körperlos machen, die höchste Wirklichkeit formen, indem man die höchste Unwirklichkeit ausführt'. [...] Es gibt einen Passus in Henry Corbins Buch ‚Geistiger Leib und himmlische Erde', in dem all dies, wie mir scheint, wunderbar erläutert ist: ‚Es gibt Klänge, die für das aktive Vorstellungsvermögen vollständig wahrnehmbar sind, ohne, dass sie durch die Luftschwingungen bedingt wären; sie bilden die imaginierte Gestalt des Klanges, wie er im reinen Stand der mundus imaginalis da ist... und von vornherein auf den Einbezug der Physis als solcher für die psycho- spirituelle Tätigkeit aus ist, auf deren Verbindung in einer Zwischenwelt, die den Dualismus von Materie und Geist, von Sinn und Verstand überwindet'."[29]

Musik generell scheint sich auf einem schmalen Grad zu befinden zwischen physikalischer Manifestation und transzendentem Ideengehalt. Die kompositionstheoretischen Entscheidungen, im Streichquartett mit Stillen zu operieren und mit vielen den Stillen ähnlichen Klangphänomenen, stellen gerade diesen Grad, diese Scheidewand in den Mittelpunkt. Besonders diejenigen Stillen sind hier relevant, die sich zwar durch die Abwesenheit akustischer Reize auszeichnen, aber im rezipierenden Bewusstsein deutlich den Bezug zu ihnen erhalten.

Dass sich viele Stillen im Streichquartett nicht eindeutig einer Seite zuordnen lassen – weder der einer stofflich materiellen Beschaffenheit, noch einer Beschaffenheit, die wegen der Abwesenheit des Stoffes rein

[29] Luigi Nono, *Incontri. Luigi Nono im Gespräch mit Enzo Restagno*, hrsg. von Matteo Nanni, Hofheim 2004, S. 28f.

ideeller Natur wäre – leitet über zu einem Aspekt des Utopiekonzeptes Blochs. Eine ähnliche Übergänglichkeit zwischen Empirie und Transzendenz konzipiert Bloch, wenn er die Beschaffenheit, den Stoff und das Wesen von Utopie und des utopischen Bewusstseins beschreibt. Fasst Bloch utopisches Vermögen als die Kraft auf, eine Möglichkeit gegen bestimmte Widerstände der Wirklichkeit einzuprägen, scheint Utopie an einer Schwelle, an einem Übergang angesiedelt zu sein; an dem Übergang, wo eine alternative Möglichkeit zunächst bloßer Bewusstseinsinhalt ist, dann aber durch konkrete Umsetzung und sinnlichen Ausdruck Teil der physischen Wirklichkeit wird; an der Schwelle von metaphysischer Vision zu physischer, stofflich-materieller Manifestation. Wenn Bloch von Realismus und Empirie in Zusammenhang mit Utopie spricht, meint er die Utopie als Tendenz und als Teil der konkreten Wirklichkeit. Die Richtung der Veränderung von Wirklichkeit hin zu einer Utopie ergibt sich aus der Wirklichkeit, nicht aus einer ihr möglicherweise entgegen gesetzten Utopie.

> „Also von jenem einzig reellen Realismus her, der nur einer ist, weil er sich auf die Tendenz des Wirklichen versteht, auf die objektiv-reale Möglichkeit, der die Tendenz zugeordnet ist, mithin auf die selber utopischen, nämlich zukunfthaltigen Eigenschaften der Wirklichkeit."[30]

Diese Veränderungstendenz der Utopie nimmt ihren Ausgang in der Wirklichkeit und übersteigt und erweitert die Grenzen des Bestehenden gemäß des Entwicklungspotenzials der Wirklichkeit, nicht gemäß eines unabhängigen transzendenten Standpunktes.

---

[30] Ernst Bloch, *Das Prinzip Hoffnung*. Kapitel 1-32, S. 165.

„So auch ist die utopische Funktion die einzig transzendierende, die geblieben ist, und die einzige, die wert ist zu bleiben: eine transzendierende ohne Transzendenz."[31]

In dieser Auffassung von Utopie scheint die Trennung von physischem und metaphysischem Stoff aufgehoben zu sein.

In den zwei verschiedenen ästhetischen Funktionen der Stillen im Streichquartett, den vollen wie den leeren, scheint sich vor obigem Deutungshintergrund die spezifische Macht zu manifestieren, auf eine bestimmte Art und Weise hinzudeuten, wie eine konkrete Wirklichkeit – sei diese nun musikalischer oder sozialer Natur – gemäß eines Ideengehaltes gestaltet und verändert werden kann.

IV. B. 2. Freiheit als bestimmt- und bestimmend-Sein

Die in den Stillen zum Ausdruck kommende Schwelle zwischen Physik und Metaphysik sowie die zuvor analysierte musikalische Zeitstruktur im Streichquartett legen ein Verständnis von Macht nahe, das einen bestimmten Freiheitsbegriff nicht aus- sondern einschließt. Nono selber deutet diesen Freiheitsbegriff an in seiner Definition von Ideologie:

„Ideologie nicht als idealistische Oase verstanden, die von der lebendigen Wirklichkeit weit entfernt ist und ihr oft widerspricht und die daher die Tendenz hat, der Wirklichkeit sich aufzudrücken, bis sie erstickt, [...] sondern als reagierendes Bewusstsein, das sich am Kontakt mit dem Phänomen

[31] Ernst Bloch, *Das Prinzip Hoffnung*. Kapitel 1-32, S. 166.

> Wirklichkeit belebt und das, sich selbst bestimmend, bestimmt. Vor allem eine Art, in der Wirklichkeit zu sein."[32]

Drei Facetten von Macht sind in dieser Ideologie-Definition Nonos enthalten, die in der Analyse musikalischer Zeitlichkeit vertieft worden sind und ein Freiheitsmoment in sich enthalten. ‚Das reagierende Bewusstsein, das sich am Kontakt mit dem Phänomen Wirklichkeit belebt', wird aktiv in der Prägung durch die soziale Wirklichkeit, die Nono wahrscheinlich impliziert. Analog dazu analysierte dieses Kapitel Macht als Prägkraft, mit der eine bestimmte musikalische Wirklichkeit oder Vergangenheit auf das rezipierende Bewusstsein einwirkt und dieses formt. ‚Das reagierende Bewusstsein' als eines, das sich selbst bestimmt, legt einen anderen Aspekt von Macht nahe; Macht nicht im Sinne eines Außeneinflusses sondern einer Selbstermächtigung oder Selbsterstarkung aus sich selbst heraus. Eine Funktion der musikalischen Stillen im Streichquartett charakterisiert die Analyse dahingehend, dass in ihnen zum Teil das Nachklingen des musikalisch Wirklichen verstummt und sich dem Rezipienten der Freiraum eröffnet, introspektiv zu sich selber zu kommen und aus sich heraus die Ausrichtung für das weitere Hören zu wählen. Der dritte hier relevante Machtaspekt kommt in Nonos Charakterisierung des ‚reagierenden Bewusstseins' nicht nur als ein Bestimmtes sondern zugleich als ein Bestimmendes zum Ausdruck. Durch eine konkrete Wirklichkeit bestimmt und dennoch selbstbestimmt zu sein scheint sich in Nonos Formulierung nicht auszuschließen. In beiden Fällen tritt nun noch das aktive Moment hinzu, selbst auf die eigene Umgebung oder auf Mitmenschen einzuwirken, sie zu prägen und in diesem Sinne ermächtigt zu sein. Analog dazu kam die Musikanalyse zu dem Ergebnis, dass der Rezipient durch seine Rezeptions-

[32] Luigi Nono, *Notizen zum Musiktheater heute*, in: *Luigi Nono, Studien. Texte zu seiner Musik*, S. 61.

haltung, die entweder durch musikalische Wirklichkeit geprägt ist oder aber bei musikalischer Abwesenheit selbstbestimmt geartet sein kann, aktiv und faktisch mitgestaltet an dem, was er zukünftig an musikalischem Geschehen hört. Eine Macht, die in der festgelegten Bestimmung eines Subjekts durch musikalische oder soziale faktische Wirklichkeit besteht wird umgewandelt durch das Hinzutreten von selbstbestimmenden Elementen in eine freie Art und Weise, Zukunft zu gestalten und zu bestimmen.

Analog zu diesem Gedanken macht Aristoteles das Funktionieren einer Gesellschaft davon abhängig, ob ein Bürger es versteht, gleichzeitig unter der Macht anderer stehen und selbst Macht ausüben zu können:

> „Aber die Fähigkeit, sowohl ein Regierungsamt zu bekleiden als auch sich regieren zu lassen, findet doch öffentlich hohe Anerkennung, und diese Fähigkeit [...] gilt als die herausragende Qualität eines angesehenen Bürgers."[33]

Will man in der hier charakterisierten Geartetheit der Rezeptionshaltung, gleichzeitig durch vergangene Musik bestimmt, in die musikalische Zukunft hinein aber bestimmend zu sein, ein Moment der Freiheit entdecken, darf der Begriff Macht Freiheit nicht ausschließen; Macht und Freiheit können antagonistischen Zustände sein, wobei die Anwesenheit des einen die Abwesenheit des anderen notwendig mit sich brächte. Foucault formuliert:

> „Wenn man Machtausübung als ein auf ein Handeln gerichtetes Handeln definiert, wenn man sie als Regierung eines Menschen durch einen anderen im weitesten Sinne des Wortes beschreibt, dann schließt man darin ein wichtiges Element ein, nämlich das der Freiheit. Macht kann nur über ‚freie Subjekte'

[33] Aristoteles, *Politik*, 1277 15a.

ausgeübt werden […]. Wo die Bedingungen des Handelns vollständig determiniert sind, kann es keine Machtbeziehungen geben."[34]

IV. C. Schlussbetrachtung

Die innerästhetischen Facetten von Macht, die sich in der musikalischen Zeitstruktur des Streichquartettes zeigen, erfordern eine Wahrnehmungs- und Erkenntnishaltung, die in Verbindung zu Benjamins Geschichtsbegriff sowie Blochs Utopiekonzept gesetzt werden konnten. In diesem Deutungsvorgang musikalischer Struktur kam ein weiterer Aspekt von Macht zum Vorschein: die Macht im Sinne einer Wirkungsmacht der spezifischen ästhetischen Zeitstruktur im Streichquartett auf mögliche Vorgänge außermusikalischer Zeitgestaltungen durch Subjekte.

---

[34] Michel Foucault, *Ästhetik der Existenz*, Frankfurt am Main 2007, S. 97f.

V. Gewalt als musikalisches Sujet

Luigi Nonos *Ricorda cosa ti hanno fatto in Auschwitz*

Im Vergleich zu den vier vorangehenden Kapiteln ist die Methode des nun anschließenden eine andere. Wurde zuvor aus einer musikalischen Struktur heraus ein ästhetischer Aspekt von Macht forciert, um ihn im Anschluss in einem erkenntnistheoretischen oder sozialphilosophischen Kontext zu deuten, soll nun überprüft werden, inwieweit eine Musikstruktur an die Aussagewerte einer konkreten Begriffsdefinition heranreichen kann: und zwar an die Definition des Begriffes Gewalt durch Hannah Arendt.

Als musikanalytische Grundlage wählt dieses Kapitel *Ricorda cosa ti hanno fatto in Auschwitz* (1965) für Stimmen und Tonband. In *Ricorda cosa ti hanno fatto in Auschwitz* lässt Nono musikalische Vorarbeiten aus der Musik zu *Die Ermittlung* von Peter Weiss sowie zahlreiche Zitate beispielsweise aus dem elektronischen Werk *La fabbrica illuminata* (1964) oder *Diario polacco '58* einfließen.

Wollte man Nonos eigenen verbalen Äußerungen zu Gewalt als begrifflich-theoretische Grundlage wählen, müsste nicht nur Nonos intellektuelle und künstlerische Verpflichtung gegenüber der italienischen Geschichte der Resistenza berücksichtigt werden, seine Identifikation mit dem Widerstand gegen faschistische Gewalt in Italien, sondern auch sein Verhältnis zu Herrschaftsstrategien und diktatorischer Kulturpolitik in den kommunistischen Ländern jenseits des Eisernen Vorhanges sowie linker Regierungen in Ländern Lateinamerikas. An dieser Stelle soll nur vorausgeschickt werden, dass Nono über alle parteipolitischen Grenzen linker und rechter Lager hinweg Gewalt dann zu billigen scheint, wenn sie von Diskriminierten, Entrechteten oder in anderer Form Unterdrückten als Mittel gebraucht wird, sich gegen staatliche und gesellschaftliche Repressionen jeglicher Art zu wehren und aufzulehnen, und zwar gleichgültig ob dies innerhalb eines rechts oder links regierten Staates geschehe. Nono beschwört eine

> „menschliche[n] Intentionalität in ihrer dynamischen Unaufhaltsamkeit von: a) Unduldsamkeit für aktuelle Strukturen, die die Tendenz haben, sie zu unterdrücken;“[1]

Diesem Kapitel liegt die Annahme zugrunde, dass Musik generell und Nonos Musik im Besonderen in ihren komplexen ästhetischen Aussagen und Gehalten weit über die Grenzen der persönlichen Meinungen des Komponisten hinausgehen. Deshalb folgt das Kapitel der leitenden Frage: welche gehaltliche Tendenz in Bezug auf den Begriff Gewalt spricht aus der Musik von *Ricorda cosa ti hanno fatto in Auschwitz* selber, aus den Charakteristiken des verwendeten Klangmaterials, aus spezifischen satztechnischen Besonderheiten, der formalen Struktur sowie den motivischen Figuren und ihren emotionalen Gehalten? Und deshalb bezieht sich dieses Kapitel zur inhaltlichen Umgrenzung des Begriffes Gewalt auf den philosophisch-theoretischen Referenzpunkt, den Arendt in ihren

[1] Luigi Nono, *Simplicissimus und concerto funebre*, in: *Luigi Nono. Texte. Studien zu seiner Musik*, hrsg. von Jürg Stenzl, Zürich 1975, S. 100.

Werken *Macht und Gewalt* sowie *Elemente und Ursprünge totaler Herrschaft* darlegt.[2] Denn hier scheint Arendt Zugriffe auf die Begriffe Gewalt, Macht, Stärke und Herrschaft heraus zu schälen, die über parteipolitische Bedeutungszuschreibungen hinausgehen und bis zu den antiken Bedeutungswurzeln einzelner Wesensmerkmale von Gewalt zurückgreifen.

Indem dieses Kapitel die musikalische Struktur zum Ausgangspunkt nimmt, um Übereinstimmungen ihrer inneren Gesetzmäßigkeit mit einzelnen Wesensmerkmalen von Gewalt befragend heraus zu arbeiten, setzt es das aristotelische Verständnis einer nachahmenden Kunst voraus. Dass allein „Melodie und Rhythmus" ausreichen, um inhaltliche Beschreibungen und Nachahmungen künstlerisch zu formulieren – wenn auch nicht die Beschreibung eines besonderen, datierbaren Geschehens, so doch die eines Typischen und Charakteristischen – erörtert Aristoteles in seiner Poetik:

> „Zum Beispiel verwenden das Flöten- und das Zitherspiel – sowie andere Künste, welche dieselbe Wirkung haben – [...] nur Melodie und Rhythmus, die Tanzkunst allein den Rhythmus ohne Melodie; denn auch die Tänzer ahmen mithilfe der Rhythmen, die die Tanzfiguren durchdringen, Charaktere, Leiden und Handlungen nach."[3]

Dass Kunst in der Lage ist, ästhetisch sowohl zerstörerische wie Leben fördernde menschliche Handlungen abzubilden und zur Erfahrung zu bringen, dass mit ihr also immer auch die Notwendigkeit einer moralischen Entscheidung und Positionierung eines rezipierenden Subjektes einher geht, deutet Aristoteles ebenfalls an:

---

[2] Hannah Arendt, *Elemente und Ursprünge totaler Herrschaft*, 6. Auflage, München 1998; Hannah Arendt, Macht und Gewalt, 18. Auflage, München 2008.

[3] Aristoteles, *Poetik*, Stuttgart 1994, S. 5.

> „Die Nachahmenden ahmen handelnde Menschen nach. Diese sind notwendiger Weise gut oder schlecht. [...] alle Menschen unterscheiden sich nämlich, was den Charakter betrifft, durch Schlechtigkeit und Güte".[4]

Inwieweit aus der philosophischen Begriffsprägung von Gewalt zerstörerische wie Leben fördernde Konnotationen zur Deutung eines musikalischen Werkes fruchtbar gemacht werden können und inwieweit diese Unterscheidung musikalisch durch *Ricorda cosa ti hanno fatto in Auschwitz* erfahrbar wird, soll die anschließende Erörterung prüfen. Es wird auch zu untersuchen sein, inwieweit der Begriff Gewalt vor dem Hintergrund des grausamen Ausmaßes nationalsozialistischer Verbrechen sich überhaupt eignet zur musikanalytischen Deutung.

Die musikanalytischen Betrachtungen dieses Kapitels entspringen einer reinen Höranalyse, die sich nicht auf eine verschriftlichte Partitur stützen kann. Methodisch schließt sich diese Untersuchung zunächst an das von Matteo Nanni so beschriebene Verfahren an:

> „Die am häufigsten angewendete Methode, um Nonos elektronische Musik wissenschaftlich zu erfassen, ist eine allein vom Hören ausgehende Beschreibung klanglicher Ereignisse. Diese Art vor-analytische Verfahrensweise, die in der angelsächsischen Musiktheorie phänomenologische Höranalyse genannt wird, zielt auf eine möglichst präzise Schilderung der akustisch hörbaren Prozesse einer elektronischen Komposition."[5]

Die Analyse dieses Kapitels verzichtet auf eine vollständige chronologische Beschreibung des kompletten Werkes und verweist stattdessen auf

---

[4] Aristoteles, *Poetik*, S. 7.

[5] Matteo Nanni, *Auschwitz. Adorno und Nono. Philosophische und musikanalytische Untersuchungen*, Freiburg i. Brsg. 2004, S. 313.

die sehr präzise ausführliche Klangbeschreibung Nannis, die sich zudem auf einen selbst angefertigten visualisierenden Partiturentwurf beziehen kann.[6]

Nannis Analyse orientiert sich am linearen Verlauf derjenigen Handlung und Narration, die durch die drei das Werk untergliedernden Teilüberschriften *I. Gesang vom Lager, II. Gesang vom Ende der Lili Tofler und III. Gesang von der Möglichkeit des Überlebens* vorgegeben sind. Die Analyse dieses Kapitels hingegen stellt nicht das horizontale erzählerische Moment der Musik in den Vordergrund. Stattdessen greift sie punktuell Kompositionsbesonderheiten heraus, um eine diskursive, philosophisch reflexive Begriffsumschreibung von Gewalt mittels Musik zu versuchen.

V. A. Ästhetische Undurchschaubarkeit. Macht, Gewalt und nackte Gewalt bei Hannah Arendt

V. A. 1. Analyse der Geräuschwolken

Am Anfang der Analyse soll die Untersuchung der in ihrer Klangtextur undurchschaubaren Geräuschwolken in *Ricorda cosa ti hanno fatto in Auschwitz* stehen, da sie in der Gewalt-thematischen Deutung gleich einen doppelten Blickwinkel eröffnen.[7] Das zentrale Ergebnis, auf das die folgende Analyse hinaus laufen wird, ist die nicht Erkennbarkeit der Geräuschwolken durch den Rezipienten – ein Befund, der die Analogie zu

---

[6] Matteo Nanni, *Auschwitz. Adorno und Nono. Philosophische und musikanalytische Untersuchungen*, Freiburg i. Brsg. 2004, S. 318-364.

[7] Die Werkanalyse bezieht sich auf folgende Audio-Aufnahme: mit Stefania Woytowitz (Sopran), Kinderchor des Piccolo Teatro (Mailand) und Marino Zuccheri (Tontechnik), Studio di Fonologia der RAI Mailand, 1966/1967. Die Hinweise der musikalischen Analyse erfolgen nach Minuten.

dem emotionalen und mentalen Zustand eines Subjektes nahe legt, dem Gewalt angetan wird. Zum zweiten markiert der rezeptionsästhetische Befund der nicht Erkennbarkeit die Grenze, die Arendt zwischen den zwei Begriffen Gewalt und nackter Gewalt zieht.

Zunächst einmal grob gesprochen, kann man in *Ricorda cosa ti hanno fatto in Auschwitz* zwei unterschiedliche Klangqualitäten einander gegenüber stellen, deren vielfältige Variationen und Transformationen das klangliche Spektrum des gesamten Werkes ausmachen und die sich gerade durch die Dichte ihres musikalischen Satzes und durch das Maß an Transparenz ihrer musikalischen Textur voneinander absetzen: zum einen prägen *Ricorda cosa ti hanno fatto in Auschwitz* geräuschhafte Klangräume, die in ihrer klanglichen Verschwommenheit und Indifferenz im Höreindruck zu dreidimensional anmutenden voluminösen Klangwolken anschwellen. Diese undurchsichtige Klang- oder Geräuschtextur scheint ihre volle Wirkung erst als ästhetischer Gegenpol zu entfalten zu der zweiten zentralen Klangqualität in *Ricorda cosa ti hanno fatto in Auschwitz*, die sich gerade durch ihre satztechnische Deutlichkeit und nahezu sprachliche Klarheit auszeichnet: die Passagen einstimmigen Frauengesanges. Hier soll aber zunächst auf die erstgenannte Klangqualität, die in ihrer Klangtextur undeutlichen Geräuschräume, näher eingegangen werden; die einzelne Frauenstimme hingegen wird analysiert vor allem im Unterkapitel zu den emotionalen Gehalten der Musik in *Ricorda cosa ti hanno fatto in Auschwitz*.

Die Geräuschwolken nehmen im Werk ganz unterschiedliche Form bildende und akzentuierende Funktionen ein: sie erscheinen in verschiedenen Lautstärken, mal als vordergründiges musikalisches Geschehen als sich über bis zu einer Minute steigernde Klangkonglomerate, mal als hintergründige Begleitklänge zur solistischen Frauenstimme oder auch im dialogischen Wechsel mit ihr. Die Klangfarben der Geräuschwolken reichen von tiefen paukenartigen Klängen über metallisch-schrilles Schäppern bis hin zu einem hohen glockenhellen und an Frauenstimmen erinnernden Klangraum. So unterschiedlich die einzelnen Klangwolken je auch sein mögen, gemeinsam haben die meisten, dass sie ein Gemisch aus mehreren Klangcharakteristika sind, in dem oft elektronische Mittel die Übergänge der spezifischen Klang- oder Geräuschcharakteristika verwischen, sodass die jeweilige Klangquelle im Höreindruck verschleiert erscheint. Neben elektronisch produzierten Klängen sind die auditiv identifizierbaren musikalischen Quellen Blasinstrumente, Schlagzeug, Frauenstimmen und Produktionsgeräusche einer Metallfabrik. Ab Minute 2 beispielsweise baut sich nach einer Stille allmählich eine Klangwolke auf, die sich über 47 Sekunden lang intensiviert und verdichtet. Zunächst ist aus einem geräuschhaften Rauschen heraus ein metallischer Klang zu identifizieren, der aber durch elektronische Mittel zu einer luftig-halligen Klangcharakteristik verflüchtigt wird. Bald darauf scheint er in einen Frauengesang überzugehen, welcher im Verlauf der Klangwolke nicht nur seine Tonhöhe ändert sondern auch seine Klangqualität transformiert, teilweise hallig, teilweise grob vibrierend erklingt und sich immer wieder mit metallischen Geräuschen fusioniert. Bei zunehmender Intensivierung und Verstärkung liegt mehr und mehr der Eindruck nahe, Blechblasinstrumente seien die Klangquelle. Kurze Stöße von Blechblasinstrumenten treiben die Steigerung der Klangwolke voran und das metallische Geräusch vermischt sich zudem noch mit Paukenschlägen. Im klanglichen Höhepunkt am Ende der Klangwolke erscheinen alle genannten musikalischen Elemente als gesteigerte zusammen: Schreiender Frauengesang, Poltern der Paukenschläge, laute Blechbläser und metallische Geräusche. Undurchsichtigkeit und Unklarheit kommen hier dadurch zustande, dass die musikalischen Klangquellen elektronisch verschleiert, teilweise einander angenähert werden, sodass eindeutige Zuordnung ausgeschlossen ist und dadurch, dass der Anteil von undefinierbaren Geräuschen hoch ist.

Diese Geräuschwolken – von denen die oben beschriebene nur ein Beispiel unter vielen möglichen im Werk darstellt – bestehen in *Ricorda cosa ti hanno fatto* entweder aus einem auditiv schwer in seinen Einzelbestandteilen identifizierbaren Mix aus Klängen oder aber aus einem einzelnen Geräusch wie dem einer Metallsäge, dessen Konturen elektronisch aufgeweicht sind. So oder so hinterlassen sie beim Hören einen seltsam paradoxen Eindruck: sie vermitteln zwar einerseits eine Deutlichkeit in ihren emotionalen Gehalten, in ihrer Klangstruktur bleiben sie jedoch undeutlich und ungreifbar; die Klangwolken vermitteln den Eindruck, es sei klanglich immer noch ein Mehr vorhanden, das bisher ungehört und unerfasst ist. Gerade diese Ungewissheit, die nicht-Identifizierbarkeit und nicht-Definierbarkeit von Klangstrukturen während der Wahrnehmung vermitteln den emotionalen Gehalt vieler dieser Klangwolken: Unheimlichkeit und Bedrohung.

Als rezipierendes Subjekt ein ästhetisches Geschehen nicht ganz durchschauen und erkennen zu können kann analog gedacht werden zu einem Subjekt, dem Gewalt geschieht. Das nicht-erkennen-Können ist hier eins der entscheidenden Kriterien, das dem Geschehen erst den Charakter eines Gewalttätigen verleiht.

Das Werk *Ricorda cosa ti hanno fatto in Auschwitz* kann vor dem Hintergrund obiger Analyse zwar ein bestimmtes Merkmal der Auswirkung von Gewalt auf ein Subjekt musikalisch darstellen, aber das Wesen von nackter Gewalt – wie es Arendt in Rückgriff auf Immanuel Kant und das antike Verständnis heraus arbeitet[8] – nicht musikalisch abbilden. Sollten auch in der Musik selber und ihrer Ästhetik Ansätze vorhanden sein – diese sind oben angedeutet – welche auf das Wesen von Gewalt und sogar nackter Gewalt hinweisen, so kann doch das spezifische Ausmaß an nackter Gewalt oder an ‚radikal Bösem', das im Werktitel *Ricorda cosa ti hanno fatto* in Auschwitz thematisch impliziert ist, nicht durch die Musik des Werkes selber zum Ausdruck gebracht werden. Im Folgenden wird diese Hypothese vertieft und belegt und somit die Frage geklärt, ob die Musik dieses Werkes in seiner Gewalt-thematischen Deutung überwiegend auf der passiven Seite eines Gewalt oder nackte Gewalt erleidenden Subjektes zu verorten ist oder aber gleichermaßen Analogien zur aktiven Seite aufweist, die Gewalt oder nackte Gewalt ausübt.

V. A. 2. Arendt: das radikal Böse im Unterschied zu Gewalt

Was Gewalt ist, entwickelt Arendt vor allem aus der Abgrenzung zur nackten Gewalt heraus. Arendt definiert die Begriffe Gewalt und nackte Gewalt aus ihrer Auseinandersetzung mit dem Dritten Reich und den mit ihm zusammenhängenden weltpolitischen Ereignissen im 20. Jahrhundert. Wenn Arendt den Begriff des radikal Bösen oder der nackten Gewalt – wie er sich geschichtlich an den totalen Herrschaften Hitlers und Stalins ableiten lässt – zu bestimmen versucht, weist sie mit Nachdruck darauf hin, dass dieser sich wesentlich von früheren gesellschaftlichen Manifestationen von Gewalt unterscheidet. Das geschichtlich Neue, das sich in der nackten Gewalt eines großflächig organisierten Vernichtungs- und Terrorsystems zeigt, ist die Unfassbarkeit und Unbegreiflichkeit

[8] Hannah Arendt, *Elemente und Ursprünge totaler Herrschaft*, S. 945f.

dieser Gewalt in menschlichen Kategorien; und diese Schwierigkeit, sich dem Begriff der nackten Gewalt überhaupt denkend oder fühlend zu nähern, sei der Grund dafür, weshalb er in der philosophischen Tradition weitgehend eine Leerstelle bilde – mit Ausnahme des Philosophen Immanuel Kant, auf dessen Überlegungen im weiteren Verlauf dieses Kapitels noch eingegangen wird.[9] Arendt weist auf die Unmöglichkeit eines verantwortungsvoll handelnden Subjektes der Mit- oder Nachwelt hin, sich einzelnen Gründen und Zielen dieser nackten Gewalt gegenüber einsichtig zu zeigen, sie menschlich nachzuvollziehen – was bei kritisch-differenzierter Auseinandersetzung mit anderen Kriegen und Diktaturen der Geschichte teilweise möglich sei. Denn Gewalt und Gewalttätigkeit seien grundsätzlich Eigenschaften, die der Natur des Menschen inhärent sind; der Mensch zeichne sich nämlich dadurch aus, dass er Werkzeuge herstelle, um in Mittel-Zweck-Kategorien zu handeln – die wesentliche Eigenschaft von Gewalt nach Arendt. Ein Grund für Gewalt kann Subjekten also einleuchten, selbst wenn sie ihn nicht befürworten. Dies sei Grundlage für das Gelingen und die Entwicklung von jeder Form solidarischer Gemeinschaften.

> „Politisch übernimmt jede Regierung ihres Landes die Verantwortung für das, was die vorhergehende getan hat, auch wenn sie trachtet, es rückgängig zu machen. Ohne eine solche Übernahme gäbe es keine geschichtliche Kontinuität. Menschlich müssen wir weitgehend Verantwortung auch für das übernehmen, was Menschen ohne unser Wissen und Zutun irgendwo in der Welt verbrochen haben; sonst gäbe es keine Einheit des Menschengeschlechts. Wir können es, weil uns gerade die spezifisch bösen Motive oder die spezifisch berechnete Zweckmäßigkeit der Handlung menschlich einsichtig ist."[10]

---

[9] Hannah Arendt, *Elemente und Ursprünge totaler Herrschaft*, S. 945.

[10] Ebd.: S. 946.

Ganz anders verhält es sich bei nackter Gewalt. Nackte Gewalt und das radikal Böse machen einen menschlichen Nachvollzug und die solidarische Übernahme von Verantwortung unmöglich. In der nackten Gewalt scheinen verschiedene Formen der Gewalt zusammenzutreten; sich gegenseitig zu verstärken: körperliche Gewalt, psychische, Waffengewalt, gesellschaftspolitische Gewalt.

Was ist es an der nackten Gewalt, das sich grundsätzlich von anderen Formen von Gewalt und Krieg unterscheidet und das die menschliche Fassungsgabe übersteigt? Ein Grund für die menschliche Unbegreifbarkeit von nackter Gewalt liegt laut Arendt darin, dass sie entmenschlichend wirkt – und das in dreifacher Hinsicht: nackte Gewalt demütigt und entmenschlicht nicht nur das Opfer, auch der Täter sei nur unter entmenschlichten Umständen zu radikal bösen Taten fähig und drittens sei selbst die philosophische Auseinandersetzung und Deutung von Ereignissen nackter Gewalt in menschlichen Kategorien unmöglich. Die Entmenschlichung in der Ausübung von nackter Gewalt verhindert jede Form von emotionaler Einfühlung, Identifizierung, von nachvollziehender Regung oder Reaktion auf das Geschehen. Das Ausmaß an zugefügtem Leid und Schrecken bleibt unbeteiligten Personen unvorstellbar. „Das deutlichste Zeichen der Entmenschlichung ist gerade das Ausbleiben aller Reaktionen."[11] Die entmenschlichende Wirkung von nackter Gewalt führt auch bei sich mit den Opfern solidarisierenden Mitmenschen zu Ohnmacht: der Unfähigkeit, das Geschehen menschlich etwa durch negative menschliche Ressentiments und Motive zu erklären; der Unfähigkeit, ein solches Geschehen angemessen zu rechtfertigen, es strafgerichtlich zu verfolgen und urteilende Gesetze greifen zu lassen:

[11] Hannah Arendt, *Macht und Gewalt*, S. 64.

„Als das Unmögliche möglich wurde, stellte sich heraus, daß es identisch ist mit dem unbestrafbaren, unverzeihlichen radikal Bösen, das man weder verstehen noch erklären kann durch die bösen Motive von Eigennutz, Habgier, Neid, Machtgier, Ressentiment, Feigheit oder was es sonst noch geben mag und demgegenüber alle menschlichen Reaktionen gleich machtlos sind."[12]

Alexander Solschenizyn bezeichnet das Geschehen einer nackten Gewalt – er bezieht sich allerdings auf das stalinistische Terrorsystem – als ein für alle mal und unwiderruflich dem Bereich der Menschlichkeit entfernt:[13]

„Und so will es den Anschein haben, als wäre ein Schwellenwert auch die böse, die verbrecherische Untat. Ja, es wankt und zaudert der Mensch sein Leben lang zwischen Gut und Böse, rutscht aus, rutscht ab, klettert hoch, bereut und wird wieder finsterer, doch solange die Schwelle zur Greueltat nicht überschritten ist, liegt die Rückkehr in seiner Hand, ist er selber noch von unserer Hoffnung erfaßbar. Sobald er aber durch die Dichte seiner Vergehen oder den Grad ihrer Verderbtheit oder die Absolutheit der Macht über die Schwelle hinausgeht, hat er die Menschheit verlassen. Vielleicht unwiederbringlich."[14]

Nonos Versuch, in *Ricorda cosa ti hanno fatto in Auschwitz* mit musikalischer Sprache zu sagen, was nackte Gewalt für Arendt bedeutet, muss scheitern. Denn Musik – diese spezielle in *Ricorda cosa ti hanno fatto in Auschwitz* sowie Musik allgemein – scheint die von Solschenizyn beschriebene Schwelle zur Unmenschlichkeit unter normalen Umständen nicht

---

[12] Hannah Arendt, *Elemente und Ursprünge totaler Herrschaft*, S. 941.

[13] Dass das Ausmaß an ‚nackter Gewalt' im nationalsozialistischen Deutschland und der stalinistischen Sowjetunion – trotz der politischen und ideologischen und strategischen Unterschiede – vergleichbar ist, gehörte in Bezug auf Nono in ein eigenes Kapitel.

[14] Alexander Solschenizyn, *Der Archipel Gulag 1*, Frankfurt am Main 2008, S. 166.

übertreten zu können, sofern sich das musikalische Darstellen von Gewaltaspekten und das so ermöglichte künstlerische Erleben derselben in einem geschützten ästhetischen Raum abspielen. Ebenso wenig kann nackte Gewalt darstellende Musik zur existenziellen Bedrohung werden und sie stellt als solche auch noch nicht die Verpflichtung zu einem bestimmten solidarisierenden verantwortungsvollen Handeln dar. Will man eine vorläufige Antwort auf die Frage formulieren, ob der Musik von *Ricorda cosa ti hanno fatto in Auschwitz* die Macht zukommt, das darzustellen, was nackte Gewalt für Arendt der begrifflichen Definition nach ist, muss verneint werden: in dieser Hinsicht, musikalisch das Wesen von nackter Gewalt zur Erfahrung zu bringen, kommt der Musik keine Macht zu.

Kann musikalische Nachahmung von nackter Gewalt also nie an deren wirkliches Ausmaß heranreichen, so kann sie doch in stark abgeschwächter Form Merkmale, die sich der Auswirkung nackter Gewalt auf ein erleidendes Subjekt zuordnen lassen, ästhetisch aufgreifen und diese beim rezipierenden Subjekt in Ansätzen zur Nachempfindung bringen. Die in sich undeutlichen und nicht zu definierenden Geräuschwolken entfalten im Hörprozess eine Wirkung, anhand derer sich in der philosophisch begrifflichen Deutung die Abgrenzung zwischen Gewalt und nackter Gewalt nicht eindeutig nachvollziehen lässt. Dass sich das rezipierende Subjekt diesen Geräuschwolken gegenüber in einer Ungewissheit und Ohnmacht wieder findet im ästhetischen Erleben, dass das rezipierende Subjekt an ein undurchschaubares musikalisches Geschehen ausgeliefert zu sein scheint, könnte analog gedacht sowohl den Rückschluss auf eine Gewalt oder nackte Gewalt als Auslöser zulassen; Wenn schon nicht anhand der Geräuschwolken so lässt sich die theoretisch-begriffliche Unterscheidung zwischen Gewalt und nackter Gewalt entscheidend deutlicher an den emotionalen Gehalten in *Ricorda cosa ti hanno fatto in Auschwitz* ablesen, was das Thema des übernächsten Unterkapitels ist.

V. A. 3. Unterscheidung zwischen nackter Gewalt, Gewalt und Macht

Bevor der Terminus nackte Gewalt durch die musikalische Analyse der emotionalen Gehalte in *Ricorda cosa ti hanno fatto in Auschwitz* vertieft wird, soll hier an theoretischer Begriffsklärung zweierlei zwischengeschoben werden: erstens weitere Gewalt-Definitionen angedeutet und zweitens deren Abgrenzung zum Macht-Begriff vollzogen werden. Kann Musik selber eine definitorische Unterscheidung darstellen zwischen verschiedenen Formen von Gewalt; sei es körperliche oder psychische Gewalt, Waffengewalt, Schicksalsgewalt, Naturgewalt oder gesellschaftspolitische Gewalt?

Arendts Definition vom radikal Bösen will sich absetzen von Aristoteles' Verständnis der Tyrannis, die in seinen Erörterungen schon die schlechteste aller Herrschaftsformen darstellt, laut Arendt aber höchstens unter die Kategorie der Gewalt, nicht aber der nackten Gewalt fallen kann. Ist die Tyrannis bei Aristoteles doch eine Herrschaftsform, die sich nicht in ihrem Wesen von anderen Herrschaftsformen wie Monarchie, Oligarchie oder Demokratie unterscheidet, sondern lediglich bestimmte ihrer Merkmale extremer ausgestaltet.

> „Diese Form der Alleinherrschaft muß eine Tyrannis sein, wenn sie, ohne einer Rechenschaft unterworfen zu sein, über Untertanen regiert, die alle gleich oder sogar besser sind […]."[15]

[15] Aristoteles, *Politik*, 1295 a.

„denn das Königtum ist der Aristokratie zugeordnet, während die Tyrannis aus der extremen Oligarchie und Demokratie zusammengesetzt ist;“[16]

Ebenso wenig scheint das, was Aristoteles unter Krieg versteht, die Bedingungen für Arendts Verständnis der nackten Gewalt zu erfüllen. In Aristoteles′ Verständnis des Krieges scheinen menschliche Werte wie ehrenvolles, respektvolles Verhalten dem Feind gegenüber nicht ausgehebelt zu sein:

„Es ist sicher unwürdig, sich (im Kampf) gegen gleichartige (Gegner), die an Zahl nicht weit überlegen sind, durch den Schutz, den Mauern bieten, retten zu wollen.“[17]

Der Krieg ist ein gesellschaftlicher Zustand, in dem Tugend noch stattfinden kann:

„Das Training für den Krieg soll man nicht deshalb ernsthaft betreiben, damit man andere, die dies nicht verdienen, versklavt, sondern zuallererst, damit man nicht selber von anderen versklavt wird, danach um eine führende Stellung zum Vorteil der Beherrschten, [...] und erst an dritter Stelle um despotisch über die zu gebieten, die Sklaverei verdienen.“[18]

Von diesem Aristotelischen Verständnis der Tyrannis und des Krieges setzt sich Arendts Definition der nackten Gewalt wesentlich ab. Arendt beklagt, dass die Philosophie seit der Antike nicht das radikal Böse in

---

[16] Aristoteles, *Politik*, 1310 b.

[17] Ebd.: 1330 b15, Klammern: Herausgeber.

[18] Ebd., 1333 b15-1334 a.

seinem spezifischen Wesen, in eindeutiger Unterscheidung von Gewalt einerseits und Macht andererseits charakterisiert.

Inwieweit grenzt sich das philosophische Verständnis von Gewalt, das hier zur musikalischen Deutung dient, von Macht ab? Und kann sich diese Unterscheidung musikalisch äußern? In Michel Foucaults postmodernen Machtanalysen findet sich die Abgrenzung von Macht zu Gewalt:

> „In Wirklichkeit sind Machtbeziehungen definiert durch eine Form von Handeln, die nicht direkt und unmittelbar auf andere, sondern auf deren Handeln einwirkt. Eine handelnde Einwirkung auf Handeln, auf mögliches oder tatsächliches, zukünftiges oder gegenwärtiges Handeln. Gewaltbeziehungen wirken auf Körper und Dinge ein."[19]

Ohne der begrifflichen Unterscheidung zwischen Macht und Gewalt hier detaillierter nachgehen zu können, konzentriert sich die Untersuchung auf die für die Musikanalyse von *Ricorda cosa ti hanno fatto in Auschwitz* relevanten Begriffe der Gewalt und der nackten Gewalt.

V. B. Emotionale Gehalte der Musik und nackte Gewalt nach Arendt

Ein Wesensmerkmal von nackter Gewalt, das Arendt betont und das oben schon angedeutet wurde, soll an dieser Stelle differenziert untersucht und ausgehend von musikalischer Analyse auf seine ästhetische Tragfähigkeit geprüft werden; und auch umgekehrt: die Musik soll geprüft werden auf ihre Tauglichkeit hinsichtlich des Begriffes der nackten Gewalt: gemeint ist die Eigenschaft von nackter Gewalt, entmenschlichend zu

[19] Michel Foucault, *Ästhetik der Existenz*, Frankfurt am Main 2007, S. 96.

wirken, also selbst in der theoretischen Auseinandersetzung mit geschichtlichen Gewalttaten Fassungslosigkeit hervorzurufen, ein nicht begreifen-Können und eine bestimmte Ungewissheit, wie überhaupt menschlich und gefühlsmäßig angemessen auf Ereignisse nackter Gewalt reagiert werden kann.

Nonos *Ricorda cosa ti hanno fatto in Auschwitz* kann als künstlerische und menschliche Reaktion auf die Gewalttätigkeiten im Konzentrationslager Auschwitz gelesen werden, sagt der Komponist doch grundsätzlich über sein musikalisches Schaffen:

> „Immer ist die Entstehung einer meiner Arbeiten in einer menschlichen ‚Herausforderung' zu suchen; ein Ereignis, eine Erfahrung, eine Prüfung unseres Lebens fordert meinen Instinkt und mein Bewusstsein heraus, als Mensch und Musiker Zeugnis abzulegen."[20]

Ähnlich formuliert es Arendt:

> „Gefühlskälte ist kein Zeichen von Vernunft. ‚Objektivität und Gleichmut' angesichts unerträglichen Leidens können in der Tat mit Recht ‚Furcht erregen', nämlich dann, wenn sie nicht Ausdruck der Selbstkontrolle sind, sondern die offenbare Manifestation der Unrührbarkeit. Um vernünftig reagieren zu können, muß man zunächst einmal ansprechbar sein, ‚bewegt' werden können." [21]

Mit welchen emotionalen Gehalten reagiert Nono auf nackte Gewalt? Gibt es in dieser musikalischen Manifestation einer Auseinandersetzung

---

[20] Luigi Nono, *Einige genauere Hinweise zu Intolleranza*, in: *Luigi Nono, Studien. Texte zu seiner Musik*, S. 70, Markierung: L. N.

[21] Hannah Arendt, *Macht und Gewalt*, S. 65, Markerungen: H. A.

mit nackter Gewalt Passagen, die Sprachlosigkeit und Ohnmacht angesichts dieser Geschehnisse und ein Ausbleiben von menschlichen und gefühlsmäßigen Reaktionen auf die Gewalt zum Ausdruck bringen und beim rezipierenden Subjekt erzeugen? Und gibt es daneben Passagen, in denen sich eine Abgrenzung der nackten Gewalt von anderen Formen der Gewalt und von Macht ausdrückt?

Nonos musikalische Reaktion auf die Grausamkeiten, die durch die Bezeichnung Auschwitz im Werktitel angesprochen sind, zeichnet sich u. a. dadurch aus, dass sie wirkungsmächtig eine Palette starker Emotionen beim rezipierenden Subjekt hervorruft. Dies gelingt dem Werk durch eine große Sprachähnlichkeit einzelner Phrasen, durch lautmalerische Klangcharakteristika und durch das Evozieren von Bildern und Vorstellungen durch einzelne konkrete Geräusche. Jeder der vermittelten Emotionsgehalte lässt sich dem assoziativen Umkreis des Terminus Gewalt oder dem der Frage nach dem individuellen Umgang mit ihr zuordnen. Im Folgenden seien analytisch eine Reihe von Emotionen aufgezählt.

Der emotionale Eindruck einer lauernden Gefahr und Bedrohung, der Ungewissheit, in Erwartung eines bevorstehenden Hereinbrechens von Übel zu sein, wird hervorgerufen am deutlichsten durch das musikalische Geschehen der ersten zwei Minuten, zieht sich jedoch als emotionaler Grundton mit einigen Unterbrechungen durch das gesamte Werk: mehrere aufeinander folgende langsame Crescendi der geräuschhaften Klangräume und langsame Transformationen ihrer Tonhöhe und Klangfarbe bauen eine ungewisse Erwartung und Anspannung auf beim rezipierenden Subjekt.

Die blechernen Metallklänge zum Beispiel in Minute 10:20, die Nanni als „ein in einer Fabrik aufgenommenes konkretes Geräusch, wahrscheinlich [...] eine mit Gewalt zugeschlagene Ofenklappe“ identifiziert, kann beim Hören die klangliche akustische Assoziation sowie das Evozieren von Bildern der Vernichtungsindustrie in nazistischen Konzentrationslagern bewirken.[22] Dadurch sind sie von großer emotionaler Kraft und versetzen den Hörer in eine beklemmende Nähe zu einer irrationalen Grausamkeit, die der Hörer instinktiv und unmittelbar mit Auschwitz verknüpft.[23] Als direktes Zitat aus *La fabbrica illuminata* oder nur als assoziative Verknüpfung zu diesem Werk durch das ähnliche Klangmaterial können diese lauten Fabrikgeräusche beim Hörer außerdem eine irritierende, von Nono beabsichtigte Parallelsetzung wachrufen: ein erweitertes Verständnis von der Gewalt in Auschwitz kommt hier musikalisch zum Ausdruck, als sei die Gewalt von Auschwitz vergleichbar mit der ausbeuterischer Arbeitsverhältnisse im italienischen Arbeitermilieu der 50er, 60er Jahre des 20. Jahrhunderts. Doch diese heikle Bezugnahme müsste eigens in einem Kapitel differenziert beurteilt werden. Sie sprengt an dieser Stelle jedoch den Rahmen der Untersuchung der emotionalen Gehalte in *Ricorda cosa ti hanno fatto in Auschwitz.*

Angst, Entsetzen und Verzweiflung eines von Gewalt betroffenen Subjektes transportiert in erster Linie der solistische Frauengesang der ersten zwei Minuten; hervorgerufen werden diese Emotionen vor allem durch den Singgestus und den Leid- und Trauercharakter von kleinen und großen Sekundbewegungen. Nach einer Unterbrechung u. a. durch hereinbrechende Lärmeffekte setzt die einzelne Frauenstimme als vordergründiges Geschehen erst wieder ab Minute 5:35 ein; dort aber erscheinen

[22] Matteo Nanni, *Auschwitz. Adorno und Nono*, S. 363.

[23] Folgende Deutung stammt von der Verfasserin, Nanni formuliert lediglich die Feststellung des musikalischen Zitates aus *La fabbrica illuminata*. Er schreibt: „Metallplattenschläge und andere perkussive Geräusche zersplittern ab 10'12" das musikalische Geschehen, und nach einem Crescendo von filtrierten Metallpllattenklängen und Blechgeräuschen bei 10'20" bricht ein Zitat aus La fabbrica illuminata ein. Es handelt sich um ein in einer Fabrik aufgenommenes konkretes Geräusch, wahrscheinlich um eine mit Gewalt zugeschlagene Ofenklappe." In: Matteo Nanni, *Auschwitz. Adorno und Nono*, S. 363.

die vorgetragenen Motive und rhetorischen Figuren deutlich solistischer und teils begleitlos. Das Alleinstehen des Frauengesanges scheint hier die Schutzlosigkeit oder Schutzbedürftigkeit eines einzelnen ausgelieferten Subjektes gegenüber einer übermächtigen, nicht einschätzbaren massenhaften Kraft zu betonen. In den gesungenen Phrasen ab Minute 5:35 verstärkt sich zudem der Eindruck eines fragenden und anklagenden Habitus, besonders durch das mehrmals auftretende Intervall einer aufsteigenden kleinen oder großen Terz, wie im folgenden Werkausschnitt:[24]

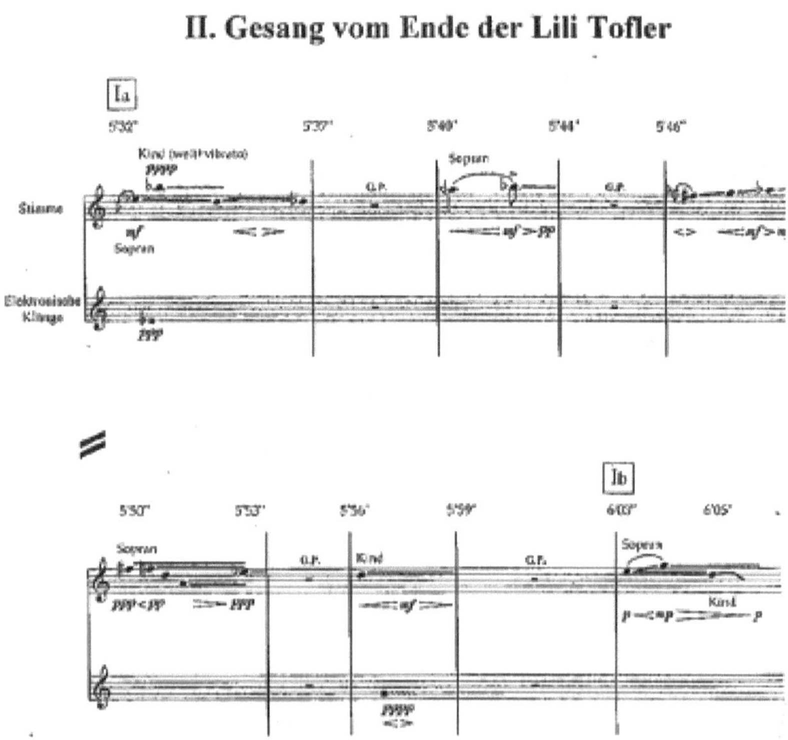

24 Die Abbildung ist entnommen: Matteo Nanni, *Auschwitz. Adorno und Nono*, S. 324.

Diese Intervallfigur einer Terz, meist noch in Verbindung mit einer Sekunde in verschiedenen Variationen, stellt sich im Verlaufe des Werkes als eine wieder erkennbare, fast schon leitmotivartige Figur tiefer Trauer dar, zu der emotional noch jeweils unterschiedliche Gehalte hinzu treten können: kurz vor der siebten Minute z. B. wird dieses Motiv als aufsteigendes impulsiv heraus gestoßen, sodass es an einen spontanen Angstausruf oder -schrei erinnert.

Emotionale Gehalte von individueller Erhabenheit über das musikalisch angedeutete Gewaltgeschehen, von Verklärtheit oder gar Hoffnung kommen in *Ricorda cosa ti hanno fatto in Auschwitz* nur sehr vereinzelt und verdeckt zum Ausdruck. Transportiert werden diese Gefühlsregungen durch momenthafte, nur wenige Sekunden andauernde Passagen von Knaben- bzw. Frauenchorgesängen, die einen in sich ruhenden, fast statischen Charakter haben. Durch diesen schwebenden Gestus, der oft auch auf die einzelne Frauenstimme zutrifft, scheinen diese Gesangspassagen der Zeit entrückt, dem im übrigen Werk vorherrschenden Zeitmuster und der Zeitgestaltung enthoben. Der helle, leise Knaben- oder Frauengesang erscheint entweder als kurzes sekundenweises Aufscheinen in einem klanglichen Umfeld grober tiefer oder hoher schriller Geräuschhaftigkeit, wie beispielsweise in der Passage von Minute 3:21 bis 4:12. Oder aber der helle Gesang ist eingebettet in ein ebenso zurückgenommenes, leises und zartes Klanggeschehen wie von Minute 4:20 bis 4:50. Wie Nono in der Werkpassage von Minute 3:21 bis 4:12 den Gestus der Unschuld, klaren Feinheit und Zerbrechlichkeit der Kinderstimmen mit den groben, geräuschhaften und undurchsichtigen Klangtexturen immer wieder durchsetzt und kontrastiert, veranschaulicht die folgende, durch Nanni erstellte Abbildung:[25]

[25] Matteo Nanni, *Auschwitz. Adorno und Nono*, S. 34.

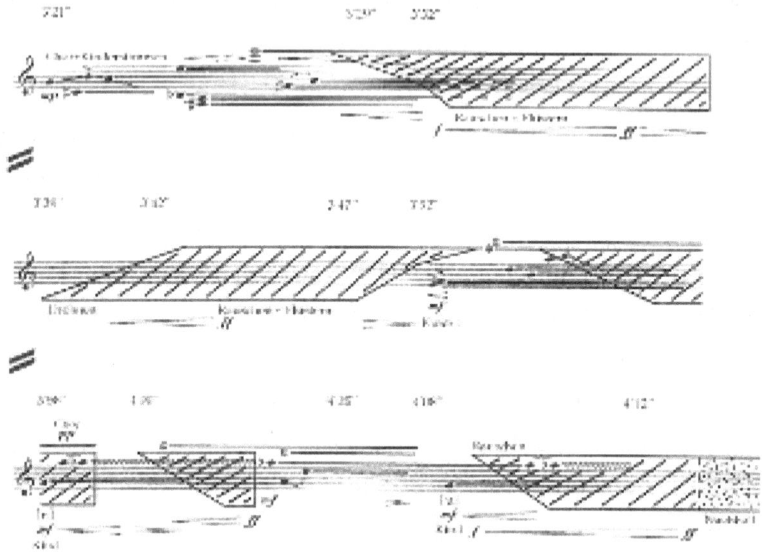

Obwohl diese hellen Klangfarben objektiv nur geringen Raum im Werk einzunehmen scheinen, tragen sie zum einen entscheidend bei zu einer Irritation und Verstörung in der Hörerfahrung. Geben diese hohen Frauen- oder Knabengesänge in ihrem reinen, unschuldigen und schönen Charakter doch in übertragenem Sinne den Anschein, als sei es möglich, trotz der Schrecklichkeit der Geschehnisse einen Teil des Selbst unberührt davon zu halten. Diese Form der emotionalen Irritation ist nur ein Beispiel dafür, wie es Nono schafft, eine Entfremdung zwischen Werk und rezipierendem Subjekt und innere Distanz herzustellen. Diesen emotionalen Gehalt deutet Nono jedoch nur schwach an, geht doch in den Knabengesängen der Gestus der Reinheit, Schönheit und Unschuld immer wieder schnell über in einen Gestus des erschreckt-Seins und der Verängstigung. Zum anderen kontrastieren und verstärken die unschuldig wirkenden, feinen Kindergesänge den grob zerstörerischen und gewalttätigen Charakter vieler Klangwolken. Außerdem scheint bei der Charakterisierung dieser erhabenen Gesangspassagen der Begriff der Stärke zuzutreffen, der bei Arendt in Abgrenzung von Macht und Gewalt immer Individuen und einzelne Personen beschreibt:

> „Denn Stärke, im Gegensatz zu Macht, kommt immer einem Einzelnen, sei es Ding oder Person, zu. Sie ist eine individuelle Eigenschaft, welche sich mit der gleichen Qualität in anderen Dingen oder Personen messen kann, aber als solche von ihnen unabhängig ist."[26]

Diese musikalisch vermittelte Vielfalt an Emotionen mit überwiegend Leben zerstörendem Charakter stellt einen ästhetischen Erfahrungsraum her, innerhalb dessen das rezipierende Subjekt ein Erleben von Gewalt nachempfinden kann, ohne existenziell gefährdet zu sein. Das verwendete lautmalerische metallische Klangmaterial, das an die Vernichtungsindustrie von Auschwitz gemahnt, garantiert als solches keineswegs, dass das Werk dem gehaltlichen Anspruch nackter Gewalt genügt. An das Wesen von radikal Bösem und nackter Gewalt scheinen diese emotionalen Gehalte nämlich nicht heranzureichen, versteht man mit Arendt darunter ein Sprachlosigkeit, Gefühlsunfähigkeit und Regungslosigkeit hervorrufendes Geschehen; sprich ein Geschehen, das nur unter entmenschlichten Bedingungen passieren kann und entmenschlichend wirkt. Nonos musikalische Reaktion auf Gewalt ist jedoch voller menschlicher Gefühlsregungen, wenn auch größten Teils heftiger negativer emotionaler Gehalte.

Arendt setzt ihr Verständnis von nackter Gewalt wesentlich von Aristoteles' Verständnis der Tyrannis ab. Einer der wesentlichen

---

[26] Hannah Arendt, *Macht und Gewalt*, S. 45.

Unterschiede scheint gerade in der emotionalen Reaktion auf tyrannische Verhältnisse einerseits und radikal böse andererseits zu bestehen. Anders als das radikal Böse verursacht die Tyrannis bei Aristoteles eine Palette von leidenschaftlichen Gefühlsreaktionen bei den Beherrschten.

> „erniedrigendes Unrecht hat nun mehrere Formen, und jede von ihnen provoziert den Zorn (des Erniedrigten). So ziemlich die meisten, die Zorn hegen, unternehmen einen Anschlag, um sich zu rächen [...]. Genauso kommt es aber auch aus Furcht (zu Anschlägen gegen Monarchie)."[27]

Es scheint, als stelle Nono mit den emotionalen Gehalten in *Ricorda cosa ti hanno fatto in Auschwitz* menschliche Reaktionen auf tyrannische, jedoch nicht radikal böse Verhältnisse musikalisch dar.

Trotz dieser Ähnlichkeit der musikalisch vermittelten Emotionsgehalte in *Ricorda cosa ti hanno fatto in Auschwitz* mit den von Aristoteles beschriebenen Gefühlsreaktionen auf die tyrannische Herrschaft, scheint Nono ästhetisch ansatzweise den Arendtschen Begriff des radikal Bösen musikalisch anzudeuten. Die Hypothese ist, dass Nono neben den oben dargestellten Emotionsgehalten dennoch durch motivische Charakteristika und Zeitgestaltung beim rezipierenden Subjekt ein Stocken und Innehalten im gefühlsmäßigen Miterleben des musikalischen Geschehens bewirkt; ein zeitweises Aussetzen jeglicher Gefühlsregung. Dies erreicht *Ricorda cosa ti hanno fatto in Auschwitz* zum Beispiel durch die wellenartig anschwellenden und wieder abklingenden Klangwogen und das durch sie hervor gerufene wiederholte ins Leere-Laufen der Erwartungshaltung des Rezipienten.

Das gesamte Werk besteht motivisch fast ausnahmslos aus Klangwellen, die sich je durch ihre Länge, ihre Dynamik oder ihre

---

[27] Aristoteles, *Politik*, 1311 a15-1311 b15.

Klangfarbe voneinander unterscheiden; die mal allmählich, mal abrupt in ihrer Klangdichte und Dynamik anschwellen oder abbrechen. Ab Minute 0:30 folgen in den geräuschhaften Klangräumen wie in dem Frauengesang mehrere Wellen aufeinander, die jeweils nur wenige Sekunden andauern, von kurzen Stillen umgeben sind und in ihrer klangfarblichen Entwicklung über die Stillen hinweg aneinander anknüpfen. Ab Minute 2:07 hingegen kann man zum Beispiel über das Auf- und Abwogen einzelner Wellen hinweg eine langsame Steigerung in Dynamik und klanglicher Dichte und Dringlichkeit beobachten. Ab Minute 3:28 beginnt erneut eine kontinuierlich sich aufbauende Steigerung, die fast eine Minute andauert. Folgendes Beispiel veranschaulicht graphisch das abrupte Abfallen vieler Klangwellen:[28]

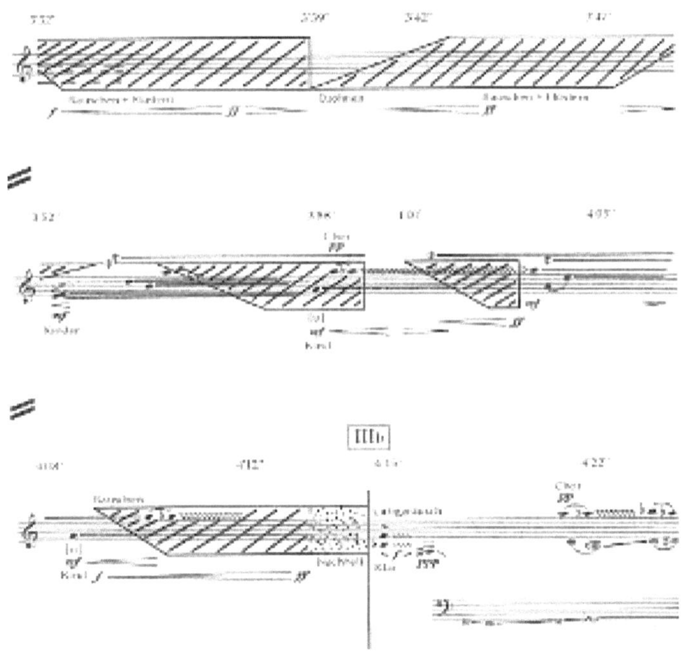

[28] Matteo Nanni, *Auschwitz. Adorno und Nono*, S. 322.

Im Höreindruck bauen diese Wellen stets Erwartungen und eine Spannung auf, die dann aber nicht eingelöst zu werden scheinen, sondern ins Leere laufen, bzw. durch das Aufbauen einer nächsten Erwartung beantwortet werden. Obige Grafik Nannis demonstriert dieses motivische Phänomen visuell und exemplarisch, vornehmlich durch die Crescendi sowie das häufige abrupte Verstummen des Rauschens. Dies scheint dazu zu führen, dass der Hörer in seiner emotionalen Reaktion auf das musikalische Geschehen, insbesondere auf diese motivische Besonderheit der Klangwellen immer wieder ins Stocken gerät, irritiert ist und dass während des musikalischen Leerlaufens der aufgebauten Spannungsbögen das emotionale Miterleben aussetzt. Die Motivik, die das emotionale Miterleben mit der Musik immer wieder zum Stocken kommen lässt und Erwartungshaltungen enttäuscht, macht deutlich, dass die Antwort, ob die Musik von *Ricorda cosa ti hanno fatto in Auschwitz* an das Wesen von nackter Gewalt heranreichen kann, keine eindeutige sein kann, sondern komplex und differenziert. Während die starken emotionalen Gehalte im Werk gegen eine musikalische Darstellbarkeit von nackter Gewalt sprachen, wird dieser Einschätzung durch die musikalische Motivik widersprochen: die Irritation und das Innehalten im rezipierenden Miterleben finden eine Entsprechung in Arendts theoretischer Definition der nackten Gewalt.

Wie oben angedeutet, besteht die ästhetische Kraft der emotionalen Gehalte in *Ricorda cosa ti hanno fatto* in den Extremen ihrer musikalischen Ausdrucksweise. In der Klangtextur kontrastieren die dichten undurchschaubaren Geräuschwolken den klaren deutlichen solistischen Frauengesang; die durch die metallischen und blechernen Geräusche hervorgerufenen Assoziationen von Schrecken stehen in krassem Gegensatz zu den hellen Knaben- und Frauengesängen, die einen unschuldigen, reinen Eindruck vermitteln. Aristoteles platziert eine Tugendhaftigkeit eines

Menschen in der Mitte zwischen zwei extremen Eigenschaften oder Leidenschaften, welche als solche Laster oder Schlechtigkeiten sind.

> „Zuerst wollen wir von dem Mut handeln. Daß er die Mitte im Gebiet der Affekte der Furcht und Zuversicht ist, wurde schon oben bermerkt."[29]

> „Wir haben schon bemerkt, daß die Mäßigkeit die Mitte in Bezug auf die Lust ist."[30]

> „Da es somit dreierlei Eigenschaften gibt, zwei Verkehrte, die eine an Übermaß krankend, die andere an Mangel, und eine gute, die Mitte, so ist jede jeder in gewisser Weise entgegengesetzt."[31]

> „Außerdem sind diejenigen, die sich eines Übermaßes an Glückgütern wie Kraft, Reichtum und Freunden und anderen Vorzügen dieser Art erfreuen, weder willens, sich beherrschen zu lassen, noch verstehen sie dies [...]; umgekehrt sind diejenigen, die übermäßigen Mangel an diesen Dingen leiden, allzu untertänig. [...] Ein Staat strebt danach, aus Mitgliedern zu bestehen, die soweit wie möglich gleich sind; das ist am ehesten dann der Fall, wenn sie ein Vermögen mittleren Umfanges haben."[32]

Der Rekurs auf Aristoteles' *Nikomachische Ethik* als Deutungszusammenhang für die emotionalen Gehalte in *Ricorda cosa ti hanno fatto in Auschwitz* ist deshalb erkenntnisbringend, weil man aus ihm die Frage ableiten kann, wie die musikalisch dargestellten emotionalen Gehalte zu

[29] Aristoteles, *Nikomachische Ethik*, 1115 a.

[30] Ebd.: 1117 b.

[31] Ebd.: 1108 b.

[32] Aristoteles, *Politik* 1295 b/b15.

bewerten sind. Das musikalische Werk insgesamt stellt ein Bewertungssystem her, innerhalb dessen die emotionalen Gehalte je eine Beurteilung erhalten, die das rezipierende Subjekt zuordnet. Man könnte sagen, dass Nono alle drei in Aristoteles' Tugendlehre zentralen Kategorien musikalisch ausdrückt: die zwei Extreme und die dazu gehörige in der Mitte liegende Tugend: zum Beispiel die oben analysierte musikalisch zum Ausdruck gebrachte Furcht als gegensätzliches Extrem zu ziellos wütender Übermütigkeit, sowie die in der Mitte anzusiedelnde Tapferkeit, die musikalisch in verklärtem Frauengesang dargestellt ist. Wichtig ist hier noch, dass Aristoteles den Charakter der Extremheit der zwei Leidenschaften Furcht und Übermut (bzw. übertriebene Zuversicht) in ihnen selbst verankert und in ihrem Verhältnis zu der Tugend, der Tapferkeit. Das heißt, es ist unmöglich, ein verringertes Maß an Extremheit des wütenden Übermuts anzunehmen oder musikalisch darzustellen. Wütender Übermut ist und wirkt an sich extrem und schlecht. Innerhalb des Bewertungssystems, das durch das Werk *Ricorda cosa ti hanno fatto in Auschwitz* selber gegeben ist, scheint das rezipierende Subjekt jedoch zu Beurteilungen einzelner emotionaler Gehalte kommen zu können, die nicht alle durch Aristoteles′ Tugendmodell zu erklären sind. Angesichts des hohen Ausmaßes an Bedrohung und der Assoziation von nazistischer Gewalt wird die musikalisch dargestellte Furcht und Angst nicht als ein Mangel an Tugend, nicht als schlecht, sondern als nachvollziehbare und gerechtfertigte emotionale Reaktion wahrgenommen und bewertet; die im Werk zum Ausdruck kommende Tapferkeit und Stärke wird nicht als tugendhaft und erstrebenswert empfunden, sondern als fast schon übermenschliche, verstörende Gefühlsqualität innerhalb des emotionalen Zusammenhanges des Werkes.

V. C. Irrationale und rationale Merkmale in der Musik und im Gewaltbegriff Hannah Arendts

An die Frage nach den emotionalen Gehalten in *Ricorda cosa ti hanno fatto in Auschwitz* schließt die nach der Irrationalität in der musikalischen Struktur des Werkes an. Nonos kompositorischer Umgang mit Irrationalität und Rationalität beleuchtet im Deutungsprozess weitere Aspekte des Arendtschen Verständnisses von Gewalt und nackter Gewalt.

Vor dem Hintergrund einer wie oben beschriebenen, sich ständig neu aufbauenden Erwartung und Spannung im Hörerleben, die aber nicht aufgelöst wird sondern in Ungewissheit mündet und die durch die motivische Struktur der Wellenbewegungen hervorgerufen wird, entfalten die plötzlich einsetzenden metallischen Polterschläge in Minute 7:48 des Werkes erst ihre volle Wirkungskraft. Im Folgenden soll der irrationale Charakter dieses Polterlärms sowie der anderer musikalischer Phänomene im Werk analysiert werden.

Die innere Spannung in *Ricorda cosa ti hanno fatto in Auschwitz* besteht in der ständig neu aufgebauten Erwartung eines plötzlich und unerwartet hereinbrechenden musikalischen Ereignisses. Gerade dass dieses unvorhersehbare und unberechenbare Ereignis über sieben Minuten lang ausbleibt, trotz der Erwartung nicht eintritt, sondern durch kurze perkussive Phrasen höchstens schwach angedeutet wird, steigert die Spannung und Anspannung im Höreindruck maximal und vergrößert das Erschrecken, wenn das gewaltige Poltern tatsächlich einsetzt – in dieser Plötzlichkeit einmalig im gesamten Stück. Das von Minute 7:48 bis Minute 7:56 anhaltende Poltern exponiert durch seine große Lautstärke, durch seine klangliche Intensität und Schrillheit die emotionalen Gehalte der Zerstörung, der Grausamkeit und des Schreckens am deutlichsten. Zwar treten metallischer Polterlärm, schrille Schläge und andere laute perkussive Elemente an anderen Stellen des Werkes auch auf, doch nicht in dieser lang anhaltenden, heftigen, absoluten und plötzlichen Art und Weise. Der Eindruck von Willkür und irrationaler Zerstörungswut innerhalb dieser Geräuschpassage ab Minute 7:48 verstärkt sich besonders durch die Arhythmik der aufeinander folgenden Polterschläge. Der Charakter der Plötzlichkeit, der Mangel an musikalischer Ankündigung und Vorbereitung auf den Polterlärm im formalen Ablauf des Stückes kommt besonders dadurch zustande, dass dieser Passage ca. drei Minuten musikalischen Geschehens voran gehen, die in ihrer Lautstärke sehr zurück genommen und in der Klangfarbe gedämpft erscheinen, die viele Stillen enthalten und als emotionalen Gehalt stellenweise etwas wie Hoffnung, Beruhigung und Befriedung transportieren. Die Brutalität des Polterlärms wird dadurch verstärkt.

Neben diesem plötzlich einsetzenden Polterlärm gibt es mehrere weitere musikalische Elemente in der formalen Anlage sowie in der Motivik und deren emotionalen Gehalten in *Ricorda cosa ti hanno fatto in Auschwitz*, die teilweise schon beschrieben wurden in diesem Kapitel und die den Eindruck eines irrationalen, willkürlichen und unberechenbaren musikalischen Verlaufes gegenüber einer rationalen Ordnung, inneren Geschlossenheit und logischen Stimmigkeit des Werkes stark machen. Der oben beschriebene Polterlärm in Minute 7:48 bildet die einschneidendste Zäsur im formalen Verlauf des Stückes, gliedert das insgesamt gut 11minütige Werk in zwei zeitlich ungleiche Teile und schafft also ein asymmetrisches Bild der Großform.

Die vielen kurzen gesungenen Phrasen der Frauenstimme erwecken durch ihre emotionalen Gehalte der Angst, Verzweiflung und Sorge den Eindruck, als seien sie unwillkürlich, unbeabsichtigt oder ungewollt entfahrene

Hilfeschreie eines Subjektes, spontane Angstschreie und unmittelbare Reaktionen auf eine gegenwärtige Bedrohung. Sie betonen so ein irrationales Moment in *Ricorda cosa ti hanno fatto in Auschwitz*, da sie unberechenbar zu erklingen scheinen und keinem rationalen Mechanismus einer festgelegten formalen Struktur entsprechen.

Außerdem machen es die Unübersichtlichkeit und Vielzahl an Klangmaterialien, an konkreten Klängen, klanglichen Assoziationen und Anspielungen unmöglich, eine klare rationale Struktur in der motivischen und klangfarblichen Entwicklung des Stückes wahrzunehmen. Welchen Aufschluss gibt Nonos Umgang mit Irrationalität, Diskontinuität und Rationalität in *Ricorda cosa ti hanno fatto in Auschwitz* über die irrationale und rationale Struktur in der theoretischen Definition von Gewalt und nackter Gewalt nach Arendt?

Es sind gerade die zwei Begriffe der Irrationalität und Rationalität, die zentral und aufschlussreich sind für das Verständnis von Gewalt und nackter Gewalt in den Ausführungen Arendts. Das Wesen von Gewalt weist nach Arendt sowohl irrationale wie rationale Momente auf, wobei jedoch der Übergang von Gewalt zu nackter Gewalt sowie die Abgrenzung der Gewalt von der Macht berücksichtigt sein muss. Zunächst schreibt Arendt der Gewalt, nicht der nackten Gewalt, rationale wie auch irrationale Eigenschaften zu. Ein rationales Moment im Wesen von Gewalt ist ihr instrumenteller Charakter, immer ein konkretes Mittel zur Umsetzung eines bestimmten Zweckes oder Zieles zu sein.

> „Da Gewalt ihrem Wesen nach instrumental ist, ist sie in dem Maße rational, als sie wirklich dazu dient, den Zweck, der sie rechtfertigen muß, zu erreichen."[33]

[33] Hannah Arendt, *Macht und Gewalt*, S. 78, siehe auch ebd. S. 47.

Während der Zweck, der das Gewaltmittel rechtfertigen soll, ganz unterschiedlicher persönlicher, politischer oder ideologischer inhaltlicher Natur sein kann, betont Kant als übergeordneten Endzweck der Natur den ewigen Frieden:

> „Indem die Natur nun dafür gesorgt hat, dass Menschen allerwärts auf Erden leben könnten, so hat sie zugleich auch despotisch gewollt, daß sie allerwärts leben sollten, [...] sie hat, zu diesem ihren Zweck zu gelangen, den Krieg gewählt."[34]

Eine paradox anmutende Denkfigur, an die Arendt in ihrer Definition anknüpft. Ebenso sieht Arendt in punktuellen, impulsiven gewalttätigen Handlungen – wie übrigens im menschlichen Handeln überhaupt – insofern ein irrationales Moment, als dass Gewalt immer eine unvorhersehbare und unkalkulierbare Komponente innewohnt, die berechenbare Mechanismen und Automatismen zum Beispiel in geschichtlichen Verläufen zu sprengen vermag. In diesem Zusammenhang steht Gewalt der Fortschrittsidee diametral gegenüber und unterwandert letztere:

> „Wenn wir unter Geschichte einen kontinuierlich chronologischen Prozeß verstehen, dessen Fortschreiten in der einmal eingeschlagenen Richtung zudem automatisch vonstatten geht, bzw. von Menschen nur verzögert oder beschleunigt werden kann, so liegt es nahe, in der Gewalt in Form von Kriegen und Revolutionen die einzig mögliche Unterbrechung solcher Abläufe zu sehen."[35]

---

[34] Immanuel Kant, *Zum ewigen Frieden*, 1. Auflage, mit einem Kommentar von Oliver Eberl und Peter Niesen, Berlin 2011, S. 38.

[35] Hannah Arendt, *Macht und Gewalt*, S. 34.

Hier ist Gewalt verstanden als ein entfesselndes Ereignis, das innerhalb kontrollierbarer und zur Gewohnheit gewordener Verhaltens- und Wahrnehmungsmuster einen unerwarteten Neuanfang zu setzen vermag. Diese philosophische Reflexion über Gewalt kann analog gesehen werden zu dem überraschend einsetzenden Polterlärm in *Ricorda cosa ti hanno fatto in Auschwitz*, der impulsiv den klanglichen und dynamischen Rahmen des vorangegangenen musikalischen Geschehens sprengt; aber auch parallel gesehen werden zu dem scheinbar chaotischen nicht linear geordneten formalen Verlauf des Werkes.

Von diesen zwei Eigenschaften der Gewalt – die wie oben erläuterten irrationalen wie rationalen – unterscheidet sich bei Arendt der Begriff der nackten Gewalt insofern, als dass bei letzterer ein erhöhtes Maß an Zerstörungskraft und brisanter Gefährlichkeit vorhanden ist, das zustande kommt: erstens indem sich nackte Gewalt über die Mittel-Zweck-Kategorien hinweg setzt, das heißt sich als Mittel verselbstständigt, ohne ein konkretes Ziel zu verfolgen:

> „Daß die Vervollkommnung der Gewaltmittel schließlich den Grad erreicht hat, an dem die zur Verfügung stehenden Mittel im Begriff sind, ihr Ziel, nämlich die Kriegsführung, unmöglich zu machen, ist wie eine letzte ironische Reflexion auf die grundsätzliche Willkür und Unsinnigkeit, der wir überall begegnen, wo wir uns dem Bereich der Gewalt nähern."[36]

Ein zweiter Unterschied zwischen Gewalt und nackter Gewalt besteht darin, dass eine impulsive Gewalthandlung, die sich ursprünglich als spontane Reaktion auf ein empfundenes Unrecht rechtfertigt, beginnt, organisiert und systematisiert zu werden und damit berechenbar zu sein:

---

[36] Hannah Arendt, *Macht und Gewalt*, S. 9.

„Die gewalttätige Reaktion auf Heuchelei, so sehr sie innerhalb ihrer Grenzen zu rechtfertigen ist, verliert Berechtigung, sobald aus ihr eine bestimmte Strategie mit spezifischen Zielen entwickelt wird;"

Die Grenze zwischen Gewalt und nackter Gewalt scheint überschritten zu sein, „sobald die Reaktion im Verlauf des Kampfes in Aktion umschlägt."[37] Der Übergang von Gewalt in nackte Gewalt geht einher mit der Rationalisierung eines Willkürlichen, Unmittelbaren sowie mit der chaotischen Entfesselung eines ursprünglich Rationalen.

Wenn diese Grenze überschritten ist, ist – mit Kant gesprochen – etwas passiert, das grundsätzlich das Vertrauen des Gegners und seine potenzielle Solidarität aushebelt und ein anschließendes Ende von Gewalt, ein friedliches Zusammenleben von Menschen erschwert oder gar verhindert:

„Denn irgendein Vertrauen in die Deutungsart des Feindes muß mitten im Kriege noch übrig bleiben, weil sonst auch kein Friede abgeschlossen werden könnte, und die Feindseligkeit in einen Ausrottungskrieg [...] ausschlagen würde."[38]

Bezeichnend ist, dass Arendt das Spezifische an nackter Gewalt darin sieht, dass Macht abwesend ist. Macht sei ebenso wie Frieden ein absoluter Wert, der ein Selbstzweck sei und keiner Rechtfertigung bedürfe. Da Macht ein intersubjektives Phänomen sei und die Bedingung für menschliches Handeln in jeglicher Art von Gemeinschaften und Zusammenschlüssen, macht gerade ihre Abwesenheit die Gefährlichkeit der nackten Gewalt aus.

---

[37] Hannah Arendt, *Macht und Gewalt*,S. 67.

[38] Immanuel Kant, *Zum ewigen Frieden*, S. 16.

Über die musikalische Analyse der rationalen und irrationalen Strukturelemente in *Ricorda cosa ti hanno fatto in Auschwitz* lässt sich ein ästhetischer Zugang zu den Begriffen Gewalt und nackte Gewalt erfahren und reflexiv konstruieren. Gerade der Eindruck von Willkür und Irrationalität im formalen Ablauf des Stückes, in der Anordnung des Klangmaterials und als emotionale Gehalte im Werk bringt das hohe Maß an Gefährlichkeit zum musikalischen Ausdruck.

V. D. Gewalt: Kollektivität und der Einzelne

Die oben schon angedeutete Dualität von einzelnem Frauengesang und massiger Geräuschwolke in *Ricorda cosa ti hanno fatto in Auschwitz* deutete schon die Thematik des Verhältnisses zwischen Individuum und Gruppe an. Diese Thematik soll hier musikanalytisch differenziert herausgearbeitet und reflexiv in Beziehung gesetzt werden zu einem weiteren Wesensmerkmal von Gewalt in den Ausführungen Arendts.

Das zeitweilige Alleinstehen der solistischen Frauenstimme ist satztechnisch nicht nur kontrastiert durch die in ihrer Klangfülle dichten Geräuschwolken. Die einzelne Gesangstimme erfährt variierende Kontrastierung ebenso durch: erstens elektronische Verhallung, Verräumlichung oder Vermehrfachung dieser einzelnen Stimme; zweitens durch Chorpassagen, teils Männerchor – oft in Verbindung mit tiefen Geräuschwolken – und teils Kinder- beziehungsweise Frauenchor, der in hohen Tonstufen und leisen Lautstärken gehalten ist.

Was die einzelne Sopranstimme betrifft, kann grundsätzlich gesagt werden, dass zu Beginn des Stückes in den ersten Minuten die Frauenstimme zunächst in verhallter, verwischter und verräumlichter Form in Erscheinung tritt, wobei sie aber dennoch als Einzelstimme auditiv identifizierbar ist; während dann im weiteren Verlauf des Stückes diese hallige Frauenstimme mehr und mehr zu einem frauenchorartigen Satz anschwillt, wobei gleichzeitig, vor allem ab Minute 5:40, die einzelne Frauenstimme sich klar solistisch herausschält; gegen Ende des Stückes ab Minute 7:58 schließlich dominiert ein zarter und heller Kinder- beziehungsweise Frauenchor gegenüber der Einzelstimme. In den letzten Sekunden des Werkes ist jedoch jegliche menschliche Stimme verschwunden, das Stück endet mit Tonbandklängen bzw. ohne stimmliche Elemente.

Die einzelne Frauenstimme scheint in engem Zusammenhang mit dem im Werktitel *Ricorda cosa ti hanno fatto in Auschwitz* enthaltenen Personalpronomen *ti* zu stehen (*erinnere, was sie Dir in Auschwitz angetan haben*). Das einzelne Individuum ist gemeint, dem Gewalt angetan wurde; aber auch der einzelne Hörer ist angesprochen, der sich über das Werk mit der Gewalt und dem Leid von Auschwitz identifizieren und dem Vergessen dieses Gewaltereignisses entgegen wirken soll. Dass die Konturen dieses Individuums – musikalisch dargestellt durch die einzelne Frauenstimme – im Laufe des Stückes verschwimmen und aufweichen bis hin zu einem kollektiven Gesang bringt musikalisch und satztechnisch zum Ausdruck, dass es eine Vielzahl an Individuen war, eine nicht genau bestimmbare, unendliche Menge, die Leid trug.

An dieser Entwicklung des Frauen- bzw. Kindergesanges im Laufe des Stückes ließe sich das Schicksal des betroffenen Individuums ablesen, auch unter Berücksichtigung der drei Teilüberschriften des Werkes *I. Gesang vom Lager, II. Gesang vom Ende der Lili Tofler und III. Gesang von der Möglichkeit des Überlebens.*

Der an einen Männerchor erinnernde Klang findet sich vor allem in den ersten Minuten des Werkes und gegen Ende ab Minute 8:40.

Während diese Männerstimmen zu Beginn nur kurz aufscheinen innerhalb der Klangwolken, steigern sie gegen Ende des Stückes durch Lautstärke und die Kombination mit tiefen metallischen Geräuschen ihren Charakter der Bedrohlichkeit und Gefahr. Der unheimliche Charakter des Männerchors kommt gerade dadurch zustande, dass er im Mix mit anderen Geräuschen auditiv nicht klar identifizierbar ist und auch seine Klangtextur verwischt und undeutlich erscheint, dass beispielsweise beim Hören keine einzelnen, den Chor zusammensetzenden Männerstimmen auszumachen sind.

Die Betrachtung der einzelnen Frauenstimme in ihrem Verhältnis zu den chorartigen Gesangpassagen der Männer – auch unter Berücksichtigung ihrer emotionalen Gehalte – legt den Schluss nahe, dass Gewalt in *Ricorda cosa ti hanno fatto in Auschwitz* insofern thematisiert ist, als dass musikalisch eine Entwicklung des Verhältnisses zwischen Individuum und Gruppe dargestellt ist, eine Differenzierung, die auch in Arendts theoretischer Beschreibung von nackter Gewalt vorkommt. Zunächst legt Nonos musikalischer Umgang mit Einzelgesang und Männerchorpartien unmittelbar die Deutung nahe, das einzelne Individuum sei bedroht und die Bedrohung gehe von einer Vielzahl, einer Masse von Menschen aus. Dass im Zusammenschluss von mehreren gewaltbereiten Menschen eine spezifische Gefährlichkeit und Brisanz ausgeht, die nicht zuletzt darin begründet liegt, dass die einzelnen Gruppenmitglieder ihre Individualität zugunsten einer Gruppenkohärenz aufgeben und somit auch die Frage nach persönlicher Verantwortung und Schuld schwer zu beantworten ist, formuliert Arendt in Auseinandersetzung mit Fanon:

> „Um so merkwürdiger ist, daß die eigentlich faszinierenden und gefährlichen Züge der Gewalttätigkeit erst bei dem Einsatz kollektiver Gewalt in

> Erscheinung treten. Fanon hat völlig recht, daß in allen Gewaltaktionen, militärischer wie revolutionärer Art, ‚individualistische Werte als erste verschwinden'. An ihre Stelle setzt sich eine Gruppenkohärenz, die sogenannte Kameradschaft, die intensiver empfunden wird und sich als stärkeres Band erweist als alle Formen der Freundschaft oder der Solidarität."[39]

Die Größe des Gewaltpotenzials einer Gruppe komme auch dadurch zustande, dass die Nähe des Todes eine für alle Mitglieder gleiche, vereinheitlichende Erfahrung sei.[40]

V. E. Musikalisch dargestellte Gewalt und Moral

Musik als solche scheint keine moralischen Eigenschaften zu haben. Urteile über Gut und Böse, tugendhaft und schlecht lassen sich auf ein musikalisches Werk nicht anwenden. Die zentralen musikalischen Merkmale in *Ricorda cosa ti hanno fatto in Auschwitz*, die bis hierher analysiert sind, lassen sich lediglich als gut beurteilen im Sinne des Maßes ihres Gelungenseins, je nach ihrem Aussagewert innerhalb des Werkes und ihrer künstlerischen Qualität. Dichte des musikalischen Satzes, eine Klangqualität, emotionale musikalische Ausdrucksgehalte oder Diskontinuitäten in der Musik können an sich weder moralisch gut noch schlecht sein.

Was ist es hingegen, das an Gewalt moralisch schlecht ist und was per se dem Darstellungsmittel Musik zu widersprechen scheint? Entmenschlichung, Unberechenbarkeit, ohnmächtige Auslieferung – das

---

[39] Hannah Arendt, *Macht und Gewalt*, S. 67, Anführungszeichen: H. A.

[40] ebd.: S. 68.

sind einige der Wesensmerkmale, die die Schlechtigkeit von Gewalt ausmachen, aber nicht unmittelbar auf Musik zutreffen. Der Musik soll also keineswegs durch die eingenommene Deutungsperspektive Gewalt eine moralische Eigenschaft unterstellt werden; weder eine schlechte, dass etwa die musikalische Nachahmung von Gewalt letztere potenziere; dass musikalische Darstellung von Gewalt diese ästhetisch verstärke, indem sie sie künstlerisch verharmlost, beschönigt, sie schmackhaft mache oder zu ihr verleite. Noch wird eine gute Eigenschaft unterstellt, im Sinne einer Vorbeugung oder Läuterung von Gewalt durch Musik; als könne Musik etwas aufwiegen oder gar wieder gutmachen, was in außermusikalischen Bereichen an Gewalt getan wurde. Vielmehr scheint eine Gewalt thematisierende Musik wie die von *Ricorda cosa ti hanno fatto in Auschwitz* zweierlei bewirken zu können: erstens einen ästhetischen Raum bieten, in dem einzelne Aspekte von Gewalt stark abgeschwächt und in geschütztem Rahmen erlebbar sind. Dieses ästhetische Erfahren von Gewalt könnte in aristotelischem Sinne einen Läuterungsprozess anstoßen, der den musikalischen Rezipienten für Gewaltpotenziale in außermusikalischen Lebenswirklichkeiten nicht nur sensibilisiert, sondern gegebenenfalls Formen von Gewaltbereitschaft sogar in der Lage wäre, abzuschwächen. Zweitens kann Musik, wenn sie in der Analyse und im Hörerleben analog zu einem Begriff von Gewalt gedacht wird, differenziert und vielschichtig Position beziehen zu moralischen Fragestellungen. Sie kann ein ausdifferenziertes Bewertungssystem herstellen, um musikalische Andeutungen von Gewalt innerhalb des ästhetischen Gebildes eigens neu zu bewerten. Diese ästhetische Bewertung kann zwar nicht unmittelbar übernommen werden in außermusikalische Lebenswirklichkeiten; das ästhetische Urteilsvermögen scheint aber zugleich dasjenige für die außermusikalische Realität zu schärfen.

Will man das musikalische Geschehen in *Ricorda cosa ti hanno fatto in Auschwitz* als ein gelungenes beurteilen, als ein gut dargestelltes, müsste man es im Sinne Aristoteles' als eine ‚wahrheitsgemäße Abfolge von Geschehnissen' bezeichnen. Ein Kunstwerk ist ein gelungenes, wenn die Abfolge der Geschehnisse eine wahrhaftige und glaubwürdige ist, das heißt, wenn sie denjenigen Regeln der Wahrscheinlichkeit und Notwendigkeit folgen, die auch für Entwicklungen in außerkünstlerischen Lebenswirklichkeiten gelten. Für Aristoteles ist es eine Frage der Begabung und Veranlagung, ob ein Künstler eine wahrheitsgemäße Abfolge von Geschehnissen in einer künstlerischen Darstellung schafft. Eine solche hat die tiefe Kenntnis der Beschaffenheit der menschlichen Charaktere zwar als Voraussetzung. Aber die Abfolge von Geschehnissen in Kunstwerken selber wird damit nicht gut oder schlecht. Was ein guter, was ein schlechter Charakter ist, kann musikalisch und künstlerisch zum Ausdruck gebracht werden. Darüber, ob die so entstehende Musik oder Kunst gut oder schlecht, gelungen oder misslungen ist, entscheidet allein der Grad an Wahrheitsnähe und Glaubwürdigkeit der musikalischen Darstellung. In seiner Poetik unterscheidet Aristoteles zwischen guten und schlechten Charakteren, ohne dies zu begründen oder sie zu definieren. Er konnte diese Kategorien als selbstverständlich gegeben und einleuchtend bei seinen Zeitgenossen voraussetzen. Will man Nono die Fähigkeit zusprechen, in *Ricorda cosa ti hanno fatto in Auschwitz* eine solche wahrheitsgemäße Abfolge von Geschehnissen geschaffen zu haben, muss man ihm ebenso die Kenntnis der bösen und guten menschlichen Eigenschaften unterstellen. Weder in einer wahrheitsgemäßen Abfolge von künstlerischen Geschehnissen, noch in der eines menschlichen Lebens – Aristoteles nennt es Schicksal – lässt sich Moral finden.

> „Ist es nicht vielmehr ganz und gar verkehrt, hier auf die Schicksale zu sehen, da in ihnen nicht das Heil oder Unheil liegt, sondern das menschliche Leben, wie wir gesagt haben, der Glücksgüter nur wie einer Zugabe bedarf, während für die Glückseligkeit die tugendhaften Handlungen entscheidend sind und für die Unglückseligkeit die entgegengesetzten?“[41]

Nicht in dem bloß Faktischen, in den äußeren Abfolgen der Geschehnisse, in Schicksalsverläufen als solchen lässt sich Moralisches ablesen, sondern immer in einer Qualität, einer (charakterlichen) Eigenschaft und innerlichen Ausrichtung eines Subjektes – eine These Aristoteles', die in diesem Kapitel auch Grundsatz der Analyse war. Das wellenartige musikalische Geschehen schien auf ein ungewiss hereinbrechendes Furchtbares und Übles hinzudeuten. Doch wäre es ein Kurzschluss, diesem musikalischen An- und Abschwellen der Klangwolken und dem in ihnen in Erscheinung tretenden Furchtbaren die Eigenschaft eines Schlechten zuzuschreiben. Abgesehen davon, dass die künstlerische Rolle, die dieses musikalische Andeuten des Furchtbaren im Werkganzen spielt, viel differenzierter und komplexer ist, scheint die moralische Eigenschaft eben nicht durch die musikalische Setzung als solche gegeben zu sein, sondern erst als innere Ausrichtung eines rezipierenden Subjektes. Schließlich sind ja – vereinfacht gesprochen – beide Reaktionen eines rezipierenden Subjektes auf die musikalische Darstellung des Furchtbaren denkbar: erstens eine solche mit der Tendenz hin zum moralisch Schlechten; das musikalisch dargestellte Furchtbare würde zum Beispiel direkt auf die innere Ausrichtung des rezipierenden Subjektes abfärben und die Grundlage für furchtbare Handlungen des Rezipienten seinerseits wäre gelegt. Zweitens ist eine Reaktion mit der Tendenz zum moralisch Guten

[41] Aristoteles, *Nikomachische Ethik*, 1100 b.

denkbar: durch die Erfahrung des Furchtbaren im Kunsterlebnis beispielsweise erstarken Eigenschaften der Widerstandskraft im rezipierenden Subjekt. Aristoteles drückt diese moralische Mehrdeutigkeit eines bloßen Faktums folgendermaßen aus:

> „Und wer Gefahren besteht und sich dessen freut oder wenigstens keine Unlust darüber empfindet, ist mutig, wer aber Unlust darüber empfindet, ist feig."[42]

Die moralische Mehrdeutigkeit von Musik erklärt auch die Extreme im Umgang mit ihr, ausgehend vom Missbrauch durch terroristische Systeme oder als Foltermethode bis hin zum Gebrauch in der humanistischen Erziehung. „Musik bringt ja eine natürliche Freude, weshalb Musikgenuß bei allen Altersstufen und Charaktertypen beliebt ist.", schreibt Aristoteles.[43]

Insofern liegt es in der Verantwortung und Entscheidungsgewalt des einzelnen Subjekts, ob ein und dasselbe musikalische Faktum eine gute oder schlechte moralische Gewichtung erhält.

> „manche Qualitäten, die von Natur noch ambivalent sind, entwickeln sich ja unter dem Einfluß der Gewohnheit zum Schlechteren oder Besseren."[44]

Bei Aristoteles erscheint der Einzelne als aktiver Schöpfer seines eigenen Charakters und seiner moralischen Qualitäten, indem er entsprechende Tätigkeiten vollzieht und Gewohnheiten einübt.

---

[42] Aristoteles, *Nikomachische Ethik*, 1104b.

[43] Aristoteles, *Politik*, 1340 a.

[44] Ebd.: 1332 b.

> „aus gleichen Tätigkeiten erwächst der gleiche Habitus. Daher müssen wir uns Mühe geben, unseren Tätigkeiten einen bestimmten Charakter zu verleihen; denn je nach diesem Charakter gestaltet sich der Habitus."[45]

Der Freiheitsaspekt, der hier angesprochen ist, wurde schon im voran gehenden Kapitel aufgegriffen und vertieft.

> „Daher muß man vor allem anderen (die Fähigkeit) erlernen oder sich durch Gewöhnung aneignen, richtig zu urteilen und an guten Charakteren und ethisch vollkommenen Handlungen Gefallen zu finden. Nach den wirklichen natürlichen Regungen von Zorn und gelassener Ruhe, von Tapferkeit und selbstbeherrschter Mäßigung und allen Äußerungen des Charakters, die diesen entgegengesetzt sind, [...] gibt es am ehesten eine Entsprechung zu ihnen in Rhythmen und Melodien."[46]

Aristoteles gibt den Hinweis, dass Musik ein besonders wirkungsvolles Mittel ist, um einen guten Charakter auszubilden. Weil die Musik an die innersten Wesen der verschiedenen menschlichen Eigenschaften und Gefühle heranreicht, lässt sie die Tätigkeit des rezipierenden Subjektes, sich im Miterleben dieser Leidenschaften zum Guten hin auszurichten, besonders gut einüben. Dass die emotionalen Gehalte, die Leidenschaften in *Ricorda cosa ti hanno fatto in Auschwitz* eine so extreme Wirkung entfalten, könnte diesen Umstand noch verstärken.

Gewalt ist eine Leidenschaft, für die in ausgesprochenem Maße gilt, dass ein Umgang mit ihr, der nicht schädliche und schlechte, sondern nützliche Auswirkungen mit sich ziehen soll, erst in Aristotelischem Sinne eingeübt werden muss. Die Verführungskraft von Gewalt, die

---

[45] Aristoteles, *Nikomachische Ethik*, 1103 b, Hervorhebung: Herausgeber.

[46] Aristoteles, *Politik*, 1340 a.

in Nonos *Ricorda cosa hanno fatto in Auschwitz* unmittelbar erfahrbar wird, scheint auch ein Beweggrund zu sein, der sich durch Aristoteles' staatstheoretische Schriften zieht; ein Beweggrund für menschliche Staatenbildung überhaupt. Betont er doch an vielen Stellen in seiner Politik, dass einerseits staatliche Verpflichtung der Verführungskraft von Gewalt vorbeugt; und andererseits, dass die menschliche Ausrichtung hin zum guten Leben die notwendige Voraussetzung ist für das Gelingen eines Staatswesens. Der Staat als solcher erscheint wertfrei, erst die Ausrichtung der Regierenden entscheidet über Leben fördernde oder vernichtende Entwicklungen.

> „Ziel des Staates ist also das edle Leben und jenes andere ist um dieses Zieles willen da. Und der Staat ist die Gemeinschaft der Geschlechter und Dorfgemeinden um des vollkommenen und selbständigen Lebens willen. Dieses endlich ist, wie wir betonen, das glückselige und edle Leben."[47]

V. F. Schlussbetrachtung

Der Anspruch, mit Musik ein konkretes geschichtliches Gewaltereignis darzustellen, muss nach den obigen Ausführungen scheitern. Die Musik evoziert weder die konkreten Bilder von den konkreten Umständen, wie das Mittel Gewalt in nationalsozialistischen Konzentrationslagern zum Beispiel von Auschwitz eingesetzt wurde, die spezifischen Organisationsformen, Strategien und Maschinerien von Gewalt, Folter und Tötung. Noch erhellen sich aus der Musik selber die politischen und ideologischen

[47] Aristoteles, *Politik*, 1281 a.

Ziele, die diese systematische Gewalt durchsetzen sollte. Oder anders, mit Nanni gesprochen:

> „Dies meint aber nicht, daß Kunst einen unmittelbaren Bezug zur realen Dimension jenes Faktums herstellen kann, so wie die untersuchten Auschwitz-Kompositionen Nonos nicht das reale und faktische Geschehnis von Auschwitz thematisieren. Vielmehr erzählen diese Werke etwas von der die Fakten transzendierenden Wirklichkeit jenes historischen Ereignisses."[48]

Das Unterfangen, einer wesensmäßigen Entsprechung oder auch nicht-Übereinstimmung von Musik, ihren Gehalten und dem Begriff Gewalt nachzuspüren, operiert gleichermaßen schon mit einer die faktische Historizität übersteigenden transzendierten Wirklichkeit, wie Nanni schreibt. Mit dieser Analyse eines inneren Zusammenhanges zwischen der Musik von *Ricorda cosa ti hanno fatto in Auschwitz* und dem Begriff Gewalt ist aber noch kein Urteil gefunden, noch keine eindeutige moralische Position bezogen. Wie ein musikalisches Werk mit Bezug zu Gewalt tatsächlich wirkt, hängt von der Rezeptionshaltung des Hörers ab; welche Schlüsse er aus dieser geschützten ästhetischen Gewalterfahrung für seine Lebensführung zieht. Denn diese Musik stellt vor die Herausforderung, sich moralisch zu entscheiden.

---

[48] Matteo Nanni, *Auschwitz. Adorno und Nono*, S. 368.

Literaturliste

Primärliteratur

Theodor W. Adorno, *Ästhetische Theorie*, hrsg. von Gretel Adorno und Rolf Thiedemann, Frankfurt am Main 1970.

Theodor W. Adorno, *Dissonanzen. Musik in der verwalteten Welt*, Göttingen 1972.

Theodor W. Adorno, *Philosophie der neuen Musik*, Frankfurt am Main 1976.

Hannah Arendt, *Elemente und Ursprünge totaler Herrschaft*, 6. Auflage, München 1998.

Hannah Arendt, *Macht und Gewalt*, 18. Auflage, München 2008.

Aristoteles, *Kleine Schriften zur Physik und Metaphysik.*

Aristoteles, *Nikomachische Ethik*, hrsg. von Günther Bien, Hamburg 1985.

Aristoteles, *Physik. Vorlesungen über Natur*, Bücher I-IV, hrsg. von Hans Günter Zeckl, Hamburg 1987.

Aristoteles, *Poetik*, hrsg. von Eckart Schütrumpf, Hamburg 2012.

Aristoteles, *Politik.*

Walter Benjamin, *Gesammelte Schriften I-VII*, hrsg. von Rolf Tiedemann und Hermann Schweppenhäuser, Frankfurt am Main 1985.

Ernst Bloch, *Das Prinzip Hoffnung. Kapitel 1-32*, Frankfurt am Main 1985.

Albrecht Dümling, *‚Ich habe viel lieber die Konfusion.' Luigi Nonos Bekenntnis zu offenem Denken. Ein Gespräch*, in: NzfM 148 (1987), S. 22-28.

Michel Foucault, *Ästhetik der Existenz, Schriften zur Lebenskunst*, hrsg. von Daniel Defert und Francois Ewald, Frankfurt am Main 2007.

Thomas Hobbes, *Leviathan. Oder Stoff, Form und Gewalt eines kirchlichen und bürgerlichen Staates*, hrsg. von Iring Fetscher, 3. Auflage, Frankfurt am Main 1989.

Immanuel Kant, *Zum ewigen Frieden*, mit einem Kommentar von Oliver Eberl und Peter Niesen, 1. Auflage, Berlin 2012.

Luigi Nono, *A Carlo Scarpa, architetto, ai suoi infiniti possibili. Per orchestra a microintervalli*, Ricordi, Milano 1985.

Luigi Nono, *Das atmende Klarsein. Per piccolo coro, flauto basso, live electronics e nastro magnetico (1980/1983)*, Partitura, Ricordi.

Luigi Nono, *Fragmente-Stille, an Diotima (1979-1980) per quartetto d'archi*, Ricordi, Milano.

Luigi Nono, *Scritti e colloqui I, II*, hrsg. von Angela Ida De Benedictis und Veniero Rizzardi, Lucca 2001.

Luigi Nono, *Verso Prometeo. Frammenti di diari*, hrsg. von Massimo Cacciari, Mailand 1984.

Luigi Nono, *Incontri. Luigi Nono im Gespräch mit Enzo Restagno*, hrsg. von Matteo Nanni, Hofheim 2004.

Platon, Phaidon, in: *Platon. Werke, Band III*, bearbeitet von Dietrich Kurz, deutsche Übersetzung von Friedrich Schleiermacher, 6. Auflage, Paris, Darmstadt 2011.

Jean-Jacques Rousseau, *Du contrat social. Vom Gesellschaftsvertrag*, Französisch/Deutsch. Übersetzt und herausgegeben von Hans Brockard, Stuttgart 2010.

Friedrich Schiller, *Über die ästhetische Erziehung des Menschen*, Suttgart 2000.

Jürg Stenzl (Hrsg.), *Luigi Nono, Studien. Texte zu seiner Musik*, Zürich 1975.

Charles Taylor, *Die Politik der Anerkennung*, in: *Multikulturalismus und die Politik der Anerkennung*, hrsg. von Charles Taylor, Frankfurt am Main 1993.

Charles Taylor, *Ein säkulares Zeitalter*, Frankfurt am Main 2009.

Charles Taylor, *Negative Freiheit*, Frankfurt am Main 1988.

Charles Taylor, *Wie viel Gemeinschaft braucht die Demokratie? Aufsätze zur politischen Philosophie*, erste Auflage, Frankfurt am Main 2002.

Paul Virilio, *Die Sehmaschine*, Merve, Berlin 1989.

Paul Virilio, *Der negative Horizont. Bewegung, Geschwindigkeit, Beschleunigung*, München, Wien 1989.

Sekundärliteratur

Paulo de Assis, *Luigi Nonos Wende. Zwischen 'Como una ola de fuerza y luz' und '...sofferte onde serene...'*, Hofheim 2006.

Rainer Bayreuther, *Gegenwärtiges Komponieren als Musica disciplina. Das Beispiel der Klanginstallation von Robin Minard.* In: *Musiktheorie. Zeitschrift für Musikwissenschaft*, Hrsg. von Wilhelm Seidel und Mathias Schmidt, 22. Jahrgang, Heft 4, 2007.

Rainer Bayreuther, *Johannes Keplers musiktheoretisches Denken*, in: Musiktheorie, 19. Jahrgang 2004.

Rainer Bayreuther, *Untersuchungen zur Rationalität der Musik in Mittelalter und früher Neuzeit*, erster Band, Freiburg im Breisgau 2009.

Christoph von Blumröder, *Neue Musik im Spannungsfeld von Krieg und Diktatur*, Wien 2009.

Susan Buck-Morss, *Dialektik des Sehens. Walter Benjamin und das Passagen-Werk*, Frankfurt am Main 1993.

Manuel Cecchninato, *Il suono mobile. La mobilitá interna ed esterna dei suoni*, in: *La nuova ricerca sull' opera di Luigi Nono*, hrsg. von Gianmario Borio, Giovanni Morelli und Veniero Rizzardi, Venedig 1998.

Stefan Drees, *Fluchtpunkt Venedig. Zur Kontextualisierung kultureller Bezüge bei Luigi Nono*, in: *Neue Zeitschrift für Musik*, Band 165,3, Schott 2004.

Stefan Drees, *Selbstreferentialität als Aspekt des Materialdenkens in den letzten Kompositionen Luigi Nonos. Zur Darstellung werkübergreifender Zusammenhänge*, in: *La nuova ricerca sull'opera di Luigi Nono*, hrsg. von Gianmario Borio, Giovanni Morelli und Veniero Rizzardi, Venedig 1998.

Sefan Drees, *Transformation des Todes. Luigi Nonos A Carlo Scarpa, architetto, ai suoi infiniti possibili. Per orchestra a microintervalli*, in: Musiktexte. Zeitschrift für Neue Musik 69/70, Köln 1997.

Ernst Helmuth Flammer, *Politisch engagierte Musik als kompositorisches Problem. Dargestellt am Beispiel von Luigi Nono und Hans Werner Henze*, Baden-Baden 2003.

Margot Fleischer, *Ethische Trefflichkeit – Freiwilligkeit und Entscheidung – Einsicht*, in: *Menschliche Freiheit – Ein vielfältiges Phänomen. Perspektiven von Aristoteles*, Augustin, Kant, Fichte, Sartre und Jonas, 2012.

Peter Janich, *Geschwindigkeit und Zeit*, in: *Zeit Bewegung, Handlung. Studien zur Zeitabhandlung des Aristoteles*, Hrsg. von Enno Rudolph, Stuttgart 1988.

Monica Jansen, *Il dibattito sul postmoderno in Italia. In bilico tra dialettica e ambiguità*, Utrecht 1999.

Lydia Jeschke, *Prometeo. Geschichtskonzeptionen in Luigi Nonos Hörtragödie*, Stuttgart 1997.

Lydia Jeschke, *Simultaneität als Kompositionsprinzip. Studien zu ‚Prometeo'*, in: *La nuova ricerca sull'opera di Luigi Nono*, hrsg. von Gianmario Borio, Giovanni Morelli und Veniero Rizzardi, Venedig 1998.

Joachim Junker, *Klassenkampf und offenes Denken: Kontinuität und Wandel von Nonos Kompositionstechnik am Beispiel von ‚Das atmende Klarsein'*, in: Birgit Johanna Wertenson, Christian Storch (Hrsg.): *Luigi Nono und der Osten*, Mainz 2016, S. 401-430.

Johannes Lohmann, *Musiké und Logos. Aufsätze zur griechischen Philosophie und Musiktheorie*, Stuttgart 1970.

Kay-Uwe Kirchert, *Wahrnehmung und Fragmentierung. Luigi Nonos Kompositionen zwischen ‚Al gran sole carico d'amore' und ‚Prometeo'*, Saarbrücken 2006.

Claus-Steffen Mahnkopf, *A Carlo Scarpa von Luigi Nono*, in: *Musik & Ästhetik*, Band 73, Stuttgart 2015.

Christine Mast, *Io, Prometeo. Zum Entwurf konkreter Subjektivität in Luigi Nonos 'Tragedia dell'ascolto' Prometeo*, Frankfurt am Main 2008.

Hella Melkert, *Jeder Klang ein Universum: Zu ‚Caminantes ... Ayacucho (1987) von Luigi Nono*, in: *Musik-Texte. Zeitschrift für Neue Musik*, Band 64, Köln 1996.

Heinz-Klaus Metzger, *Nono und der musikalische Fortschritt*, in: *Luigi Nono. Dokumente. Materialien*, hrsg. von Andreas Wagner, Saarbrücken 2003.

Heinz-Klaus Metzger und Rainer Riehn (Hrsg.), Musik-Konzepte 20. Luigi Nono, München 1981.

Heinz-Klaus Metzger, *Wendepunkt Quartett?*, in: *Musik-Konzepte 20. Luigi Nono*, hrsg. von Heinz-Klaus Metzger und Rainer Riehn, München 1981, S. 93-112.

Wolfgang Motz, *Konstruktive Strenge im ersten Satz des 'Canto sospeso'*, in: *La nuova ricerca sull'opera di Luigi Nono*, hrsg. von Gianmario Borio, Giovanni Morelli und Veniero Rizzardi, Venedig 1998.

Wolfgang Motz, *Konstruktion und Ausdruck. Analytische Betrachtungen zu ‚Il canto sospeso' (1955/1956) von Luigi Nono*, Saarbrücken 1996.

Matteo Nanni, *Auschwitz. Adorno und Nono. Philosophische und musikanalytische Untersuchungen*, Freiburg im Breisgau 2004.

Joachim Noller, *Nono zwischen alter und neuer Avantgarde*, in: *La nuova ricerca sull'opera di Luigi Nono*, hrsg. von Gianmario Borio, Giovanni Morelli und Veniero Rizzardi, Venedig 1998.

Joseph Nye, *Macht im 21. Jahrhundert. Politische Strategien für ein neues Zeitalter*, München 2011.

Marc-Alain Ouaknin, *Das verbrannte Buch. Den Talmud lesen*, Weinheim, Berlin 1990.

Albrecht Riethmüller, *Stationen des Begriffes Musik*, in: Frieder Zaminer, *Ideen zu einer Geschichte der Musiktheorie*, Darmstadt 1985.

Hartmut Rosa, *Kapitalismus als Dynamisierungsspirale – Soziologie als Gesellschaftskritik*, in: Klaus Dörre, Stephan Lessenich, Hartmut Rosa: *Soziologie. Kapitalismus. Kritik. Eine Debatte*, Frankfurt am Main 2009.

Erika Schaller, *Dem Komponisten über die Schulter geschaut. Skizzenforschung als Hilfe für ein vertieftes Werkverständnis*, in: *Luigi Nono. Dokumente. Materialien*, herausgegeben von Andreas Wagner, Saarbrücken 2003.

Erika Schaller, *Klang und Zahl: Luigi Nono: serielles Komponieren zwischen 1955 und 1959*, Saarbrücken 1997.

Alexander Solschenizyn, *Der Archipel Gulag 1*, Frankfurt am Main 2008.

Jürg Stenzl, *Luigi Nono*, Reinbeck 1998.

Hubert Stuppner, *Luigi Nono, oder: die Manifestation des Absoluten als Reaktion eines gesellschaftlich betroffenen Ichs*, in: *Musik-Konzepte 20. Luigi Nono*, hrsg. von Heinz-Klaus Metzger und Rainer Riehn, München 1981, S. 82-92.

Mateo Taibon, *Luigi Nono und sein Musiktheater*, Wien, Köln, Weimar 1993.

Peter Weibel, *Die Diskurse von Kunst und Macht: Foucault*, in: *Foucault und die Künste*, hrsg, von Peter Gente, Frankfurt am Main, 2004.

Birgit Johanna Wertenson, Christian Storch (Hrsg.): *Luigi Nono und der Osten*, Mainz 2016.

Klaus Zehelein, *Klang und Wahrnehmung: Komponist – Interpret – Hörer*, hrsg. vom Institut für Neue Musik und Musikerziehung Darmstadt, Mainz 2001.

Martin Zenck, *Die politische Oper als ein Politikum der Institution Oper. Luigi Nonos szenische Aktion ‚Al gran sole carico d'amore' bei den Salzburger Festspielen 2009*, in: *Musiktheorie. Zeitschrift für Musikwissenschaft*, hrsg. von Wilhelm Seidel, Klaus Pietschmann und Matthias Schmidt, Heft 3, Laaber 2014.

Christoph Ziermann, *Musik und Metaphysik in der griechischen Antike*, in: *Musikästhetik*, hrsg. von Helga de la Motte-Haber, Laaber 2004.

Rainer Zillhardt, *Überlegungen zu den äußeren und inneren Bedingungen mikrotonaler Strukturen anhand von Luigi Nonos Orchesterstück ‚A Carlo Scarpa...'*, in: *MusikKonzepte. Sonderband. Musik der anderen Tradition. Mikrotonale Tonwelten*, hrsg. von Heinz-Klaus Metzger und Rainer Riehn, München, Februar 2003.

MIX
Papier | Fördert
gute Waldnutzung
FSC® C083411

Zeitfracht Medien GmbH
Ferdinand-Jühlke-Straße 7
99095 Erfurt, Deutschland
produktsicherheit@kolibri360.de